环境类专业课程思政教育内容选编

鞠美庭　主　编

陈庆斌　邵超峰　楚春礼　副主编

化学工业出版社

·北京·

内容简介

《环境类专业课程思政教育内容选编》为生态环境类课程思政提供了丰富的教学内容与案例,主要介绍了习近平生态文明思想的中国实践、中国古代生态思想及实践、社会主义生态文明新理念、可持续发展理念与内涵、大学生生态文明素质教育、课程思政与师德师风建设、课程思政与工程伦理教育、我国大江大河的生态治理实践和生态环境保护的责任担当等内容。

《环境类专业课程思政教育内容选编》可供全国各高校生态环境类专业相关课程的一线教师和教学管理评估人员参考,还可以作为课程思政的启蒙与培训教材,供教学管理部门在推动课程思政教学改革时使用。

图书在版编目(CIP)数据

环境类专业课程思政教育内容选编/鞠美庭主编;陈庆斌,邵超峰,楚春礼副主编.—北京:化学工业出版社,2022.7
ISBN 978-7-122-41303-1

Ⅰ.①环… Ⅱ.①鞠…②陈…③邵…④楚… Ⅲ.①思想政治教育-教案(教育)-高等学校 Ⅳ.①G641

中国版本图书馆 CIP 数据核字(2022)第 074039 号

责任编辑:满悦芝　　　　　　　　　文字编辑:杨振美
责任校对:赵懿桐　　　　　　　　　装帧设计:张　辉

出版发行:化学工业出版社(北京市东城区青年湖南街 13 号　邮政编码 100011)
印　　装:大厂聚鑫印刷有限责任公司
787mm×1092mm　1/16　印张 10　字数 241 千字　　2022 年 8 月北京第 1 版第 1 次印刷

购书咨询:010-64518888　　　　　　售后服务:010-64518899
网　　址:http://www.cip.com.cn
凡购买本书,如有缺损质量问题,本社销售中心负责调换。

定　　价:48.00 元

《环境类专业课程思政教育内容选编》
编写人员名单

主　编　鞠美庭

副主编　陈庆斌　邵超峰　楚春礼

其他编写人员（按姓氏笔画排序）

王卫帅　王雁南　刘泽珺

李　程　何泳绰　张义昊

陈玉龙　郭凤娟　郭逸豪

前 言

　　推进课程思政建设，是深入贯彻落实习近平总书记关于教育重要论述和全国教育大会精神的重要举措，是落实立德树人根本任务的必然要求，也是全面提高人才培养质量的重要任务。目前各高校都在贯彻落实教育部《高等学校课程思政建设指导纲要》的要求，全面推进各专业的课程思政建设；我们组织编写这本《环境类专业课程思政教育内容选编》的目的，是希望能为生态环境类专业的课程思政建设提供参考借鉴。

　　本书由鞠美庭、陈庆斌（天津市生态道德教育促进会）、邵超峰和楚春礼主要负责。各章编写人员分别为：第一章郭逸豪、陈庆斌、鞠美庭；第二章何泳绰、张义昊、陈庆斌、鞠美庭；第三章楚春礼、王雁南、陈庆斌、鞠美庭；第四章邵超峰、王雁南、陈庆斌、鞠美庭；第五章刘泽珺、陈庆斌、鞠美庭；第六章邵超峰、王雁南、陈庆斌、鞠美庭；第七章刘泽珺、陈庆斌、鞠美庭；第八章王卫帅、陈玉龙、李程、郭凤娟、鞠美庭；第九章楚春礼、陈庆斌、鞠美庭。鞠美庭和陈庆斌对全书进行了统稿。以上未注明单位的编写人员的工作单位均为南开大学。

　　本书编写过程中参考了相关领域的著作、文献和标准文件，借鉴了许多专家、学者和机构发表的成果和资料，在此向有关作者致以谢忱。

　　由于水平有限，书中难免存在疏漏之处，敬请广大读者批评指正。

鞠美庭

2022 年 6 月

目 录

第六章　课程思政与师德师风建设

第七章　课程思政与工程伦理教育

第八章　我国大江大河的生态治理实践

第九章　生态环境保护的责任担当

参考文献

第一章　习近平生态文明思想的中国实践

1.1　坚持人与自然和谐共生

习近平总书记在党的十九大报告中强调："坚持人与自然和谐共生。建设生态文明是中华民族永续发展的千年大计。"

2021年4月22日，习近平主席在"领导人气候峰会"上发表了重要讲话："人类进入工业文明时代以来，在创造巨大物质财富的同时，也加速了对自然资源的攫取，打破了地球生态系统平衡，人与自然深层次矛盾日益显现。近年来，气候变化、生物多样性丧失、荒漠化加剧、极端气候事件频发，给人类生存和发展带来严峻挑战。新冠肺炎疫情持续蔓延，使各国经济社会发展雪上加霜。面对全球环境治理前所未有的困难，国际社会要以前所未有的雄心和行动，勇于担当，勠力同心，共同构建人与自然生命共同体。"

习近平总书记指出，"大自然是包括人在内一切生物的摇篮，是人类赖以生存发展的基本条件。大自然孕育抚养了人类，人类应该以自然为根，尊重自然、顺应自然、保护自然"，"我们要像保护眼睛一样保护自然和生态环境，推动形成人与自然和谐共生新格局"，"建设资源节约型社会是一场关系到人与自然和谐相处的社会革命。人类追求发展的需求和地球资源的有限供给是一对永恒的矛盾"。

人与自然和谐共生的案例（1）—— 完达山1号东北虎事件

2021年4月23日，黑龙江省鸡西市密山市白鱼湾镇边境的一处废弃民宅内发现一只野生东北虎。该东北虎体长约2米、高1米左右，凶猛异常，将一名在田地里干活的村民扑倒，并且还击碎了附近车辆的玻璃，相关视频在网络上迅速传播。当天晚上9点左右，警方用麻醉枪麻醉了东北虎后，将其移进笼子，送到牡丹江市中国横道河子猫科动物饲养繁育中心接受体检。黑龙江省林业和草原局报请国家林业和草原局根据老虎所处种群区域，将此东北虎命名为完达山1号。

完达山1号东北虎事件反映出两个问题：一方面，国人从过去的"打虎除害"观念，转变到如今见到老虎后自救逃跑然后报警，交由警察和动物保护机构处理。"人虎冲突"事件，体现了我国公民动物保护意识的提高，政府、警察和相关动物保护机构

对野生动物保护的重视以及"坚持人与自然和谐共生思想"保护生态环境的成果。另一方面，野生东北虎离开种群所在的郊外，前往人类村庄觅食这一现象并不寻常。究其原因是人类的生产生活活动影响了野生东北虎的正常生活，如新修建的公路穿过了野生动物迁徙的通道。

人与自然和谐共生的案例（2）——云南野生亚洲象返乡事件

2020年3月，10多头野生亚洲象从原来生活的西双版纳国家级自然保护区出发，一路北上，经过15个月，长途跋涉500多公里，穿越了半个云南省，奔昆明市而去，引起了国家高度重视，也引发了全球共同关注。2021年4月16日，象群从普洱市墨江县进入玉溪市元江县，突破了我国亚洲象研究有记载以来传统栖息地的范围，并靠近人类生活区域。云南省相关部门为了防止人象冲突发生，紧急调动相关专业力量通过无人机24小时跟踪监测，同时将象群的一举一动实时上传到网络上，象群憨厚可爱，它们的生活视频也点燃了网友们的热情。同时，云南省相关部门还通过卡车运送食物的方式投喂象群，并引导象群远离城市，重新南返回到原来的栖息地。2021年8月8日，在国家林业和草原局与云南省各界悉心呵护下，象群终于南返并通过天险元江，跨越了回家的最大障碍。

亚洲象北迁接近人类区域，其原因很可能是野生亚洲象的种群数目超过了保护区环境能承载的最大数目。我国云南省西双版纳市早在1958年就设立了小勐养、勐仑、勐腊和大勐龙四个自然保护区对大象进行封闭式管理。1986年西双版纳自然保护区正式成立时面积是24.251万公顷。后来，西双版纳的亚洲象数量也从保护区成立之初的100多头增长到300多头，远远超过了保护区能承载的大象的数量，这就导致了部分野生亚洲象离开原来的栖息地，去人类的村庄和农田寻找食物，从而导致了人象矛盾。当地政府通过商业保险的方式赔偿被大象啃食破坏的农田来保证当地村民的收入。同时通过成立专项基金，收回部分土地，推动大象食堂的建设，种植大象喜欢吃的作物；还通过轮耕轮歇让土地恢复自然作物的多样性。

1.2 绿水青山就是金山银山

习近平在安吉考察时曾说："一定不要再想着走老路，还这样迷恋着过去的那种发展模式。所以，刚才你们讲了，下决心停掉一些矿山，这个都是高明之举。绿水青山就是金山银山。我们过去讲既要绿水青山，又要金山银山，实际上绿水青山就是金山银山。"

习近平主席在"领导人气候峰会"上发表重要讲话："坚持绿色发展。绿水青山就是金山银山。保护生态环境就是保护生产力，改善生态环境就是发展生产力，这是朴素的真理。我们要摒弃损害甚至破坏生态环境的发展模式，摒弃以牺牲环境换取一时发展的短视做法。要顺应当代科技革命和产业变革大方向，抓住绿色转型带来的巨大发展机遇，以创新为驱动，大力推进经济、能源、产业结构转型升级，让良好生态环境成为全球经济社会可持续发展的支撑。"

绿水青山就是金山银山的案例（1）——乡村绿色减贫

① 湖北省孝昌县小悟乡

该乡党委书记项敏说："小悟乡夯实生态环境本底，并将生态资源优势转化为持续的脱贫攻坚动力，在发展绿色产业、培育绿色生活方式和涵养绿色生态环境等方面积极践行'两山'理念，助推精准脱贫与乡村振兴，实现了'生态美'与'百姓富'的有机统一。"

② 江西省崇义县聂都乡

该乡党委书记胡朝臻谈到，聂都乡充分发挥赣水源头第一乡的生态优势，全面开展生态环境专项整治工作，积极将"两山"理念贯穿经济社会发展各个环节，大力发展绿色生态产业，做强现代农业，做优乡村旅游业，协同推进水源地保护和农村可持续发展，逐步走出了一条"两山"转化促脱贫攻坚和乡村振兴的新路子。

③ 河北省围场县八顷村

该乡驻村第一书记郭安治谈到，八顷村重点围绕生态保护、生态修复和生态减贫，先后发展金莲花、玫珑瓜、菊芋等生物多样性保护与减贫项目，努力把生态优势转化为乡村发展新动能，在探索生物多样性保护与减贫协同推进模式上下功夫，在推进资源优势转化为脱贫优势上做文章，逐步拓宽贫困群众增收渠道，逐渐增加老百姓收入，增强自身"造血"功能，实现了生物多样性保护与减贫共赢局面。

绿水青山就是金山银山的案例（2）——创新城市发展方式

陕西省西咸新区是国务院批复的第七个国家级新区，也是全国首个以创新城市发展方式为主题的国家级新区，肩负着国家战略赋予的建设"我国向西开放重要枢纽、西部大开发新引擎和中国特色新型城镇化范例"的重要使命。西咸新区也是国家生态文明先行示范区、开放型经济新体制综合试点区、服务贸易创新发展试点区和双创示范基地，是中国（陕西）自由贸易试验区的核心板块。西咸新区规划面积882平方公里，下辖空港新城、沣东新城、秦汉新城、沣西新城、泾河新城五个新城。作为陕西省新的经济增长极和大西安新中心，西咸新区全面履行辖区经济和社会管理职能，承载着"一带一路"建设、关中平原城市群发展和西安国际化大都市建设所赋予的历史使命。

西咸新区也是国家第一批"海绵城市"建设试点城市之一。该区典型道路均采用生态滤沟、植草沟＋雨水花园、透水路面、路基防护等低影响开发（LID）设计。经实际强暴雨检验，海绵设施排涝效果显著，平均雨水径流削减率达70.5％。2016年7月24日，一场突如其来的暴雨袭击了西安及周边区域，暴雨造成了城市道路积水，地铁停运。在当晚一个小时内38.9毫米的强降雨量情况下，沣西新城海绵城市试点区域内没有出现连片积水。据沣西新城管委会海绵技术中心监测：在2016年7月24日的强降雨过程中，同德佳苑小区内设置的两座雨水花园汇集了来自屋顶及地面的径流雨水，使雨水平均削减率达到了70.5％。秦皇大道和沣景路共汇集径流雨水约5600立方米，约有3200立方米径流雨水通过绿化带下渗、蓄滞等功能被消纳，凸显了海绵城市建设的阶段性成效。"海绵城市"的构建为西咸新区的经济发展提供了安全的保障，在面对日益增多的极端天气时，"海绵城市"良好的生态排水系统将拯救居民的生命，也会减少因暴雨引起的经济损失。

1.3 良好生态环境是最普惠的民生福祉

习近平总书记在"领导人气候峰会"讲话中指出："生态环境关系各国人民的福祉，我们必须充分考虑各国人民对美好生活的向往、对优良环境的期待、对子孙后代的责任，探索保护环境和发展经济、创造就业、消除贫困的协同增效，在绿色转型过程中努力实现社会公平正义，增加各国人民获得感、幸福感、安全感。"

习近平总书记在海南考察工作时指出："良好生态环境是最公平的公共产品，是最普惠的民生福祉。"

习近平总书记强调，"环境就是民生，青山就是美丽，蓝天也是幸福"，"发展经济是为了民生，保护生态环境同样也是为了民生"，"每个人都是生态环境的保护者、建设者、受益者，没有哪个人是旁观者、局外人、批评家，谁也不能只说不做、置身事外"。

良好生态环境是最普惠的民生福祉的案例——以河湖长制强化河湖管理保护

"河长制"，即由各级党政主要负责人担任"河长"，负责组织领导相应河湖的管理和保护工作。全面推行河长制，是以保护水资源、防治水污染、改善水环境、修复水生态为主要任务，全面建立省、市、县、乡四级河长体系，构建责任明确、协调有序、监管严格、保护有力的河湖管理保护机制，为维护河湖健康生命、实现河湖功能永续利用提供制度保障。

"湖长制"，即由湖泊最高层级的湖长担任第一责任人，对湖泊的管理保护负总责，其他各级湖长对湖泊在本辖区内的管理保护负直接责任，按职责分工组织实施湖泊管理保护工作。县级及以上湖长负责组织对相应湖泊下一级湖长进行考核，考核结果作为地方党政领导干部综合考核评价的重要依据。

湖长制是在"河长制"基础上及时和必要的补充，有利于促进绿色生产生活方式的形成，有利于建立流域内社会经济活动主体之间的共建关系，形成人人有责、人人参与的管理制度和运行机制，逐步在国内推广。在 2018 年 6 月底全面建立河长制、2018 年底全面建立湖长制以来，河湖长制在实践中焕发出强大生机活力，河湖面貌实现历史性改变。

一是责任体系全面建立。31 个省（自治区、直辖市）党委和人民政府主要领导担任省级双总河长，30 万名省、市、县、乡级河湖长年均巡查河湖 700 万人次，90 多万名村级河湖长（含巡河员、护河员）守护河湖"最前哨"。各级河湖长积极履职，有关部门各司其职、各负其责、通力合作，形成一级抓一级、层层抓落实的工作格局。

二是河湖乱象有力遏制。水利部组织开展河湖"清四乱"专项行动，全国共清理整治乱占、乱采、乱堆、乱建等河湖"四乱"问题 18.5 万个。以长江、黄河、京杭运河等为重点，组织实施岸线利用项目、固体废物、非法矮围、取水口、河道采砂等清理整治专项行动。历史遗留河湖问题大规模减少，重大问题基本实现零新增。

三是资源管控明显加强。深入实施国家节水行动，强化水资源刚性约束，加快确立河湖生态流量和保障体系。2020 年万元国内生产总值（当年价）用水量为 57.2 立方米，与 2016 年的 81 立方米相比，降幅明显。

四是生态环境持续复苏。实施水系连通及水美乡村试点县建设，改善河湖连通性；深入推进华北地区地下水超采治理，有效缓解地下水超采局面；持续开展生态补水和生态修复，实现黄河干流连续 22 年不断流，黑河下游东居延海连续 17 年不干涸，水环境质量显著改善。据生态环境部监测数据，2020 年全国地表水 I～III 类水水质断面比例达到 83.4%，比 2016 年的 67.8% 上升 15.6 个百分点。

五是工作基础不断夯实。9 个省份出台河湖长制地方性法规；首次完成全国第一次水利普查名录内的河湖（无人区除外）管理范围划界公告；重要河湖岸线保护与利用规划、河道采砂规划加快批复；河湖管理保护逐步实现规范化、常态化。

1.4 山水林田湖草沙是生命共同体

"坚持系统治理。山水林田湖草沙是不可分割的生态系统。保护生态环境，不能头痛医头、脚痛医脚。我们要按照生态系统的内在规律，统筹考虑自然生态各要素，从而达到增强生态系统循环能力、维护生态平衡的目标。"习近平总书记在"领导人气候峰会"上的重要讲话中再次强调了"山水林田湖草沙是不可分割的生态系统"。

2013 年习近平总书记在十八届三中全会上作关于《中共中央关于全面深化改革若干重大问题的决定》的说明时提出："我们要认识到，山水林田湖是一个生命共同体，人的命脉在田，田的命脉在水，水的命脉在山，山的命脉在土，土的命脉在树。用途管制和生态修复必须遵循自然规律，如果种树的只管种树、治水的只管治水、护田的单纯护田，很容易顾此失彼，最终造成生态的系统性破坏。由一个部门负责领土范围内所有国土空间用途管制职责，对山水林田湖进行统一保护、统一修复是十分必要的。"

2018 年 5 月，习近平总书记在全国生态环境保护大会上发表讲话，强调："山水林田湖草是生命共同体，要统筹兼顾、整体施策、多措并举，全方位、全地域、全过程开展生态文明建设。"

2021 年全国两会期间，习近平总书记在参加内蒙古代表团审议时强调："统筹山水林田湖草沙系统治理，这里要加一个'沙'字。"

山水林田湖草沙是生命共同体的案例（1）
——承德市建设"京津冀水源涵养功能区"

承德市通过建立健全系统完备的保护修复制度与工作机制，打造一批生态修复重点工程，推动技术平台和模式创新，实现"山青、水秀、林茂、田整、湖净、草丰"。承德市紧紧围绕"建设京津冀水源涵养功能区"战略定位，把"山水林田湖草是一个生命共同体"贯穿在工作全过程中。

该市制定了《承德市山水林田湖草生态保护修复条例》，研究并组建市级山水林田湖草系统治理机构，建立健全联动、补偿、脱贫、筹措、奖惩等机制，创新全国领先的生态保护修复关键性技术，搭建平台，探索生态-脱贫-旅游深度融合的"绿色＋"治理模式，突出以修复三个重点片区为抓手，逐步推动全域山水林田湖草生态保护修复工程全覆盖，同时开展流域、生态保育、生物多样性、矿山生态、地灾、土地等方面的生态保护修复与综合整治，实现生态环境质量明显改善，水源涵养和防风固沙功能显著提升。

山水林田湖草沙是生命共同体的案例（2）
——泰山划定生态片区

泰山划定功能各异的生态片区，各有侧重地策划修复保护项目，打造"山青、水绿、林郁、田沃、湖美"的生命共同体。将泰山区域划分为以生物多样性恢复和地质灾害防治为主的泰山生态区、以水生态环境和矿山生态环境修复为主的大汶河-东平湖生态区、以泉域生态修复保护和破损山体修复为主的小清河生态区三个片区，聚焦生态修复重点区域，因地制宜、各有侧重地安排地质环境、土地整治、水环境、生物多样性和监管能力建设等五大类工程，形成泰山、大汶河、小清河，淮河流域、黄河流域和交通干线组成的"一山两水、两域一线"总体布局，提升对华北平原的生态屏障功能，保障南水北调水质安全、国家重要交通干线运行安全和中华文化永续发展。

1.5　用最严格制度最严密法治保护生态环境

2013 年，习近平总书记在主持十八届中共中央政治局第六次集体学习时指出："只有实行最严格的制度、最严密的法治，才能为生态文明建设提供可靠保障。最重要的是要完善经济社会发展考核评价体系，把资源消耗、环境损害、生态效益等体现生态文明建设状况的指标纳入经济社会发展评价体系，使之成为推进生态文明建设的重要导向和约束。要建立责任追究制度，对那些不顾生态环境盲目决策、造成严重后果的人，必须追究其责任，而且应该终身追究。要加强生态文明宣传教育，增强全民节约意识、环保意识、生态意识，营造爱护生态环境的良好风气。"

2018 年 5 月，习近平总书记在全国生态环境保护大会上发表讲话时指出："用最严格制度最严密法治保护生态环境，加快制度创新，强化制度执行，让制度成为刚性的约束和不可触碰的高压线。"

用最严格制度最严密法治保护生态环境的体现

党的十八大以来，以习近平同志为核心的党中央通过出台了一系列的政策和法律文件，加大了污染治理的力度，设置了更加严密的制度，严格了监管执法的尺度，加快了环境质量的改善。

2013 年，国务院发布《大气污染防治行动计划》，通过十条措施有力地促进了我国空气质量的改善。

2014 年，我国修订了《中华人民共和国环境保护法》，这是环境保护领域的基础性法律，被称为"史上最严"环境保护法。此后，我国又陆续制定和修订了生态环境保护领域 25 部相关法律法规。

2015 年，国务院发布《水污染防治行动计划》，通过十条措施加强了我国对水污染问题的预防和治理。中共中央、国务院印发了《生态文明体制改革总体方案》，提出了生态文明体制改革的总体要求。

2016 年，国务院发布《土壤污染防治行动计划》，通过十条措施切实加强土壤污染防治，逐步改善土壤环境质量。

2018 年 8 月 31 日，第十三届全国人民代表大会常务委员会第五次会议通过了《中华人民共和国土壤污染防治法》，在保护和改善生态环境、防治土壤污染、保障公众健康、推动土壤资源永续利用、推进生态文明建设、促进经济社会可持续发展等方面提供了制度保障。

2020 年 4 月 29 日，十三届全国人大常委会第十七次会议审议通过了新修订的《中华人民共和国固体废物污染环境防治法》，自 2020 年 9 月 1 日起施行。新修订的《中华人民共和国固体废物污染环境防治法》增加了建筑垃圾、农业固体废物和保障措施等专章，完善了对工业固体废物、农业固体废物、生活垃圾、建筑垃圾、危险废物等的污染防治制度，特别是针对重大传染病疫情等突发事件应对过程中产生的医疗废物，提出了与时俱进的管理制度。

1.6　共谋全球生态文明建设

2013 年 7 月，习近平主席在致生态文明贵阳国际论坛 2013 年年会的贺信中提到："保护生态环境，应对气候变化，维护能源资源安全，是全球面临的共同挑战。中国将继续承担应尽的国际义务，同世界各国深入开展生态文明领域的交流合作，推动成果分享，携手共建生态良好的地球美好家园。"

2013 年 10 月，习近平主席在亚太经合组织工商领导人峰会上演讲时强调："我们不再简单以国内生产总值增长率论英雄，而是强调以提高经济增长质量和效益为立足点。事实证明，这一政策是负责任的，既是对中国自身负责，也是对世界负责。"

习近平总书记在"领导人气候峰会"发表重要讲话："我们要坚持以国际法为基础、以公平正义为要旨、以有效行动为导向，维护以联合国为核心的国际体系，遵循《联合国气候变化框架公约》及其《巴黎协定》的目标和原则，努力落实 2030 年可持续发展议程；强化自身行动，深化伙伴关系，提升合作水平，在实现全球碳中和新征程中互学互鉴、互利共赢。要携手合作，不要相互指责；要持之以恒，不要朝令夕改；要重信守诺，不要言而无信。"

共谋全球生态文明建设的案例——"一带一路"建设

2013 年 9 月和 10 月，中国国家主席习近平在出访中亚和东南亚国家期间，先后提出共建"丝绸之路经济带"和"21 世纪海上丝绸之路"（简称"一带一路"）的重大倡议。"一带一路"建设是沿线各国开放合作的宏大经济愿景，需各国携手努力，朝着互利互惠、共同安全的目标相向而行。努力实现区域基础设施更加完善，安全高效的陆海空通道网络基本形成，互联互通达到新水平；投资贸易便利化水平进一步提升，高标准自由贸易区网络基本形成，经济联系更加紧密，政治互信更加深入；人文交流更加广泛深入，不同文明互鉴共荣，各国人民相知相交、和平友好。

"一带一路"贯穿亚欧非大陆，一头是活跃的东亚经济圈，一头是发达的欧洲经济圈，中间广大腹地国家经济发展潜力巨大。丝绸之路经济带重点畅通中国经中亚、俄罗斯至欧洲（波罗的海），中国经中亚、西亚至波斯湾、地中海，中国至东南亚、南亚、印度洋。21 世纪海上丝绸之路重点方向是从中国沿海港口过南海到印度洋，延伸至欧洲，从中国沿海港口过南海到南太平洋。根据"一带一路"走向，陆上依托国际大通道，以沿线中心城市为支撑，以重点经贸产业园区为合作平台，共同打造新亚欧大陆桥、中蒙俄、中国—中亚—西亚、中国—中南半岛等国际经济合作走廊；海上以重点港口为节点，共同建设通畅安全高效的运输大通道。中巴、孟中印缅两个经济走廊与推进"一带一路"建设关联紧密，要进一步推动合作，取得更大进展。

"一带一路"建设将生态环保作为关键环节。2015 年，国家发展改革委、外交部、商务部发布《推动共建丝绸之路经济带和 21 世纪海上丝绸之路的愿景与行动》，明确提出要强化基础设施绿色低碳化建设和运营管理，在建设中充分考虑气候变化影响，在投资贸易中突出生态文明理念，加强生态环境、生物多样性和应对气候变化合作，共建绿色丝绸之路，严格保护生物多样性和生态环境。

第二章 中国古代生态思想及实践

中华传统文化中蕴含着丰富的生态文明思想智慧。这些思想智慧的文化表现形态相异，思想内涵也各有特色，但却有着共同的价值追求，这就是立足现实的社会和人生，始终关注社会与自然的和谐。中国古代的生态思想，既是当代生态文明建设的重要文化资源，也为当代的生态文明建设提供了借鉴和启迪。

2.1 道家思想中的生态智慧

2.1.1 天人合一

"天人合一"为中国哲学思想，儒、道、释等诸家各有阐述。道家的天人合一论与儒家的天人合一论基本相近，不同之处在于儒家论天人合一，主要是想从自然法则中找到根据，而道家讲天人合一，主要是从人与自然的关系中探究生命奥秘，以期在最高的层次上复归于自然。

人是自然的一部分。因此《庄子·外篇·山木》曰："有人，天也；有天，亦天也。"道家思想认为，天人本是合一的，但由于人制定了各种典章制度、道德规范，使人丧失了原来的自然本性，变得与自然不协调。人修行的目的，便是"绝圣弃智"，打破这些加于人身上的藩篱，将人性解放出来，重新归于自然，达到一种"万物与我为一"的精神境界。

道家认为人是小宇宙，天是大宇宙，人的细胞中充满天机。天机就是宇宙的全息。庄子在老子"道法自然"的思想基础上，提出了"天地与我并生，而万物与我为一"，认为天地万物与"我"是一个和谐统一的有机整体，堪称天人关系的最高境界。人与天地是一个整体，人类的活动会对自然产生影响，而自然也对人类的生存起着决定作用。

道家从"天人合一"的整体观念出发，十分重视人对环境的依赖关系，认为维护整个自然界的和谐与安宁，是人类本身赖以生存和发展的重要前提。《太平经》说，"夫人命乃在天地，欲安者，乃当先安其天地，然后可得长安也"，"天地不和，不得竟吾年"。人的生命存在与自然环境密不可分，如果生态系统失去平衡，人就不能安享天年。应抱着人与自然是一个统一整体的态度去顺应自然，改造自然，边改造边补偿，时时刻刻记住自然与人类是一个整体。人必须首先使自然界和谐安宁，方能使自己获得安身立命的良好环境。

2.1.2　顺物自然

"顺物自然"出自战国庄子的《南华经》（又名《庄子》）。原文为："汝游心于淡，合气于漠，顺物自然而无容私焉，而天下治矣。""顺物自然而无容私焉"意思是顺从客观规律，不要挖空心思运用智术。

建构和谐的生存世界已成为 21 世纪一个综合性、全球性的问题。它虽然是针对社会经济发展中越来越严重的生态破坏、环境污染、能源危机、资源匮乏等生存困境而提出的一种现实对策，但实际上可以归纳为一种处理人与自然关系的深层哲学理念。

顺物自然蕴含着丰富而深刻的古代生态智慧，启示我们在处理人与环境的关系时，在人类适应自然、改造自然的过程中，要顺应事物的客观规律，追寻事物的本质。例如，近年来保持本色的消费观念在逐渐展露，比起被漂白剂漂得很白的卫生纸，现在有些人更愿意去消费没有被漂白过保持本色的纸。从环境保护的角度来讲，顺物自然就是要让事物保持原来的样子，尽量减少人为干扰，继而减少对人类身体健康造成的危害，减少对自然环境的污染。

2.1.3　德及微命

德及微命是指人们要以仁爱之心善待生命，因为所有的生命都是平等的。道家普遍以拯救万物生命为己任，留下了许多动人的故事。

李奚子，据载为晋代东平太守李忠的祖母。《墉城集仙录》曰，其心性善良慈悯，多行善助人，兼及动物，以阴德为事，"每与一志，务于救人。大雪寒冻，路积稻及谷于园庭，恐禽鸟饿死，其用心如此"。

从上述例子中可以感受到道家保护环境的思想，始终一贯、身体力行地保护环境、爱护动植物、维护生态平衡。

道家思想对当代人的启示是要从细微处、小细节着手，身体力行地去保护我们赖以生存的地球，不仅要保护自然环境，更要从人与生物、生物与环境的角度揭示维护生态平衡的重要性。

2.1.4　因时制宜

因时制宜，出自西汉刘安的《淮南子·氾论训》，意思是指根据不同时期的具体情况，采取适当的措施。

只有因时制宜、遵从农时才能保证农业丰收，为国家积累财富，因此为保证农业生产的长效发展，不仅要重视农业，更要重视农时。农业生产只有遵循农时，才能保证农业生态系统稳定，使农作物产量持续增加，从而保障农业的收成，使百姓富足。

古人特别注意把握农作物的萌芽、生长、开花、结果及成熟与时节的对应，根据对传统农耕中的时令、气候、物候在一年中的相关关系及自然变化规律的认知，制定了二十四节气。古人早就认识到了"时"在农业生产中的重要性，"时"反映到农业上就是"农时"；农业生产要顺应自然的节律，不能人为破坏和中断农作物的生长发育周期和自然特性，这样才能保证农作物的生长。

2.2 儒家思想中的生态智慧

2.2.1 钓而不纲

孔子的思想是以仁爱为基础的，孔子的"仁爱"思想，不仅强调人与人、人与社会之间要和谐相处，还强调人与自然万物要和谐共存。

《论语·述而》记载："子钓而不纲，弋不射宿。""钓而不纲"是说孔子只用一钩一竿钓鱼，从来不用绳网捕鱼，因为使用绳网会把水中的鱼不分大小一网打尽。"弋不射宿"是说孔子虽然也射鸟，但从来不射栖宿巢中的鸟。孔子把儒家的仁爱思想由爱人推广至爱动物，要求以仁爱之心对待动植物，倡导人类要减少对大自然的过度索取。

传说孔子的弟子宓子贱在鲁国单父（今山东菏泽单县）为官时，孔子派另一名弟子巫马旗去考察他的政绩，巫马旗晚上到达单父后，见一个捕鱼者捕到鱼后又放回水中，便问这是为什么。捕鱼者说："我放回的是小鱼，我们的地方官宓子贱要求在小鱼长大后再捕，所以我把小鱼放了。"孔子听了巫马旗的汇报后十分高兴，认为宓子贱治理有方，可担当大任。宓子贱要求渔夫捕大放小，与孔子钓而不纲、弋不射宿一样，都是以仁爱之心对待动物，也是为了保持生态平衡，防止因一时之利而丧失长远利益。

以前的过度捕捞导致长江的生态问题凸显。长江哺育了世世代代的中华儿女，万一生态失衡，带来的危害将是巨大的。长江禁渔十年，就是为了恢复长江流域的生态平衡。这也是儒家思想在当今环境政策中的体现。

2.2.2 民胞物与

民胞物与，意思是民为同胞，物为同类，泛指爱人和一切生物，出自北宋张载的《西铭》。张载在《西铭》中说："乾称父，坤称母；予兹藐焉，乃混然中处。故天地之塞，吾其体；天地之帅，吾其性。民，吾同胞；物，吾与也。"意思是说，天是我的父亲，地是我的母亲，人都是天地所生，禀受天地之气而成性，其在宇宙间是很渺小的，和万物一样生存于天地之间。阴阳二气构成了人的身体，"太虚"之气决定了人善良的本性。天下的人都是我的同胞兄弟，天地间的人和物都是我的同伴朋友，所以，我们对他人均应像兄弟一样，对万物也应像对人一样去关爱。其中的"民，吾同胞；物，吾与也"被后世学者概括为"民胞物与"，这体现出儒家"万物一体""天人合一"的思想。

在张载看来，所有的人与物都是平等的，也都应该共享应有的公平。因此，要以仁爱的德行对待宇宙间的万物，要将万物视为同类，秉持人和自然共生的理念，而不应为了人类自身的生存，无限度地利用自然、征服自然。这不仅符合当今中国可持续发展的生态观，也与我国所倡导的人类命运共同体理念不谋而合。

2.2.3 强本节用

出自战国时期《荀子·天论》："强本而节用，则天不能贫。"在确立了天人关系中人的主体性的同时，荀子非常注重"强本节用"，这里"强本"是指务农，发展农业生产，"节用"是指节约物质消费。这句话的意思是加强农业这个根本而节约消费，那么天就不能使他贫穷。

荀子指出，对于自然万物，不仅要"不夭其生，不绝其长"，还要做到"斩伐养长不失其时"。就是说，要按照作物生长的季节变化特点，加以利用，并且在适当的时机进行养护、栽种幼苗，做到养用结合。只有顺应作物生长的规律，把养护与取用相结合，才能维持作物的持续生长。荀子在养用结合的基础上进一步提出，在不违背自然规律的前提下，人类可以充分发挥主观能动作用，合理利用自然资源，发展农业，进一步保证人类自己的生存和发展，即"制天命而用之"。

强本节用给我们的启示是：在不违背自然规律的前提下，要利用自然大力发展生产；但是由于自然资源并不是取之不尽、用之不竭的，因此对自然资源应当开发与节用并举，从而协调好自然保护和人类发展的关系。

2.2.4　以时禁发

出自战国时期《荀子·王制》，原句为："修火宪，养山林薮泽草木、鱼鳖、百索，以时禁发，使国家足用，而财物不屈，虞师之事也。"意思是：制定禁止焚烧山林的法令，养护山林、湖泊中的草木、鱼鳖，对于人们的各种求索，根据时节来禁止与开放，使国家有足够用的物资而不匮乏，这是虞师的职事。这段文字是对官员职守的论述。《王制》是对国家法律制度进行阐述的较早的篇章之一，记载了我国古代君主治理天下的规章制度。

在荀子看来，山林泽梁，以时禁发，就会不断满足百姓的需求；反之，如果没有"以时禁发"，就会破坏生物生存的环境，出现"川渊枯，则鱼龙去之，山林险，则鸟兽去之"（《荀子·致士》）的局面。这种提法虽是为了财物富余以满足百姓生活需要，但其有开有禁、保证资源可持续利用的具体措施，有利于保护环境，有利于维护大自然的生态平衡。这与秦国的政策"四时之禁"有异曲同工之妙。

我国现在处于高质量发展时期，个别部门和个人由于急于求成，对环境造成了不可估量的损失。我们要学习荀子"以时禁发"的思想，合理利用自然资源，从而实现可持续发展。

2.3　我国古代生态保护制度

2.3.1　虞衡制度

虞衡是我国古代掌管山林川泽的政府机构的泛称，其职责主要是保护山林川泽等自然资源，制定相关方面的政策法令，虞衡官执行这种政策法令。吕思勉在《中国制度史》中记载了周代的虞官设置："山虞'掌山林之政令，物为之厉，而为之守禁'，林衡'掌巡林麓之禁令，而平其守'，柞氏'掌攻草木及林麓'"（《周礼·地官·山虞》）。秦汉时期，虞衡转称少府，但其职责仍为管理山林川泽，具体分管的有林官、湖官、陂官、苑官、畴官等。隋唐时期，虞衡职责有了进一步的扩展，管理事务范围不断扩大，据《旧唐书》记载，虞部"掌京城街巷种植、山泽苑囿、草木薪炭、供顿田猎之事"。宋元以后，除元朝设有专门的虞衡司以外，其他各朝代都由工部负责资源与环境保护方面的工作。由少府到虞衡司再到工部，表明古代当政者对环境保护重要性的认识已上升到了新的高度，并开始从系统性的角度来考虑和管理自然资源与生态环境的保护问题。虞衡制度及其机构基本延续至清代，可以说这一制度是中国古代对世界自然资源管理做出的制度性贡献。

2.3.2　战国时期的《田律》

《田律》是战国晚期，秦国最为强盛和统一天下之时，由秦国或秦朝官方发布的有关农业政策和生态环境保护的律令，反映了距今 2200 年前，当时世界上最为强大国家的"以农为本"和严格保护生态资源的治国思路。

《田律》简文共六条，其内容有限令及时汇报雨量及旱涝风虫灾害，保护林木及幼龄鸟兽鱼鳖，缴纳饲草、禾稿（连茎带穗的谷类收获物）数量及手续，发放驾车马牛饲料粮食以及禁止百姓卖酒等。

《田律》中，除了前代规定的春季不准乱砍滥伐外，还有多条环保规定，其中有两条很有创意：一是规定不得堵塞河道，即所谓"雍堤水"；二是夏季以外不准焚烧草木灰当肥料，即所谓"不夏月，毋敢夜草为灰"，特别是"毋敢夜草为灰"这一条，对保护大气很有意义，可以避免大气污染，减少雾霾天气。

《田律》的主要内容和依据与吕不韦《吕氏春秋》中的生态保护理论相吻合。《田律》具有丰富的理论内涵，包括大量的实践经验，因此成为中国历史上最早的环境保护法典。

当今的中国仍然是农业大国，同样面临着各种环境问题，《田律》中的保护幼龄鸟兽、不乱焚草木等思想仍广为应用。

2.3.3　秦国的"四时之禁"

由秦国丞相吕不韦主持编撰的《吕氏春秋》中，明确提出了"四时之禁"，即要按春、夏、秋、冬四季颁布渔猎禁令，以利于野生动植物的生长繁殖。"四时之禁"一方面是当时为了保证农事大忙之时拥有充足的劳动力，另一方面强调伐木、烧草、捕猎等林事活动必须严格遵守时节，在动植物滋生发育之时，不可摧残伤害，以致影响繁殖。

"四时之禁"的举措在古代森林保护方面也起到了非常重要的作用。虽然常说"十年树木"，但是林木用于生产目的的伐期龄一般均以 20 年为基本龄级。由于林木生长周期较长，乱砍滥伐势必造成森林资源的短缺。而"四时之禁"的实施，在树木生长繁殖时期限制树木砍伐，保护了森林的繁殖，这与当今社会为了保护林业发展采取封山育林措施的生态理念是一致的。如果不遵守"四时之禁"，肆意破坏环境，必将给人类带来恶果。

2.3.4　宋代的"禁采捕诏"

据《宋大诏令集》记载，宋太祖建隆二年（公元 961 年）二月有"禁采捕诏"，禁止在鸟兽鱼虫的繁殖、生长期采捕，这个法令不仅要求明确，而且最大的特色是它的延续性，法令的内容要长期执行，每年相关部门都要重申和严格执行。

到了宋太宗太平兴国三年（公元 978 年）四月，又颁布了"二月至九月禁捕猎诏"，其中不仅规定从二月到九月禁止捕猎，更要求基层官员主动抓捕违禁者，并将诏令张贴在墙上扩大宣传，使百姓自觉保护野生动物。这条法令一直延续了 200 多年。

宋代的"禁采捕诏"很大程度上避免了人们对野生动物的过度捕猎，保证了野生动物的正常生存，使得生物资源可以得到更加合理的利用，这与秦国的"四时之禁"极为相像。当代生态政策的实施和调整也可以借鉴宋代关于野生动物保护的法令，以期实现可持续发展。

2.4 我国古代生态保护实践

2.4.1 都江堰

建成于春秋战国时期，历经 2270 多年而不衰的世界文化遗产都江堰位于岷江上游与中游交界的咽喉，对整个成都平原而言，岷江是一条地上悬河，其水患长期祸及成都平原。战国时期，秦国蜀郡太守李冰和其儿子，吸取前人治水经验，修建了著名的都江堰水利工程。工程充分利用当地西北高、东南低的地理条件，根据江河出山口处的特殊地形、水脉、水势，因势利导，无坝引水，自流灌溉，使堤防、分水、泄洪、排沙、控流相互依存，共为体系，保证了防洪、灌溉、水运和用水综合效益的充分发挥。都江堰凝聚了中国古代劳动人民的智慧，在缺乏现代科学的春秋战国时期，其工程设计精巧、布局合理，成功解决了鱼嘴分水、飞沙堰泄洪排沙、宝瓶口引水等许多复杂的水利工程问题，既控制了岷江水患，又使水资源得到充分利用。加上"深淘滩，低作堰"的岁修"三字经"，其简便、高效的维护管理手法，使得都江堰在 2270 多年后仍能继续发挥作用。

都江堰的修筑及运行管理，都遵循着自然运行的生态法则，都是本着人与自然长期可持续发展的原则进行的，是人与自然签订的一个长期契约。从当代生态学原理角度，体会隐含在伟大水利工程中的生态智慧，可以发现生态学思想体现在工程建设和管理的方方面面。在朴素生态学思想指导下建造的灌溉成都平原的都江堰、连通两江的广西灵渠、沟通南北的京杭运河等古代水利工程，经历了两千多年的扩建与经营，迄今仍有灌溉、水运、调洪济水之利，都蕴藏着"人法地，地法天，天法道，道法自然"的生态智慧，可以说是中国古代文明的创造性精神表征，其所代表的"契合自然"的生态智慧，值得管理者、学术界和工程界反省和深思。要实现自然资源的永续利用和任何工程的永久可持续，我们应该学习古代先哲的生态智慧，携手共创新的生态智慧时代。

2.4.2 世界上最早的"自然保护区"

汉唐时期，自然资源和生态环境保护方面的理论和实践已发展到较高水平，统治阶级十分重视国土合理开发利用与环境整治问题。尤其是在唐代，山林川泽、苑囿、打猎、城市绿化、污水排放、郊祠神坛、五岳名山等都纳入政府管理的职责范围，《唐律》详细、具体地规定了保护自然环境和生活环境的措施及对违反者的处罚标准。据《旧唐书》记载，当时的政府还把京兆、河南两都四郊三百里划为禁伐区或禁猎区，通过设置"自然保护区"的方式来保护自然资源与生态环境，这对保护自然环境起了很大作用。经济与文化的繁荣与发展，使唐代不仅成为中国古代封建经济空前繁荣的朝代，而且也成为当时闻名于世的大国。毋庸置疑，唐代的生态文明思想与环境保护措施在其中所起的作用也不容忽视。

2.4.3 蓄养地力的"绿色"耕种法

不仅学者们强调"取之有度""用而不匮"，农民们更是深知自然资源的有限性，在生产中进行了很多与今天可持续发展观点相契合的"绿色"实践。

中国农业以精耕细作闻名世界。可过度开垦很容易耗尽地力，为此，古人发明了一些既能蓄养地力又能增产增收的"绿色"耕种方法。上古时期，人们把耕地分成三部分，以一部分休耕，其他两部分耕种，这样三块土地每年轮流耕作、轮流休耕，十分有利于地力的恢复。另外还有一种轮作制度，即在同一土地上每年按次序轮流种植一定的作物，以此调剂恢复地力。《吕氏春秋》说"今兹美禾，来兹美麦"，《管子·治国》有"四种而五获"，《荀子·富国》有"一岁而再获之"等，指的就是这种换茬或倒茬的办法。

汉武帝时期，主管农业的赵过发明了"代田法"，即在每亩地上挖三条沟，每条沟旁各有一条垄。作物种在沟中，垄和沟每年互换位置，今年的垄变为明年的沟，今年的沟变为明年的垄，这样能够保持地力不致衰竭，而又每年都可利用，不必整块土地休耕。到南北朝时期，农民开始将粮、豆、瓜、菜等作物进行套种、间种、连作和轮作，以提高农业生产效率。时人还发明了把豆科作物当作绿肥进行轮作，以翻压肥田的方法，《齐民要术》称之为"美田之法"。此后历代农民都广泛采用绿肥种植技术，明清时期将绿肥与粮棉进行间作或套种，绿肥的种类已达 10 多种。

2.4.4　"桑基鱼塘"模式

湖州传统的"桑基鱼塘"模式，被国际粮农组织确认为最好的生态模式。"桑基鱼塘"这一模式是集多种循环类型为一体的、完整的生态系统，其特点是：农民利用生物互生互养的原理，建立起鱼塘和桑地有机结合的生态系统。

桑基鱼塘生态系统主要优点是桑茂、蚕壮、鱼肥大，塘肥、基好、蚕茧多。这充分表明了桑基鱼塘循环性生产的相互关系。在这种循环性生产的系统中，"桑"是生产者，它利用太阳能、水和二氧化碳进行光合作用，制造有机物储存在桑叶中。用桑叶喂蚕，桑叶的营养和能量沿着食物链首先传递给了蚕，蚕是一级消费者。蚕吃了桑叶后排出的蚕沙投放到池塘中，作为鱼的饲料。在这条食物链上，鱼是二级消费者。鱼塘内的微生物可以分解鱼类、藻类残体以及各种有机物质，使其转化成简单的无机物，如氮、磷、钾等元素，混合在塘泥中，之后又随着塘泥还原给桑基。在这一食物链中，微生物成为有机物的分解者和还原者。在栽桑过程中，有一部分桑叶和枯枝落到桑基上或鱼塘里，微生物的分解使有机物转化成简单的无机盐类，释放到土壤中，成为桑树或其他作物（蔬菜、甘蔗、果类）的营养物质又被吸收利用，也就开始了新的物质循环。

桑基鱼塘系统是一种具有独特创造性的洼地利用方式和生态循环经济模式。其最独特的生态价值是实现了对生态环境的零污染。这种复合人工生态结构的实践，在当今世界已成为一种公认的低耗、高效的农业生态系统。

2.4.5　"顺时取物"的生产实践

《荀子·王制》记载："草木荣华滋硕之时，则斧斤不入山林，不夭其生，不绝其长也……春耕、夏耘、秋收、冬藏，四者不失时，故五谷不绝，而百姓有余食也。污池渊沼川泽，谨其时禁，故鱼鳖优多，而百姓有余用也。"受儒家"天人合一"思想和道家"道法自然"精神的影响，我国古人将自然作为观察、学习的对象，并逐渐将自然美景作为一种审美对象，常常因自然的和谐优美而生发出愉悦的审美体验。这项被荀子称为"圣王之制"的，就是顺时取物的农耕政策。"顺时取物",体现的是对自然时令的尊重和合理利用。《礼记·王制》曰:"鸠化为鹰,然后设罻罗。草木零落,然后入山林。昆虫未蛰,不以火田,不麛,不卵,不杀胎,不殀夭,不覆巢。"这些制度对渔猎砍伐、播种收获的时间都提出了明确的要求,不捕幼崽、不杀胎卵、不覆巢穴,这些做法完全是"知止""知足"的合理利用与开发方式,是可持续的生产方式。《淮南子·主术训》记载不仅要"教民养育六畜,以时种树,务修田畴,滋植桑麻",而且还要"肥墝高下,各因其宜",意思是要根据不同地形、地势灵活地改变耕种方式和种类,是在因时制宜的耕作基础上提出的因地制宜原则。据邹兆麟和区为梁《高明县志·卷二》记载:"将洼地挖深,取泥覆四周为基,中凹下为塘,基六塘四。基种桑,塘蓄鱼,桑叶饲蚕,蚕矢饲鱼,两利俱全,十倍禾稼。"这是我国古代人民在长期生产实践中的伟大创造,在占有较少自然资源的条件下获得了较大收益,可以视为最早的自然循环有机生产模式。

第三章　社会主义生态文明新理念

党的十八届五中全会提出，必须牢固树立并切实贯彻创新、协调、绿色、开放、共享的发展理念，推动实现全面建成小康社会新的目标要求，经济保持中高速增长，在提高发展平衡性、包容性、可持续性的基础上，生态环境质量总体改善。坚持绿色发展，必须坚持节约资源和保护环境的基本国策，坚持可持续发展，坚定走生产发展、生活富裕、生态良好的文明发展道路，加快建设资源节约型、环境友好型社会，形成人与自然和谐发展现代化建设新格局，推进美丽中国建设，为全球生态安全作出新贡献。促进人与自然和谐共生，构建科学合理的城市化格局、农业发展格局、生态安全格局、自然岸线格局，推动建立绿色低碳循环发展产业体系。加快建设主体功能区，发挥主体功能区作为国土空间开发保护基础制度的作用。推动低碳循环发展，建设清洁低碳、安全高效的现代能源体系，实施近零碳排放区示范工程。全面节约和高效利用资源，树立节约集约循环利用的资源观，建立健全用能权、用水权、排污权、碳排放权初始分配制度，推动形成勤俭节约的社会风尚。加大环境治理力度，以提高环境质量为核心，实行最严格的环境保护制度，深入实施大气、水、土壤污染防治行动计划，实行省以下环保机构监测监察执法垂直管理制度。筑牢生态安全屏障，坚持保护优先、自然恢复为主，实施山水林田湖生态保护和修复工程，开展大规模国土绿化行动，完善天然林保护制度，开展蓝色海湾整治行动。

习近平总书记指出："推动形成绿色发展方式和生活方式是贯彻新发展理念的必然要求，必须把生态文明建设摆在全局工作的突出地位，坚持节约资源和保护环境的基本国策，坚持节约优先、保护优先、自然恢复为主的方针，形成节约资源和保护环境的空间格局、产业结构、生产方式、生活方式，努力实现经济社会发展和生态环境保护协同共进，为人民群众创造良好生产生活环境。"

绿色文化，以环保意识、生态意识、生命意识等绿色理念为指导，表现为生产与消费的绿色行为，体现了人类与自然和谐相处、共进共荣共发展的生活方式、行为规范、思维方式以及价值观念等文化现象的总和。促进空间格局、产业结构、生产方式、生活方式转变，推动绿色发展，绿色文化贯穿于全过程，涉及各方面，在其中起到灵魂的作用。

绿色消费要求消费者消费的产品或服务不会危害消费者或他人的健康，同时在产品或服务的全生命周期中尽量减少对环境的污染、破坏及不利影响。推动绿色消费，通过消费者对产品的选择，能够有效倒逼生产乃至产品全生命周期的绿色化，促进产业结构绿色化调整，是推动绿色发展的重要方式。根据阿耶兹（Ajzen）的计划行为理论，消费者的绿色消费观，即绿色消费行为态度，对其形成绿色消费行为意向，并最终转化为实际绿色消费行为具有重要影响。因此，加快形成绿色消费方式，推动绿色发展，必须建立消费者绿色消费观。

中国站在进入全面建设社会主义现代化国家的新时代的历史起点，要实现中华民族伟大复兴的宏伟愿景，必须培养能够担当民族复兴大任的中国特色社会主义事业的建设者和接班人。绿色发展是生态文明的应有之义，弘扬绿色文化，建立绿色消费观，践行绿色发展，全面推进产业结构、生产方式和生活方式的绿色转型，对于推进我国生态文明建设进程具有重要意义。

3.1 生态文明的绿色文化理念

作为一种观念、意识和价值取向，绿色文化不是游离于其他系统之外，而是渗透贯穿并深刻影响着绿色发展的方方面面，并在其中起到灵魂的作用。进一步弘扬绿色文化，让绿色价值观深入人心，对于我国顺利完成经济结构调整和发展方式转变，促进绿色发展、建设美丽中国具有重要的实践指导意义。十八届五中全会公报指出："全面节约和高效利用资源，树立节约集约循环利用的资源观，建立健全用能权、用水权、排污权、碳排放权初始分配制度，推动形成勤俭节约的社会风尚。"要推动绿色文化繁荣发展。第一，要树立绿色的世界观、价值观文化。习近平总书记指出："像保护眼睛一样保护生态环境，像对待生命一样对待生态环境。"第二，要树立绿色生活方式和消费文化，"取之无度，用之无节"将后患无穷。第三，要树立绿色 GDP 文化，不能把 GDP 作为衡量经济发展的唯一指标。习近平总书记指出："单纯依靠刺激政策和政府对经济大规模直接干预的增长，只治标、不治本，而建立在大量资源消耗、环境污染基础上的增长则更难以持久。要提高经济增长质量和效益，避免单纯以国内生产总值增长率论英雄。各国要通过积极的结构改革激发市场活力，增强经济竞争力。"第四，要树立绿色法律文化。新修订的《中华人民共和国环境保护法》，集中体现了党和国家对加强环境保护法治、努力破解环境污染难题、大力推动生态文明建设的坚定决心，有助于树立绿色法律文化，形成全面、完善、长效的环境治理机制体系，为调整经济结构和转变发展方式保驾护航。

3.1.1 绿色文化思想渊源

中华文明的生态智慧宝库为当今生态文明建设提供了大量可借鉴的智慧，以儒家和道家为代表的中国古代思想家所倡导的"仁爱""道法自然"等思想，提倡尊重自然、尊重规律，追求人与自然和谐发展。孔子提倡"钓而不纲"，提醒人类减少对大自然的过度索取，维护生态平衡，防止因一时之利而丧失长远利益。孟子提倡"仁民爱物"，坚持人民利益至上，重视对自然资源的保护，减少对自然界的索取。张载提出"民胞物与"，秉持人和自然共生理念，反对为了人类自身的生存而无限度地利用自然、征服自然。老子提出"道法自然"，认为万物变化依自然规律循环往复并保持平衡，人要与天地万物一起遵循自然规律。庄子提出"天人合一"，天地万物和谐共生，人要敬畏自然、尊重自然，一切行为要合乎自然界的发展规律。荀子提出"因时制宜"，农业生产只有遵循农时，才能保证农业生态系统稳定，使农作物产量持续增加，从而保障农业的可持续发展。秦时的"四时之禁"，要求按照春夏秋冬四季颁布渔猎禁令，以利于鱼兽等野生动植物的生长繁殖。宋代的"禁采捕诏"，禁止在鸟兽鱼虫繁殖、生长期采捕。一千七百年前，中国南方就出现了以黄猄蚁防治柑橘害虫的方法，是生物防治的古代实践。大禹遵循水流"水性就下"的基本规律，对水因势利导、顺势而为，成功治水。李冰父子设计都江堰水利工程，通过凿穿玉垒山、建分水大堤、设计"飞沙堰"溢洪，将成都平原变成了水旱从人的"天府之国"。古人修建京杭运河，北起涿郡（今北京），南至余杭（今杭州），贯通海河、黄河、淮河、长江和钱塘江五大水系。

1978 年党的十一届三中全会以来，我们党以巨大的政治勇气，锐意推进改革、不断扩大开放，其中文化体制改革也是重点领域之一。1993 年党的十四届三中全会通过的《中共中央关于建立社会主义市场经济体制若干问题的决定》提出深化文化体制改革，完善文化经济政策，依法加强文化市场管理。2003 年党的十六届三中全会通过的《中共中央关于全面深化改革若干问题的决定》明确指出"深化科技教育文化卫生体制改革，提高国家创新能力和国民整体素质"一个部分。2013 年党的十八届三中全会提出文化领域改革是改革的系统性、整体性、协同性中的核心环节之一，与其他领域改革密切配套。完善和发展中国特色社会主义文化制度是完善和发展中国特色社会主义制度的一个有机组成，推进文化治理体系和治理能力现代化是国家治理体系和治理能力现代化的一个有机组成。《中共中央关于全面深化改革若干重大问题的决定》提出全面深化改革的目标任务和总体思路，要求"紧紧围绕建设社会主义核心价值体系、社会主义文化强国深化文化体制改革"，把"推进文化体制机制创新"作为全面深化改革的一项重大任务和重大举措。在深化文化体制改革的指导方针方面，提出坚持社会主义先进文化前进方向，坚持中国特色社会主义文化发展道路，坚持以人民为中心的工作导向，坚持把社会效益放在首位、社会效益和经济效益相统一；提出"培育和践行社会主义核心价值观，巩固马克思主义在意识形态领域的指导地位，巩固全党全国各族人民团结奋斗的共同思想基础"，提出了"以激发全民族文化创造活力为中心环节"。根据文化的双重属性，提出了既符合社会主义先进文化建设规律，又适应社会主义市场经济发展要求的一系列制度设计。提出"加快完善文化管理体制和文化生产经营机制，建立健全现代公共文化服务体系、现代文化市场体系，推动社会主义文化大发展大繁荣"。

3.1.2　绿色文化知识体系

党的十八大报告提出"扎实推进社会主义文化强国建设"的目标，文化建设上升为国家战略，明确加强社会主义核心价值体系建设、全面提高公民道德素质、丰富人民精神文化生活、增强文化整体实力和竞争力四大任务，文化成为与经济、科技和教育等同等重要的国家现代化推进力量。党的十九大报告进一步提出将文化自信作为检验文化强国的重要标尺。党的十九届四中全会指出，"坚持和完善繁荣发展社会主义先进文化的制度，巩固全体人民团结奋斗的共同思想基础"，"更好构筑中国精神、中国价值、中国力量"。党的十九届五中全会提出"推进社会主义文化强国建设"，建设社会主义文化强国与科技强国、教育强国等相协同的总体战略架构，明确"十四五"及未来 20 年我国文化发展和对外文化开放两大领域的发展目标和任务。

（1）社会主义核心价值体系

加强社会主义核心价值体系建设，是巩固全党全国各族人民团结奋斗的共同思想道德基础的迫切需要；加强社会主义核心价值体系建设，是夺取中国特色社会主义新胜利的迫切需要；加强社会主义核心价值体系建设，是提高国家文化软实力的迫切需要。

① 马克思主义指导思想在社会主义核心价值体系中的地位和作用。社会主义核心价值体系涵盖社会发展的指导思想和价值准则，引导人们的价值观念和价值取向，是一个内涵十分丰富、具有内在统一关系的有机整体，马克思主义指导思想是其中的灵魂。马克思主义指导思想为社会主义核心价值体系提供了根本立场、观点和方法，对社会主义核心价值体系发挥着理论基础和精神支柱的作用，决定着社会主义核心价值体系的根本性质和发展方向，是社会主义核心价值体系的灵魂。

马克思主义揭示了自然界、人类社会和思维发展的本质规律，指明了消灭资本主义旧世界、建立社会主义和共产主义新社会、实现工人阶级与全人类解放的理想目标和现实道路，实现了人类思想史上划时代的根本变革。马克思主义科学性和革命性高度统一的理论品质能够为社会主义核心价值体系提供正确的立场、观点和方法，奠定科学的理论基础。在当代中国，只有坚持一切为了人民、一切依靠人民，坚持辩证唯物主义和历史唯物主义，才能正确把握社会主义价值观念产生和发展的历史条件、本质要求和客观规律，切实解决影响当代中国价值观念传承和变革的重大理论与现实问题，保证社会主义核心价值体系的形成和发展。

坚持马克思主义的指导地位，构筑社会主义核心价值体系的理论基础和精神支柱，是当代中国社会发展的必然选择，是建设社会主义核心价值体系的本质要求。把握了这一点，就把握了社会主义核心价值体系的灵魂。

② 中国特色社会主义共同理想是社会主义核心价值体系的主题。中国特色社会主义共同理想，就是在中国共产党的领导下，走中国特色社会主义道路，实现中华民族的伟大复兴。回顾近代以来一百多年的历史，实现民族复兴是中华儿女世世代代的追求和梦想。新中国成立后，我们党在领导人民建设社会主义的过程中，找到了建设中国特色社会主义的正确道路。这条道路既坚持了科学社会主义的基本原则，又根据我国实际被赋予了鲜明的中国特色，赋予了民族复兴新的强大生机。改革开放四十多年来，社会主义制度又在除弊创新中自我完善和发展，我国经济社会发展取得了举世瞩目的伟大成就，更加坚定了全国各族人民实现共同理想的信念。

理想是灯塔，是风帆，引领着社会进步。中国特色社会主义共同理想，是当代中国发展进步的旗帜，是动员、激励全国各族人民团结奋斗的旗帜。它反映了我国最广大人民的根本利益、共同愿望和普遍追求，既实在具体又鼓舞人心，它把国家的发展、民族的振兴与个人的幸福紧密联系在一起，把各个阶层、各个群体的共同愿望有机结合在一起，具有强大的感召力、亲和力、凝聚力。人们都能认同和接受这个共同理想，并愿意为之共同奋斗。

③ 民族精神和时代精神是社会主义核心价值体系的精髓。民族精神和时代精神是一个民族赖以生存和发展的精神支撑。在五千年历史演进中，中华民族形成了以爱国主义为核心的团结统一、爱好和平、勤劳勇敢、自强不息的伟大民族精神；在改革开放历程中，中华民族形成了以改革创新为核心的时代精神。二者相辅相成、相互交融，已深深熔铸在中华民族的生命力、创造力和凝聚力之中，共同构成中华民族自立自强的精神品格，成为推动中华民族伟大复兴的精神动力。

千百年来，无论面对多少困难挫折，面临多少艰难险阻，中华民族都始终高擎民族精神和时代精神的火炬。中华民族生生不息、薪火相传、奋发进取，靠的就是这样的精神；中华民族抵御外来侵略、赢得民族独立和解放，靠的就是这样的精神；在新的历史时期，抓住机遇，加快发展，由贫穷走向富强，靠的也是这样的精神；实现全面建设小康社会的宏伟目标和中华民族的伟大复兴，还是要靠这样的精神。只有大力弘扬民族精神和时代精神，才能传承中华民族历经磨难而不倒、饱经风霜而弥坚的精神实质，不断拓展我们民族自强不息、团结奋进的精神内涵，不断增强我们民族的自尊心、自信心和自豪感，使各族人民始终凝聚在爱我中华、振兴中华的旗帜下。

④ 社会主义荣辱观是社会主义核心价值体系的基础。一个社会是否和谐，一个国家能否实现长治久安，很大程度上取决于全体社会成员的思想道德素质。只有分清荣辱，明辨善恶，一个人才能形成正确的价值判断，一个社会才能形成良好的道德风尚。在我们这样一个有14亿多人口、56个民族的发展中大国，实现事业发展、社会和谐的目标和追求，既需要巩固马克思主义在意识形态领域的指导地位，树立正确的理想信念，倡导伟大的民族精神和时代精神，也需要确立起人人皆知、普遍奉行的价值准则和行为规范。

社会主义荣辱观，概括精辟、内涵深刻，贯穿社会生活各个领域，涵盖了人生态度、社会风尚的方方面面。它把与社会主义市场经济体制相适应、与社会主义法律规范相协调、与中华民族传统美德相承接的社会主义思想道德观念有机融合在一起，鲜明地指出了什么是真善美、什么是假恶丑，以何为荣、以何为耻，为人们在社会主义市场经济条件下判断行为得失、做出道德选择、确定价值取向提供了基本规范。树立社会主义荣辱观，使社会成员都能知荣弃耻、褒荣贬耻、扬荣抑耻，社会主义核心价值体系才能有所依托、有所体现。

社会主义核心价值体系结构严谨，定位明确，层次清晰，是完整的、系统的，它坚持了社会主义又有中国特色，总结了成功经验又有新的提升概括，反映了现实的迫切需要又是能够通过努力实现的，可以最大限度地促进和形成全社会的共识。

（2）公民道德素质体系

要坚持以习近平新时代中国特色社会主义思想为指导，紧紧围绕进行伟大斗争、建设伟大工程、推进伟大事业、实现伟大梦想，着眼构筑中国精神、中国价值、中国力量，促进全体人民在理想信念、价值理念、道德观念上紧密团结在一起，在全民族牢固树立中国特色社会主义共同理想，在全社会大力弘扬社会主义核心价值观，积极倡导富强民主文明和谐、自由平等公正法治、爱国敬业诚信友善，全面推进社会公德、职业道德、家庭美德、个人品德建设，持续强化教育引导、实践养成、制度保障，不断提升公民道德素质，促进人的全面发展，培养和造就担当民族复兴大任的时代新人。

坚持马克思主义道德观、社会主义道德观，倡导共产主义道德，以为人民服务为核心，以集体主义为原则，以爱祖国、爱人民、爱劳动、爱科学、爱社会主义为基本要求，始终保持公民道德建设的社会主义方向。

坚持以社会主义核心价值观为引领，将国家、社会、个人层面的价值要求贯穿到道德建设各方面，以主流价值建构道德规范、强化道德认同、指引道德实践，引导人们明大德、守公德、严私德。

坚持在继承传统中创新发展，自觉传承中华传统美德，继承我们党领导人民在长期实践中形成的优良传统和革命道德，适应新时代改革开放和社会主义市场经济发展要求，积极推动创造性转化、创新性发展，不断增强道德建设的时代性、实效性。

坚持提升道德认知与推动道德实践相结合，尊重人民群众的主体地位，激发人们形成善良的道德意愿、道德情感，培育正确的道德判断和道德责任，提高道德实践能力尤其是自觉实践能力,引导人们向往和追求讲道德、尊道德、守道德的生活。

坚持发挥社会主义法治的促进和保障作用,以法治承载道德理念、鲜明道德导向、弘扬美德义行,把社会主义道德要求体现到立法、执法、司法、守法之中,以法治的力量引导人们向上向善。

坚持积极倡导与有效治理并举,遵循道德建设规律,把先进性要求与广泛性要求结合起来,坚持重在建设、立破并举,发挥榜样示范引领作用,加大突出问题整治力度,树立新风正气、祛除歪风邪气。

要把社会公德、职业道德、家庭美德、个人品德建设作为着力点。推动践行以文明礼貌、助人为乐、爱护公物、保护环境、遵纪守法为主要内容的社会公德,鼓励人们在社会上做一个好公民;推动践行以爱岗敬业、诚实守信、办事公道、热情服务、奉献社会为主要内容的职业道德,鼓励人们在工作中做一个好建设者;推动践行以尊老爱幼、男女平等、夫妻和睦、勤俭持家、邻里互助为主要内容的家庭美德,鼓励人们在家庭里做一个好成员;推动践行以爱国奉献、明礼遵规、勤劳善良、宽厚正直、自强自律为主要内容的个人品德,鼓励人们在日常生活中养成好品行。

推进文化建设,必须把丰富人民精神文化生活作为长期着力点。国家越富强,对国民精神境界提升的要求就越高;人民越富足,对精神文化生活的追求就越高。坚持以人民为中心的创作导向,努力生产出更多群众喜闻乐见、健康向上的优秀文化产品,满足人们多样化、多方面的文化需求;深入实施文化惠民工程,大力提升公共文化服务水平,切实保障人民群众的基本文化权益;发挥人民群众在文化建设中的主体作用,积极开展形式多样的群众性文化活动,充分吸引群众广泛参与,让人们在潜移默化中实现自我教育、自我提高。

3.1.3 中国绿色文化建设实践

(1) 长株潭试验区绿色文化理念传播实践

长株潭试验区从教育入手,从娃娃抓起,从小事做起,深入传播绿色文化理念,引导形成"处处皆两型、人人可两型"的良好氛围。该试验区首创性开展绿色示范创建行动,推动两型社会建设进园区、进厂区、进校区、进办公区、进社区,打造出一个个看得见、摸得着的两型样本,使绿色文化理念深入人心,达到了"教育一个孩子、带动一个家庭、辐射一个社区、影响整个社会"的良好效果。

在全国率先编制小学生"两型读本"。2009年,遵循孩子身心发展及认知的阶段性特点,长株潭首创编制全国第一套"小学生两型知识系列读本"(简称"两型读本"),分为《亲亲校园》《两型家庭》《奇妙生物》《珍贵资源》《和谐家园》《绿色湖南》六册,免费向全省小学生发放。

两型进课堂。印发《湖南省中小学两型教育指导纲要》,要求学校把"两型读本"学习融入教育计划、课程安排。学校在进行课堂教学的同时,开展变废为宝、河流水质调查、参观污水处理厂、寻找珍稀物种等丰富多彩的实践活动,充分调动了学生参加两型社会建设的积极性。

两型进家庭。由孩子带动家长互动,倡导简约适度、绿色低碳的生活方式,如对生活用水再利用、及时关闭家电电源或采取节电模式,监督家庭成员开展生活垃圾分类、光盘行动等,推动家庭参与两型社会建设,并以家庭"小家"辐射带动社区"大家",实现"小手"

牵"大手","小家"带"大家"。

两型进社区。在社区设立两型宣教基地,公开招募教师、公务员、退休人员等当两型公益宣讲员,紧贴居民家庭日常生活实际,定期举办展览、公益宣讲等活动。开展生活垃圾智能分类,设立积分兑换区,社区居民办理智能垃圾分类卡,可进行垃圾分类积分兑换和生活用品循环兑换。

(2) 贵州省赤水市红色旅游发展典型案例

赤水利用中国面积最大、最连片的丹霞分布区资源,坚持用全球视野来审视和谋划旅游发展,坚持红色旅游,制定《赤水旅游发展总体规划》等五个规划体系,提出"整合红资源,打造红基地",依托红军"四渡赤水"历史遗迹,采取"政府＋市场＋社会建设"方式,将长征遗址遗迹打造成独具特色的红色基地。

建成"四渡赤水"一渡渡口——元厚红军渡口、四渡赤水红军烈士陵园、丙安红一军团陈列馆、耿飚将军纪念馆、黄陂洞战斗遗址、中共赤合特支旧址等现场教学基地,积极推进长征国家文化公园建设,先后建成赤水市博物馆、江西会馆等多个陈列馆和纪念馆。

深入挖掘"四渡赤水"红色文化品牌,确定"丹青赤水·康养福地"的旅游宣传主题口号,打造《赤水印迹》大型音乐情景剧、四洞夜游等文化旅游品牌;举办"四渡赤水"冬泳赛、"四渡赤水"等系列赛事,开展"重走长征路·聚力奔小康""弘扬长征精神·传播红色文化""万人唱红歌""重走长征路·畅游赤水河"等一系列活动。

以"生态产业化、产业生态化"为引领,打造立体生态农业、绿色低碳工业和生态旅游业,积极建设绿色城镇,广泛开展绿色机关、绿色乡镇、绿色企业、绿色学校等创建活动。

以打造"现代生态宜居城市"和"国际康养旅游目的地"为目标,坚守生态和发展红线,坚持在旅游扶贫、厕所革命、规划审查、融资方式、交旅融合、环境保护、文明旅游、品牌营销等方面进行创新,构建全域旅游新格局,营造良好旅游氛围,真正实现"快旅漫游"。

坚持发展"红色＋绿色"经济。践行"绿水青山就是金山银山"发展理念,将红色文化、生态旅游资源结合起来,推进红色资源与园区、城区、景区和竹城、丹霞城、休闲旅游度假体验城、大数据康养城有机整合、统筹融合发展,运用科技推广、线路连接、产品捆绑等方式,加快红色文化旅游项目包装、产品开发和品牌宣传。

2019 年,赤水成功创建国家全域旅游示范区,旅游业成为全市的重要支柱产业,2019年赤水市全年旅游总收入 231.67 亿元,旅游规模达 1925.7 万人次,其中红色旅游总收入37.5 亿元,接待游客约 750 万人次,让广大市民群众成了旅游扶贫的参与者、受益者,带动 4000 余户 1.3 万余名贫困群众依靠旅游脱贫致富。

(3)《"美丽中国,我是行动者"提升公民生态文明意识行动计划(2021—2025 年)》

指导思想:以习近平新时代中国特色社会主义思想和党的十九大以及十九届二中、三中、四中、五中全会精神为指导,深入贯彻和大力宣传习近平生态文明思想,着力推动构建生态环境治理全民行动体系,不断提升宣传教育工作水平,加快推动绿色低碳发展,形成人人关心、支持、参与生态环境保护工作的局面,为持续改善生态环境、建设美丽中国营造良好社会氛围和坚实社会基础。

总体目标:到 2025 年,习近平生态文明思想更加深入人心,"绿水青山就是金山银山"理念在全社会牢固树立并广泛实践,"人与自然和谐共生"的社会共识基本形成。公民生态文明意识普遍提高,自觉践行《公民生态环境行为规范(试行)》,力戒奢侈浪费,把对美好生态环境的向往进一步转化为行动自觉，生产生活方式绿色转型成效显著。导向鲜明、职责清晰、共建共享、创新高效、保障有力的生态环境治理全民行动体系基本建立。

主要任务：2021 年，在全社会广泛传播习近平生态文明思想及其实践成果，完善生态文明新闻宣传、社会宣传、网络宣传、公众参与等相关工作机制；2022 年，深入开展习近平生态文明思想理论研究，集中推进生态文明学校教育和社会教育，建立生态环境志愿服务工作机制；2023 年，推动和指导各地方形成各具特色的生态文明宣传品牌，引导和带动各党政机关、企事业单位、人民团体、社会组织积极主动参与生态文明建设；2024 年，着力选树生态文明宣传教育工作中优秀典型，加强先进经验和模式推广；2025 年，对行动计划各项任务完成情况进行总结和全面评估，按照国家有关规定开展表彰奖励。

具体行动计划：深入学习宣传贯彻习近平生态文明思想，引领美丽中国建设；加强生态文明建设新闻宣传，主动回应社会关切；加强生态文明建设社会动员，广泛传播生态价值理念；加强生态文明教育，夯实美丽中国建设基础；构建全民行动体系，推动社会各界广泛参与；运用先进科技手段，创新生态文明宣传方式方法。

3.2 生态文明的绿色发展理念

3.2.1 绿色发展的背景和意义

2015 年 10 月，十八届五中全会关于"十三五"规划的建议明确提出，我国发展不平衡、不协调、不可持续问题仍然突出，主要是发展方式粗放，城乡区域发展不平衡，资源约束趋紧，生态环境恶化趋势尚未得到根本扭转，综合判断，我国发展仍处于可以大有作为的重要战略机遇期，同时"十三五"时期也面临诸多矛盾叠加、风险隐患增多的严峻挑战，因此，这个时期也可能是我国发展面临的各方面风险不断积累甚至集中显露的时期。

习近平总书记指出，坚持绿色发展是发展观的一场深刻革命，绿色发展是生态文明建设的必然要求，代表了当今科技和产业变革方向，是最有前途的发展领域。人类发展活动必须尊重自然、顺应自然、保护自然，否则就会受到大自然的报复。这个规律谁也无法抗拒。要加深对自然规律的认识，自觉以对规律的认识指导行动。不仅要研究生态恢复治理防护的措施，而且要加深对生物多样性等科学规律的认识；不仅要从政策上加强管理和保护，而且要从全球变化、碳循环机理等方面加深认识，依靠科技创新破解绿色发展难题，形成人与自然和谐发展新格局。

2005 年，《国务院关于落实科学发展观加强环境保护的决定》指出，要"研究绿色国民经济核算方法，将发展过程中的资源消耗、环境损失和环境效益逐步纳入经济发展的评价体系"。2005 年 10 月，中共中央第十六届五中全会公报指出，要加快建设资源节约型、环境友好型社会，大力发展循环经济，加大环境保护力度，切实保护好自然生态，认真解决影响经济社会发展特别是严重危害人民健康的突出的环境问题，在全社会形成资源节约的增长方式和健康文明的消费模式。

2013 年 4 月 10 日，习近平总书记在海南考察工作结束时的讲话中指出，生态环境保护的成败，归根结底取决于经济结构和经济发展方式。经济发展不应是对资源和生态环境的竭泽而渔，生态环境保护也不应是舍弃经济发展的缘木求鱼，而是要坚持在发展中保护、在保护中发展，实现经济社会发展与人口、资源、环境相协调，不断提高资源利用水平，加快构建绿色生产体系，大力增强全社会节约意识、环保意识、生态意识。2013年5月24日，习近平总书记在主持十八届中共中央政治局第六次集体学习时提出，推进生态文明建设，必须全面贯彻落实党的十八大精神，以邓小平理论、"三个代表"重要思想、科学发展观为指导，树立尊重自然、顺应自然、保护自然的生态文明理念，坚持节约资源和保护环境的基本国策，坚持节约优先、保护优先、自然恢复为主的方针，把生态文明建设融入经济建设、政治建设、文化建设、社会建设各方面和全过程，着力树立生态观念、完善生态制度、维护生态安全、优化生态环境，形成节约资源和保护环境的空间格局、产业结构、生产方式、生活方式。中国明确把生态环境保护摆在更加突出的位置。我们既要绿水青山，也要金山银山。2013年9月7日，习近平总书记在哈萨克斯坦纳扎尔巴耶夫大学演讲时指出，宁要绿水青山，不要金山银山，而且绿水青山就是金山银山，我们绝不能以牺牲生态环境为代价换取经济的一时发展。2014年12月9日，习近平总书记在中央经济工作会议上的讲话中提出，生态环境问题归根到底是经济发展方式问题，要坚持源头严防、过程严管、后果严惩，治标治本多管齐下，朝着蓝天净水的目标不断前进；这是利国利民利子孙后代的一项重要工作，决不能说起来重要、喊起来响亮、做起来挂空挡。2017年5月26日，习近平总书记在十八届中共中央政治局第四十一次集体学习时提出，推动形成绿色发展方式和生活方式，是发展观的一场深刻革命。这就要坚持和贯彻新发展理念，正确处理经济发展和生态环境保护的关系，像保护眼睛一样保护生态环境，像对待生命一样对待生态环境，坚决摒弃损害甚至破坏生态环境的发展模式，坚决摒弃以牺牲生态环境换取一时一地经济增长的做法，让良好生态环境成为人民生活的增长点、成为经济社会持续健康发展的支撑点、成为展现我国良好形象的发力点，让中华大地天更蓝、山更绿、水更清、环境更优美。我们要充分认识形成绿色发展方式和生活方式的重要性、紧迫性、艰巨性，把推动形成绿色发展方式和生活方式摆在更加突出的位置，加快构建科学适度有序的国土空间布局体系、绿色循环低碳发展的产业体系、约束和激励并举的生态文明制度体系、政府企业公众共治的绿色行动体系，加快构建生态功能保障基线、环境质量安全底线、自然资源利用上线三大红线，全方位、全地域、全过程开展生态环境保护建设。2017年6月21日—23日，习近平总书记在山西考察工作时强调，坚持绿色发展是发展观的一场深刻革命。要从转变经济发展方式、环境污染综合治理、自然生态保护修复、资源节约集约利用、完善生态文明制度体系等方面采取超常举措，全方位、全地域、全过程开展生态环境保护。

十八大以后，我们党提出经济增长与资源环境协调的理念，通过绿色发展观革命，带领广大人民群众认识绿水青山的自然财富、社会财富和经济财富属性，致力于改变传统经济发展方式，积极推动建立绿色发展、节约资源和保护环境的空间格局、产业结构、生产方式、生活方式，以期实现人与自然和谐发展。

3.2.2　绿色发展知识体系

中国推动绿色发展，形成绿色发展方式和绿色生活方式，必须把生态文明建设摆在全局工作的突出地位，坚持节约资源和保护环境的基本国策，坚持节约优先、保护优先、自然恢复为主的方针，形成节约资源和保护环境的空间格局、产业结构、生产方式、生活方式，努力实现经济社会发展和生态环境保护协同共进，为人民群众创造良好生产生活环境。2015

年，中共中央、国务院《关于加快推进生态文明建设的意见》明确提出，积极实施主体功能区战略、大力推进绿色城镇化、加快美丽乡村建设、加强海洋资源科学开发和生态环境保护，推进绿色发展实践。

① 积极实施主体功能区战略。全面落实主体功能区规划，健全财政、投资、产业、土地、人口、环境等配套政策和各有侧重的绩效考核评价体系。推进市县落实主体功能定位，推动经济社会发展、城乡、土地利用、生态环境保护等规划"多规合一"，形成一个市县一本规划、一张蓝图。区域规划编制、重大项目布局必须符合主体功能定位。对不同主体功能区的产业项目实行差别化市场准入政策，明确禁止开发区域、限制开发区域准入事项，明确优化开发区域、重点开发区域禁止和限制发展的产业。编制实施全国国土规划纲要，加快推进国土综合整治。构建平衡适宜的城乡建设空间体系，适当增加生活空间、生态用地，保护和扩大绿地、水域、湿地等生态空间。

② 大力推进绿色城镇化。认真落实《国家新型城镇化规划（2014—2020 年）》[1]，根据资源环境承载能力，构建科学合理的城镇化宏观布局，严格控制特大城市规模，增强中小城市承载能力，促进大中小城市和小城镇协调发展。尊重自然格局，依托现有山水脉络、气象条件等，合理布局城镇各类空间，尽量减少对自然的干扰和损害。保护自然景观，传承历史文化，提倡城镇形态多样性，保持特色风貌，防止"千城一面"。科学确定城镇开发强度，提高城镇土地利用效率、建成区人口密度，划定城镇开发边界，从严供给城市建设用地，推动城镇化发展由外延扩张式向内涵提升式转变。严格新城、新区设立条件和程序。强化城镇化过程中的节能理念，大力发展绿色建筑和低碳、便捷的交通体系，推进绿色生态城区建设，提高城镇供排水、防涝、雨水收集利用、供热、供气、环境等基础设施建设水平。所有县城和重点镇都要具备污水、垃圾处理能力，提高建设、运行、管理水平。加强城乡规划"三区四线"（禁建区、限建区和适建区，绿线、蓝线、紫线和黄线）管理，维护城乡规划的权威性、严肃性，杜绝大拆大建。

③ 加快美丽乡村建设。完善县域村庄规划，强化规划的科学性和约束力。加强农村基础设施建设，强化山水林田路综合治理，加快农村危旧房改造，支持农村环境集中连片整治，开展农村垃圾专项治理，加大农村污水处理和改厕力度。加快转变农业发展方式，推进农业结构调整，大力发展农业循环经济，治理农业污染，提升农产品质量安全水平。依托乡村生态资源，在保护生态环境的前提下，加快发展乡村旅游休闲业。引导农民在房前屋后、道路两旁植树护绿。加强农村精神文明建设，以环境整治和民风建设为重点，扎实推进文明村镇创建。

④ 加强海洋资源科学开发和生态环境保护。根据海洋资源环境承载力，科学编制海洋功能区划，确定不同海域主体功能。坚持"点上开发、面上保护"，控制海洋开发强度，在适宜开发的海洋区域，加快调整经济结构和产业布局，积极发展海洋战略性新兴产业，严格生态环境评价，提高资源集约节约利用和综合开发水平，最大程度减少对海域生态环境的影响。严格控制陆源污染物排海总量，建立并实施重点海域排污总量控制制度，加强海洋环境治理、海域海岛综合整治、生态保护修复，有效保护重要、敏感和脆弱海洋生态系统。加强船舶港口污染控制，积极治理船舶污染，增强港口码头污染防治能力。控制发展海水养殖，

---

[1] 2021 年 3 月发布《国家新型城镇化报告（2020—2021）》，对《国家新型城镇化规划（2014—2020 年）》做了总结，《国家新型城镇化规划（2021—2035 年）》正在征求意见——编者注。

科学养护海洋渔业资源。开展海洋资源和生态环境综合评估。实施严格的围填海总量控制制度、自然岸线控制制度，建立陆海统筹、区域联动的海洋生态环境保护修复机制。

3.2.3 中国绿色发展实践

（1）《全国主体功能区规划》

2010 年 12 月 21 日，国务院印发《全国主体功能区规划》（国务院关于印发全国主体功能区规划的通知，国发〔2010〕46 号）。《全国主体功能区规划》是国土空间开发的战略性、基础性和约束性规划，是推进形成主体功能区的基本依据，是科学开发国土空间的行动纲领和远景蓝图。

推进形成主体功能区，就是要根据不同区域的资源环境承载能力、现有开发强度和发展潜力，统筹谋划人口分布、经济布局、国土利用和城镇化格局，确定不同区域的主体功能，并据此明确开发方向，完善开发政策，控制开发强度，规范开发秩序，逐步形成人口、经济、资源环境相协调的国土空间开发格局。推进形成主体功能区，是深入贯彻落实科学发展观的重大举措，有利于推进经济结构战略性调整，加快转变经济发展方式，实现科学发展；有利于按照以人为本的理念推进区域协调发展，缩小地区间基本公共服务和人民生活水平的差距；有利于引导人口分布、经济布局与资源环境承载能力相适应，促进人口、经济、资源环境的空间均衡；有利于从源头上扭转生态环境恶化趋势，促进资源节约和环境保护，应对和减缓气候变化，实现可持续发展；有利于打破行政区划界限，制定实施更有针对性的区域政策和绩效考核评价体系，加强和改善区域调控。

① 规划指导思想与规划目标。推进形成主体功能区，要以邓小平理论和"三个代表"重要思想为指导，深入贯彻落实科学发展观，全面贯彻党的十七大精神，树立新的开发理念，调整开发内容，创新开发方式，规范开发秩序，提高开发效率，构建高效、协调、可持续的国土空间开发格局，建设中华民族美好家园。

开发理念：根据自然条件适宜性开发；区分主体功能；根据资源环境承载能力开发；控制开发强度；调整空间结构；提供生态产品。

主体功能区划分：将我国国土空间分为以下主体功能区。按开发方式，分为优化开发区域、重点开发区域、限制开发区域和禁止开发区域；按开发内容，分为城市化地区、农产品主产区和重点生态功能区；按层级，分为国家和省级两个层面。

重大关系：推进形成主体功能区，应处理好主体功能与其他功能、主体功能区与农业发展、主体功能区与能源和矿产资源开发、主体功能区与区域发展总体战略以及政府与市场等重大关系。

开发原则：推进形成主体功能区，要坚持以人为本，把提高全体人民的生活质量、增强可持续发展能力作为基本原则。坚持优化结构、保护自然、集约开发、协调开发、海陆统筹，各类主体功能区都要推动科学发展，但不同主体功能区在推动科学发展中的主体内容和主要任务不同。根据主体功能定位推动发展，就是深入贯彻落实科学发展观、坚持把发展作为第一要务的现实行动。城市化地区要把增强综合经济实力作为首要任务，同时要保护好耕地和生态；农产品主产区要把增强农业综合生产能力作为首要任务，同时要保护好生态，在不影响主体功能的前提下适度发展非农产业；重点生态功能区要把增强提供生态产品能力作为首要任务，同时可适度发展不影响主体功能的适宜产业。

战略目标和任务：从建设富强民主文明和谐的社会主义现代化国家、确保中华民族永续发展出发，推进形成主体功能区要着力构建我国国土空间的"三大战略格局"，总体要求到2020年基本形成主体功能区布局，生产空间集约高效，生活空间舒适宜居，生态空间山青水碧，人口、经济、资源环境相协调。推进形成主体功能区的主要目标包括空间开发格局清晰、空间结构得到优化、空间利用效率提高、区域发展协调性增强、可持续发展能力提升。战略任务包括构建"两横三纵"为主体的城市化战略格局，构建"七区二十三带"为主体的农业战略格局，构建"两屏三带"为主体的生态安全战略格局。

② 国家层面主体功能区。国家层面的主体功能区是全国"两横三纵"城市化战略格局、"七区二十三带"农业战略格局、"两屏三带"生态安全战略格局的主要支撑。

国家优化开发区域，是指具备以下条件的城市化地区：综合实力较强，能够体现国家竞争力；经济规模较大，能支撑并带动全国经济发展；城镇体系比较健全，有条件形成具有全球影响力的特大城市群；内在经济联系紧密，区域一体化基础较好；科学技术创新实力较强，能引领并带动全国自主创新和结构升级。国家优化开发区域的功能定位是提升国家竞争力的重要区域，带动全国经济社会发展的龙头，全国重要的创新区域，我国在更高层次上参与国际分工及有全球影响力的经济区，全国重要的人口和经济密集区。国家层面的优化开发区域包括环渤海地区（京津冀地区、辽中南地区、山东半岛地区）、长江三角洲地区（上海市和江苏省、浙江省的部分地区）、珠江三角洲地区（广东省中部和南部的部分地区）。

国家重点开发区域，是指具备以下条件的城市化地区：具备较强的经济基础，具有一定的科技创新能力和较好的发展潜力；城镇体系初步形成，具备经济一体化的条件，中心城市有一定的辐射带动能力，有可能发展成为新的大城市群或区域性城市群；能够带动周边地区发展，且对促进全国区域协调发展意义重大。国家重点开发区域的功能定位是支撑全国经济增长的重要增长极，落实区域发展总体战略、促进区域协调发展的重要支撑点，全国重要的人口和经济密集区。国家层面的重点开发区域包括：冀中南地区（河北省中南部以石家庄为中心的部分地区）、太原城市群（山西省中部以太原为中心的部分地区）、呼包鄂榆地区（内蒙古自治区呼和浩特、包头、鄂尔多斯和陕西省榆林的部分地区）、哈长地区［黑龙江省的哈大齐（哈尔滨、大庆、齐齐哈尔）工业走廊和牡绥（牡丹江、绥芬河）地区以及吉林省的长吉图经济区］、东陇海地区（江苏省东北部和山东省东南部的部分地区）、江淮地区（安徽省合肥及沿江的部分地区）、海峡西岸经济区（福建省、浙江省南部和广东省东部的沿海部分地区）、中原经济区（河南省以郑州为中心的中原城市群部分地区）、长江中游地区（湖北武汉城市圈、湖南环长株潭城市群、江西鄱阳湖生态经济区）、北部湾地区（广西壮族自治区北部湾经济区以及广东省西南部和海南省西北部等环北部湾的部分地区）、成渝地区（重庆经济区和成都经济区）、黔中地区（贵州省中部以贵阳为中心的部分地区）、滇中地区（云南省中部以昆明为中心的部分地区）、藏中南地区（西藏自治区中南部以拉萨为中心的部分地区）、关中—天水地区（陕西省中部以西安为中心的部分地区和甘肃省天水的部分地区）、兰州—西宁地区（甘肃省以兰州为中心的部分地区和青海省以西宁为中心的部分地区）、宁夏沿黄经济区（宁夏回族自治区以银川为中心的黄河沿岸部分地区）、天山北坡地区（新疆天山以北、准噶尔盆地南缘的带状区域以及伊犁河谷的部分地区）。

国家层面限制开发的农产品主产区是指具备较好的农业生产条件，以提供农产品为主体功能，以提供生态产品、服务产品和工业品为其他功能，需要在国土空间开发中限制进行大规模高强度工业化城镇化开发，以保持并提高农产品生产能力的区域。国家层面农产品主产区的功能定位是保障农产品供给安全的重要区域，农村居民安居乐业的美好家园，社会主义新农村建设的示范区。从确保国家粮食安全和食物安全的大局出发，充分发挥各地区比较优势，重点建设以"七区二十三带"为主体的农产品主产区。在重点建设好农产品主产区的同时，积极支持其他农业地区和其他优势特色农产品的发展，根据农产品的不同品种，国家给予必要的政策引导和支持。主要包括：西南和东北的小麦产业带，西南和东南的玉米产业带，南方的高蛋白及菜用大豆产业带，北方的油菜产业带，东北、华北、西北、西南和南方的马铃薯产业带，广西、云南、广东、海南的甘蔗产业带，海南、云南和广东的天然橡胶产业带，海南的热带农产品产业带，沿海的生猪产业带，西北的肉牛、肉羊产业带，京津沪郊区和西北的奶牛产业带，黄渤海的水产品产业带等。

国家层面限制开发的重点生态功能区是指生态系统十分重要，关系全国或较大范围区域的生态安全，目前生态系统有所退化，需要在国土空间开发中限制进行大规模高强度工业化城镇化开发，以保持并提高生态产品供给能力的区域。国家重点生态功能区的功能定位是保障国家生态安全的重要区域，人与自然和谐相处的示范区。国家重点生态功能区包括大小兴安岭森林生态功能区等25个地区。国家重点生态功能区分为水源涵养型、水土保持型、防风固沙型和生物多样性维护型等四种类型。国家重点生态功能区要以保护和修复生态环境、提供生态产品为首要任务，因地制宜地发展不影响主体功能定位的适宜产业，引导超载人口逐步有序转移。

国家禁止开发区域是指有代表性的自然生态系统、珍稀濒危野生动植物物种的天然集中分布地、有特殊价值的自然遗迹所在地和文化遗址等，需要在国土空间开发中禁止进行工业化城镇化开发的重点生态功能区。国家禁止开发区域的功能定位是我国保护自然文化资源的重要区域，珍稀动植物基因资源保护地。国家禁止开发区域要依据法律法规规定和相关规划实施强制性保护，严格控制人为因素对自然生态和文化自然遗产原真性、完整性的干扰，严禁不符合主体功能定位的各类开发活动，引导人口逐步有序转移，实现污染物"零排放"，提高环境质量。国家禁止开发区域包括国家级自然保护区、世界文化自然遗产、国家级风景名胜区、国家森林公园、国家地质公园。

③ 能源与资源。在对全国国土空间进行主体功能区划分的基础上，从形成主体功能区布局的总体要求出发，需要明确能源、主要矿产资源开发布局以及水资源开发利用的原则和框架。重点在能源资源富集的山西、鄂尔多斯盆地、西南、东北和新疆等地区建设能源基地，在能源消费负荷中心建设核电基地，形成以"五片一带"为主体，以点状分布的新能源基地为补充的能源开发布局框架。西部地区加大矿产资源开发利用力度，建设一批优势矿产资源勘查开发基地，促进优势资源转化，积极推进矿业经济区建设；中部地区大力推进矿业结构优化升级，强化综合利用；东部地区重点调整矿产资源开发利用结构，挖掘资源潜力；东北地区稳定规模，保障振兴，促进资源型城市持续发展。

（2）国家生态文明建设示范市县——北京市门头沟区

2020年门头沟区被生态环境部命名为国家生态文明建设示范区，列入第四批87个国家生态文明建设示范市县和35个"绿水青山就是金山银山"实践创新基地。

门头沟全面践行习近平生态文明思想，以"争当生态文明建设的首都样板"为目标，以"红色门头沟"党建为引领，不断夯实生态文明建设责任和完善制度体系。以"守好绿水青山"为使命，全力筑牢首都西部生态屏障，彻底终结千年采煤史。通过强力控霾、治水、净土等措施全力打赢污染防治攻坚战。率先开展农村生活垃圾分类，推进"厕所革命"，完善污水收集处理设施建设，成为北京唯一受到国务院办公厅通报表彰的农村人居环境整治激励县。

全力打造"绿水青山门头沟"城市品牌，以科创智能、医药健康和文旅体验三大产业为支撑，精心培育绿色发展新动能。把"精品民宿"作为守护生态山水、建设美丽乡村的重要路径，设立乡村振兴绿色产业发展专项基金，创新出台"民宿政策服务包"，推出全市唯一地区性精品民宿品牌"门头沟小院"、全市首个区域性绿色产品品牌"灵山绿产"，助力农民生态致富。

（3）国家生态文明建设示范区——四川省阿坝藏族羌族自治州九寨沟县

2020 年九寨沟县被生态环境部命名为国家生态文明建设示范县。九寨沟是四川省第二大林区、国家重点生态功能区与全国重要生态屏障和水源涵养地。境内拥有国家 5A 级景区九寨沟风景名胜区、九寨沟国家森林公园、白河金丝猴国家级保护区以及勿角大熊猫自然保护区、贡杠岭自然保护区两个省级保护区等。

九寨沟认真贯彻落实习近平总书记关于生态文明建设和灾后重建的重要指示精神，坚持党政同责，统筹推进生态文明建设，率先在全国出台了首个县级生态文明建设评估指标体系。坚持标本兼治，大力实施灾后生态修复、污染防治和环境综合整治三大工程。2019 年环境空气质量优良天数占比达到 100%，地表水水质达到或优于Ⅲ类的比例为 100%，九寨沟世界自然遗产地生态环境功能基本恢复至震前水平，为世界自然遗产修复保护提供了"九寨样板"。

坚持绿色发展，大力发展生态旅游、生态农业、生态工业，建设了全国第一个跨省飞地产业园区，成功申报国家级农业标准化示范县和省级 2018 年有机认证示范县，实现了"九寨沟不止有九寨沟"历史性转变。

坚持全民参与，大力实施生态文化教育工程、全民生态文明宣传工程，成立阿坝生态文明干部学院九寨沟分院，生态文明理念深入人心。

坚持城乡统筹，推进漳扎国际生态旅游魅力小镇建设和南坪镇宜居县城建设，在四川省民族地区率先启动农村污水处理、垃圾清运全覆盖。

（4）"绿水青山就是金山银山"实践——河南省新县

新县地处豫南大别山腹地，是国家扶贫开发工作重点县和大别山集中连片特困地区扶贫攻坚重点县。新县大力实施生态立县战略，围绕"山水红城、健康新县"的发展定位，牢固树立"红色引领、绿色发展"理念，倡导树立"视山如父、视水如母、视林如子"的生态意识，念好"山字经"、唱好"林中戏"、打好"生态牌"、走好"特色路"，持续推动"生态资本"转化为"富民资本"，探索打通"绿水青山就是金山银山"转化通道。获得国家卫生县城五连冠、国家园林县城四连冠、全国文明城市三连冠和国家生态文明建设示范县等 10 多项国家级荣誉。

打造"合作社＋生态景区＋惠民"的生态扶贫模式，涌现出田铺大湾创客小镇等典型案例，坚持不挖山、不填塘、不砍树、不大拆大建，形成了农家乐餐饮、特色民宿、观光体验等多种业态，带动 193 户贫困户稳定脱贫，实现了从美丽乡村到美丽经济的转变。

打造"全域旅游＋产业融合"的生态旅游模式，把全县作为一个大景区来谋划，把乡镇作为一个景点来构图，把村庄作为一个小品来设计，形成"处处是风景、路路是景廊、村村有游客中心"的全域发展态势，被新华社总结为"有景无点、有区无界、有门无票"。"山水红城、健康新县·大别山旅游公园""九镇十八湾，全域游新县"两大旅游品牌享誉全国。

(5) 长江生态修复与保护典范——江苏省南通市

2016 年以来，南通五山及沿江地区启动生态修复和保护，腾退污染企业，整体搬迁港口，修复生态，增绿植绿，建成国家森林公园并向市民免费开放。这里成了市民们引以为豪的"城市客厅"。

2016 年以来，南通将五山及沿江地区生态修复和保护工作作为贯彻落实长江经济带"共抓大保护、不搞大开发"的重要举措。当地明确，将五山及沿江地区整体打造为集森林公园、时尚休闲、滨江旅游为一体的高品质公共活动空间，建成"城市客厅"。

2017 年开始，南通启动实施五山生态修复保护工程，落实柔性治江要求，在整体规划基础上，重点突破、分步推进，彰显"水清、岸绿、景美"的滨江城市魅力。一方面，对污染严重、工艺落后、影响水源地保护要求的企业整体关停；对符合产业发展要求的企业，积极推动向沿海地区转移、向工业园区聚集。下游新建现代化集装箱码头，将狼山港整体搬迁。截至 2019 年初，五山及沿江地区共拆迁"散乱污"企业 203 家，退出港口货运功能，腾出并修复岸线 5.5 公里。另一方面，实施沿江大规模增绿、高品质植绿、抢救性复绿，注重沿江绿地系统生境多样性和生物多样性提升，按照宜林则林、宜灌则灌、宜草则草的原则，在沿江地区打造既层次分明、色彩优美又功能完备、效益多元的生态廊道。

在生态保护修复过程中，通过水土流失治理、植被恢复、水系连通、岸线环境整治等，逐步恢复了长江岸线生态功能，提升了环境承载力。

在五山及沿江地区生态修复的 14 平方公里土地中，超过 2/3 的区域免费向市民和游客开放，并同步配套了足球场、沙滩排球场、滑板场以及 20 多公里的游步道等运动场所，让周边居民和往来游客充分享受到生态修复的红利，增强了群众的获得感。

继狼山国家森林公园获批成为南通首个国家级森林公园后，南通植物园、森林公园军山片区也相继建成开放。游客可以坐小火车游览滨江观光带，或骑单车来一趟亲水之旅。

绿树环绕、芳草萋萋，一江清水东流！产业退、港口移、城市进、生态保，五山及沿江地区生态修复顺应城市转型发展大势，破解港城矛盾，统筹生产、生活、生态空间的"城市绿核"效应正逐步显现。

3.3 生态文明的绿色消费理念

3.3.1 绿色消费思想渊源

伴随着资本主义的萌芽和工业革命的兴起，西方国家迅速由农业文明迈向工业文明，工业文明消费模式也随之而产生，其基本特征是追求方便的、大量消费的生活方式。这一消费模式为人们生活提供了便利，极大满足了个人需求，但也过度地消耗自然资源，严重污染生态环境，损害了人类赖以生存的地球环境。1987 年，英国学者约翰·埃里克顿和茱莉亚·哈里斯提出"绿色消费"概念，在《绿色消费者指南》一书中将绿色消费定义为避免使用一系列商品的消费模式，具体包括：危害到消费者和他人健康的商品；在生产、使用和丢弃时，造成大量资源消耗的商品；因过度包装，超过商品物质或过短的生命周期而造成不必要消费的商品；使用稀有动物或自然资源作原料的商品；涉及对动物进行残酷或不必要的剥夺的商品；对其他国家尤其是发展中国家有不利影响的商品。1992年在里约热内卢召开的联合国环境与发展大会上，《21世纪议程》明确提出"所有国家均应全力促进建立可持续的消费形态"，绿色消费思想得以在全球快速传播，并迅速得到全世界的广泛认可和响应。

之后，理论界相继提出了"适度消费""可持续消费""生态消费""低碳消费"等与绿色消费密切相关的概念，这些概念面向工业消费模式的不同问题，从各自不同的角度强调人们消费模式转变的方向。绿色消费概念经过不断完善，在原有减量、循环再利用的基础上内涵进一步丰富，涉及节约资源、减少污染，绿色生活、环保选购，重复使用、多次利用，分类回收、循环再生，保护自然、万物共存等各个方面。

中国推进生态文明建设，寻求中国特色的可持续发展之路。消费方式转向绿色消费能够有效促进产业结构、生产过程的绿色化转变，推动绿色发展，因此是生态文明的重要组成部分。鉴于我国社会仍处于绿色消费意识培养与行为养成的初期阶段，2016年2月17日，国家发改委、中宣部、科技部等十部门联合出台了《关于促进绿色消费的指导意见》，明确提出以下主要目标："到2020年，绿色消费理念成为社会共识，长效机制基本建立，奢侈浪费行为得到有效遏制，绿色产品市场占有率大幅提高，勤俭节约、绿色低碳、文明健康的生活方式和消费模式基本形成。"众多企业在全力进行绿色产品改革。物流行业已通过快递箱回收再利用、绿色智能配送、智能回收等方式对配送链进行全面绿色化升级。以福特、大众等企业为代表的汽车制造业企业以目前对于新能源汽车的政策支持为契机，加快新能源汽车的开发与升级，提高汽车的能源利用效率，对废气净化进行升级，在绿色出行领域加速前进。上海市推出"100+企业绿色链动计划"，武汉市发布两型社会建设白皮书，全国各地在衣用住行等全方面推进典型企业在生产、消费的供应链中施行绿色化升级，树立企业绿色生产的典范与可复制模型，专项部署绿色消费示范社区建设。

3.3.2 绿色消费知识体系

（1）绿色产品的认证

绿色产品是指生产过程及其本身节能、节水、低污染、低毒、可再生、可回收的一类产品，如今绿色产品消费在发达国家发展迅速，成为引领绿色消费的主流。绿色产品对比传统产品，能够在产品的设计、生产、运输、使用与回收过程整个生命周期过程落实环境友好、环境保护要求，是促进社会资源节约、环境保护的最有效方式。各类绿色产品认证标志是标示在产品或其包装上的"证明性商标"，用于区别一般商标，表示该产品在制造、使用、处置全过程中符合各类环保标准，因此，各国纷纷推进绿色产品认证。绿色产品认证便于消费者在购物时辨别绿色产品，增强环保意识，满足其绿色消费需求，有助于消费者获取准确、权威的信息，保护消费者的合法权益。德国、加拿大、日本、美国、法国、瑞士、芬兰、澳大利亚等国家纷纷实行绿色标识，中国于1989年开始实行绿色食品标识制度。为了统一绿色标识与认证的定义、标准以及测试方法，国际标准化组织环境战略咨询组于1991年成立了环境标识分组，以促进社会、经济与环境的协调发展。

2015年《关于加快推进生态文明建设的意见》中提出推广节能环保产品拉动消费需求，建立与国际接轨、适应我国国情的能效和环保标识认证制度。《生态文明体制改革总体方案》中明确要求建立统一的绿色产品体系，将目前分头设立的环保、节能、节水、循环、低碳、再生、有机等产品统一整合为绿色产品，建立统一的绿色产品标准、认证、标识等体系。

当前，我国形成了涵盖环境与能源的产品与服务领域，第三方认证、自我声明等多种认证模式并存的认证体系，以提供绿色产品的统一化的认证。

第三方认证是指出生产企业外的第三方机构完成的产品认证，其要求为产品质量满足相关规定，在产品的生命周期中符合相关环境保护、资源节约、绿色产品标准要求。第三方认证中，部分认证由国家部委牵头组织，并纳入相关的采信体系。如中国环境标志认证，以认证标志的加贴为最终呈现形式，为符合生态环境行业标准、获得认证的产品进行环境标志认证。该认证获得财政部的认可与引用，并构成了政府采购的清单范围，即政府采购清单中的产品只能在通过中国环境标志认证的产品中选择。部分第三方认证由非政府第三方机构管理，如中国质量认证中心的环保产品认证、方圆认证集团的方圆标志认证、赛西认证公司的绿色低碳评价。

另一类被广泛使用的认证模式为自我声明。在此模式下，企业可自行测试产品的质量、能耗等指标，并标示其测试结果，自己为标示信息的可靠性负责，而无须申请第三方认证。目前，我国能效标识属于自我声明标识。以能效标识为例，由国家发展改革委、国家市场监督管理总局和国家认证认可监督管理委员会（以下简称国家认监委）负责建立并实施标识认证制度。目录内产品在销售与使用过程中，企业应在产品的最小包装或产品本身显著位置标明统一的能效标识，并对其能耗情况进行详细说明。能效等级由企业自行检测、标记，主管部门负责备案监督。

（2）政府绿色采购

个人消费与政府采购是消费的两大组成部分。政府绿色采购通过选择符合国家绿色标准的产品和服务，引导企业产品全过程符合环保要求，将政府采购的政策目标与绿色发展的理念和要求相结合，通过政府主体发挥作用，主动促进绿色产品消费。

《关于促进绿色消费的指导意见》提出要全面推进公共机构带头绿色消费。政府绿色采购将是我国未来几年引领绿色消费方式转变的重要方式。2015年《关于积极发挥新消费引领作用加快培育形成新供给新动力的指导意见》、2016年《关于促进绿色消费的指导意见》和"十三五"规划纲要都提出以健康节约绿色消费方式引导生产方式变革，要完善绿色采购制度，扩大政府绿色采购范围与规模等要求。

3.3.3 中国绿色消费实践

（1）中国绿色产品认证实践

国家环境保护局于1996年开始建立环境保护资质认可制度并实施环保产品认定制度。国家环保总局为此制（修）订了环保产品认定标准，同时建设并发展了一批环保产品检测机构。此后，逐步建立起我国的环境保护产品的监测体系、认定标准等，推进了我国环保产品标准化、系列化的进程，为绿色产品认证体系奠定了基础。为健全绿色市场体系，增加绿色产品供给，建立统一的绿色产品标准、认证、标识体系，2016年《国务院办公厅关于建立统一的绿色产品标准、认证、标识体系的意见》（国办发〔2016〕86号）提出，制定基于产品全生命周期的绿色产品标准、认证、标识体系建设一揽子解决方案，按照统一目录、统一标准、统一评价、统一标识的方针，将现有环保、节能、节水、循环、低碳、再生、有机等产品整合为绿色产品，同时推动国际合作和互认。

① 绿色产品标识。根据《国务院办公厅关于建立统一的绿色产品标准、认证、标识体系的意见》，国家市场监管总局统一发布绿色产品标识，建设和管理绿色产品标识信息平台，并对绿色产品标识使用实施监督管理，相关认证机构、获证企业根据需要自愿使用绿色产品标识。

绿色产品标识适用范围包括三类。认证活动一：认证机构对列入国家统一的绿色产品认证目录的产品，依据绿色产品评价标准清单中的标准，按照国家市场监管总局统一制定发布的绿色产品认证规则开展的认证活动；认证活动二：国家市场监管总局联合国务院有关部门共同推行统一的涉及资源、能源、环境、品质等绿色属性（如环保、节能、节水、循环、低碳、再生、有机、有害物质限制使用等，以下简称绿色属性）的认证制度，认证机构按照相关制度明确的认证规则及评价依据开展的认证活动；认证活动三：国家市场监管总局联合国务院有关部门共同推行的涉及绿色属性的自我声明等合格评定活动。

绿色产品标识的认证图案分为基本图案、认证活动一的绿色产品标识样式和认证活动二的绿色产品标识样式，如图3-1所示。

(a)绿色产品标识基本图案　　　(b)认证活动一的标识样式　　　(c)认证活动二的标识样式

图 3-1　绿色产品标识的认证图案样式

获得认证的产品或其随附文件使用本标识时，应同时在绿色产品标识右侧标注发证机构标志；同一产品获得两家及以上认证机构颁发的绿色属性认证证书时，标注相应全部发证机构标志。

国家市场监管总局先后于 2018 年和 2020 年发布了绿色产品评价标准清单（第一批）和绿色产品评价标准清单（第二批），见表 3-1。

表 3-1　绿色产品评价标准清单及认证目录

序号	标准编号	标准名称	认证目录
国家市场监管总局办公厅 2018 年 4 月 16 日印发第一批			
1	GB/T 35601—2017	绿色产品评价　人造板和木质地板	人造板和木质地板
2	GB/T 35602—2017	绿色产品评价　涂料	涂料
3	GB/T 35603—2017	绿色产品评价　卫生陶瓷	卫生陶瓷
4	GB/T 35604—2017	绿色产品评价　建筑玻璃	建筑玻璃
5	GB/T 35606—2017	绿色产品评价　太阳能热水系统	太阳能热水系统
6	GB/T 35607—2017	绿色产品评价　家具	家具
7	GB/T 35608—2017	绿色产品评价　绝热材料	绝热材料
8	GB/T 35609—2017	绿色产品评价　防水与密封材料	防水与密封材料
9	GB/T 35610—2017	绿色产品评价　陶瓷砖（板）	陶瓷砖（板）
10	GB/T 35611—2017	绿色产品评价　纺织产品	纺织产品

续表

序号	标准编号	标准名称	认证目录
国家市场监管总局办公厅 2018 年 4 月 16 日印发第一批			
11	GB/T 35612—2017	绿色产品评价 木塑制品	木塑制品
12	GB/T 35613—2017	绿色产品评价 纸和纸制品	纸和纸制品
国家市场监管总局办公厅 2020 年 12 月 18 日印发第二批			
1	GB/T 37866—2019	绿色产品评价 塑料制品	塑料制品
2	GB/T 39020—2020	绿色产品评价 洗涤用品	洗涤用品
3	GB/T 39084—2020	绿色产品评价 快递封装用品	快递封装用品

② 有机产品认证。国家标准《有机产品》（GB/T 19630—2011）规定，有机产品是指生产、加工、销售过程符合该标准的供人类消费、动物食用的产品，有机产品生产过程中不得使用化学合成的农药、化肥、生长调节剂、饲料添加剂，以及基因工程生物及其产物，目前我国有机产品主要包括粮食、蔬菜、水果、奶制品、畜禽产品、水产品及调料等。《有机产品认证管理办法》明确指出，未获得有机产品认证的产品，不得在产品或者产品最小销售包装及其标签上标注"有机产品""有机转换产品"（"ORGANIC""CONVERSION TO ORGANIC"）等其他误导公众的文字表述。

有机产品标志形似地球，象征和谐、安全，圆形中的"中国有机产品"和"中国有机转换产品"字样为中英文结合方式，既表示中国有机产品与世界同行，也有利于国内外消费者识别；标志中间类似种子的图形代表生命萌发之际的勃勃生机，象征了有机产品是从种子开始的全过程认证，同时昭示着有机产品就如同刚刚萌生的种子，正在中国大地上苗壮成长；种子图形周围圆润自如的线条象征环形的道路，与种子图形合并构成汉字"中"，体现出有机产品植根中国，有机之路越走越宽广；同时，处于平面的环形又是英文字母"C"的变体，种子形状也是"O"的变形，意为"China Organic"。有机转换产品认证标志的褐黄色代表肥沃的土地，表示有机产品在肥沃的土壤上不断发展；有机产品认证标志的绿色代表环保、健康，表示有机产品给人类的生态环境带来完美与协调；橘红色代表旺盛的生命力，表示有机产品对可持续发展的作用。有机产品标志见图 3-2。

(a) 中国有机产品认证标志　　　　(b) 中国有机转换产品认证标志

图 3-2 有机产品标志

有机产品认证是指认证机构按照《有机产品》国家标准和《有机产品认证管理办法》以及《有机产品认证实施规则》的规定对有机产品生产和加工过程进行评价的活动，通过认证的产品应当在获证产品或者产品的最小销售包装上，加施有机产品认证标志的唯一编号（有机码）和认证机构名称或者标识。中国有机产品认证标志有两种：中国有机产品标志、中国有机转换产品标志。获得有机产品或有机转换产品认证的，应当在获证产品或者产品的最小销售包装上，加施中国有机产品或中国有机转换产品认证标志。但是，初次获得有机转换产品认证证书一年内生产的有机转换产品，只能以常规产品销售，不得使用有机转换产品认证标志及相关文字说明。

为保证有机产品的可追溯性，国家认监委要求认证机构在向获得有机产品认证的企业发放认证标志或允许有机产品生产企业在产品标签上印制有机产品认证标志前，必须按照统一编码要求赋予每枚认证标志的唯一编码，该编码由 17 位数字组成，其中认证机构代码 3 位、认证标志发放年份代码 2 位、认证标志发放随机码 12 位，并且要求在 17 位数字前加 "有机码" 三个字。可在 "中国食品农产品认证信息系统" 网站上查到有机标志对应的有机产品名称、认证证书编号、获证企业等信息。

有机产品认证流程见图 3-3。

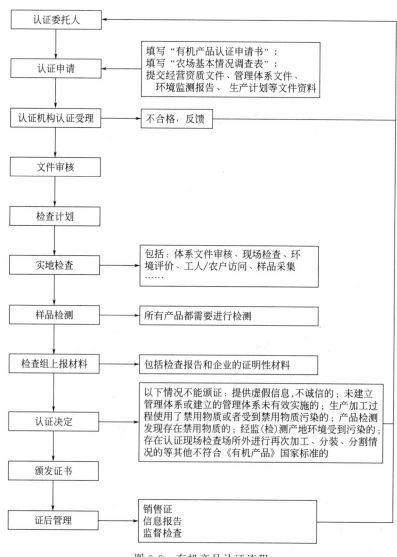

图 3-3　有机产品认证流程

③ 中国环境标志产品。中国环境标志（俗称"十环"）以绿色为底色，由青山、绿水、太阳以及十环图案组成，是国内综合性绿色产品认证标志。中国环境标志的含义为产品合格并符合环保要求，寓意为"全民联合起来，共同保护人类赖以生存的环境"。目前家电、日用品、汽车等产品进行中国环境标志认证。中国环境标志是一种标示于产品或其包装上的"证明性商标"，表明该产品不仅质量合格，而且在生产、使用和处理过程中符合特定的环境保护要求，与同类产品相比，具有低毒少害、节约资源等环境优势。中国环境标志共分为三种类型，见图 3-4，具体内容见表 3-2。

(a)Ⅰ型环境标志　　　　　(b)Ⅱ型环境标志　　　　　(c)Ⅲ型环境标志

图 3-4　中国环境标志

（来源：中环联合认证中心）

表 3-2　中国环境标志的类型和内容

类型	内容
Ⅰ型环境标志	Ⅰ型环境标志是中国环境标志认证的俗称，按照《环境管理　环境标志和声明　Ⅰ型环境标志　原则和程序》(GB/T 24024—2001)标准规定的原则和程序实施，是中国高级别的产品环保标志。获准使用该标志的产品不仅质量合格，而且在生产、使用和处理过程符合特定高标准的环境保护要求，与同类产品相比，具有低毒少害、节约资源等环保优势
Ⅱ型环境标志	依据《环境管理　环境标志和声明　自我环境声明(Ⅱ型环境标志)》(GB/T 24021—2001)要求，Ⅱ型环境标志由第三方对组织的自我环境声明进行评审，经第三方评定机构确认后颁发证书，签订标志转让合同，表明组织的自我环境声明符合《环境管理　环境标志和声明　自我环境声明(Ⅱ型环境标志)》要求。Ⅱ型环境标志的主体是企业，旨在反映企业对产品符合环保要求的自我声明
Ⅲ型环境标志	Ⅲ型环境标志也被称为环境产品声明(EPD)，按照《环境标志和声明　Ⅲ型环境声明　原则和程序》(GB/T 24025—2009)标准规定的原则和程序实施。基于定量的生命周期评价分析，由供应商提供经由第三方检测、第三方验证并公开的信息公告，为市场上的产品和服务提供科学的、可验证和具有可比性的量化环境信息。Ⅲ型环境标志是全生命周期评价基础上的环境声明，声明产品对全球环境产生的影响

为实现环境保护目标，发放环境标志。首先，以环境标志为载体向消费者传递产品具有环境友好属性的信息，引导消费者购买并使用有益于环境保护、资源能源节约的产品；其次，通过消费市场中的消费者购买行为，引导企业在市场竞争中调整产品结构，采用清洁生产工艺，生产消费者优先选择的、环境友好的绿色产品，从而使企业遵守国家环境规定，逐步转型为绿色环保企业。目前中国现行环境标志标准目录如表 3-3 所示。自 2006 年起，北京市在饭店行业启用环境标志认证，推动饭店行业选用绿色产品、正确回收处理餐厨垃圾、节水节电。

表 3-3 中国现行环境标志标准目录（2020 年 3 月 13 日）

序号	名称	标准号
1	环境标志产品技术要求 一次性餐饮具	HJ/T 202—2005
2	环境标志产品技术要求 飞碟靶	HJ/T 203—2005
3	环境标志产品技术要求 包装用纤维干燥剂	HJ/T 204—2005
4	环境标志产品技术要求 再生纸制品	HJ/T 205—2005
5	环境标志产品技术要求 无石棉建筑制品	HJ/T 206—2005
6	环境标志产品技术要求 建筑砌块	HJ/T 207—2005
7	环境标志产品技术要求 灭火器	HJ/T 208—2005
8	环境标志产品技术要求 软饮料	HJ/T 210—2005
9	环境标志产品技术要求 化学石膏制品	HJ/T 211—2005
10	环境标志产品技术要求 光动能手表	HJ/T 216—2005
11	环境标志产品技术要求 防虫蛀剂	HJ/T 217—2005
12	环境标志产品技术要求 压力炊具	HJ/T 218—2005
13	环境标志产品技术要求 空气卫生香	HJ/T 219—2005
14	环境标志产品技术要求 家用微波炉	HJ/T 221—2005
15	环境标志产品技术要求 气雾剂	HJ/T 222—2005
16	环境标志产品技术要求 轻质墙体板材	HJ/T 223—2005
17	环境标志产品技术要求 消耗臭氧层物质替代产品	HJ/T 225—2005
18	环境标志产品技术要求 建筑用塑料管材	HJ/T 226—2005
19	环境标志产品技术要求 磁电式水处理器	HJ/T 227—2005
20	环境标志产品技术要求 再生塑料制品	HJ/T 231—2006
21	环境标志产品技术要求 管型荧光灯镇流器	HJ/T 232—2006
22	环境标志产品技术要求 泡沫塑料	HJ/T 233—2006
23	环境标志产品技术要求 金属焊割气	HJ/T 234—2006
24	环境标志产品技术要求 家用制冷器具	HJ/T 236—2006
25	环境标志产品技术要求 塑料门窗	HJ/T 237—2006
26	环境标志产品技术要求 卫生陶瓷	HJ/T 296—2006
27	环境标志产品技术要求 陶瓷砖	HJ/T 297—2006
28	环境标志产品技术要求 鞋类	HJ/T 305—2006
29	环境标志产品技术要求 家用电动洗衣机	HJ/T 308—2006
30	环境标志产品技术要求 陶瓷、微晶玻璃和玻璃餐具	HJ/T 312—2006
31	环境标志产品技术要求 生态住宅（住区）	HJ/T 351—2007
32	环境标志产品技术要求 太阳能集热器	HJ/T 362—2007
33	环境标志产品技术要求 家用太阳能热水系统	HJ/T 363—2007
34	环境标志产品技术要求 水嘴	HJ/T 411—2007
35	环境标志产品技术要求 预拌混凝土	HJ/T 412—2007

序号	名称	标准号
36	环境标志产品技术要求　再生鼓粉盒	HJ/T 413—2007
37	环境标志产品技术要求　室内装饰装修用溶剂型木器涂料	HJ/T 414—2007
38	环境标志产品技术要求　杀虫气雾剂	HJ/T 423—2008
39	环境标志产品技术要求　厨柜	HJ/T 432—2008
40	环境标志产品技术要求　建筑装饰装修工程	HJ 440—2008
41	环境标志产品技术要求　编制技术导则	HJ 454—2009
42	环境标志产品技术要求　防水卷材	HJ 455—2009
43	环境标志产品技术要求　刚性防水材料	HJ 456—2009
44	环境标志产品技术要求　防水涂料	HJ 457—2009
45	环境标志产品技术要求　家用洗涤剂	HJ 458—2009
46	环境标志产品技术要求　木质门和钢质门	HJ 459—2009
47	环境标志产品技术要求　数字式一体化速印机	HJ 472—2009
48	环境标志产品技术要求　皮革和合成革	HJ 507—2009
49	环境标志产品技术要求　采暖散热器	HJ 508—2009
50	环境标志产品技术要求　木制玩具	HJ 566—2010
51	环境标志产品技术要求　喷墨墨水	HJ 567—2010
52	环境标志产品技术要求　箱包	HJ 569—2010
53	环境标志产品技术要求　鼓粉盒	HJ 570—2010
54	环境标志产品技术要求　人造板及其制品	HJ 571—2010
55	环境标志产品技术要求　文具	HJ 572—2010
56	环境标志产品技术要求　喷墨盒	HJ 573—2010
57	环境标志产品技术要求　电线电缆	HJ 2501—2010
58	环境标志产品技术要求　壁纸	HJ 2502—2010
59	环境标志产品技术要求　印刷 第一部分:平版印刷	HJ 2503—2011
60	环境标志产品技术要求　照相机	HJ 2504—2011
61	环境标志产品技术要求　移动硬盘	HJ 2505—2011
62	环境标志产品技术要求　彩色电视广播接收机	HJ 2506—2011
63	环境标志产品技术要求　网络服务器	HJ 2507—2011
64	环境标志产品技术要求　电话	HJ 2508—2011
65	环境标志产品技术要求　碎纸机	HJ 2509—2012
66	环境标志产品技术要求　录音笔	HJ 2510—2012
67	环境标志产品技术要求　视盘机	HJ 2511—2012
68	环境标志产品技术要求　打印机、传真机及多功能一体机	HJ 2512—2012
69	环境标志产品技术要求　摄像机	HJ 2513—2012
70	环境标志产品技术要求　吸尘器	HJ 2514—2012

序号	名称	标准号
71	环境标志产品技术要求　船舶防污漆	HJ 2515—2012
72	环境标志产品技术要求　投影仪	HJ 2516—2012
73	环境标志产品技术要求　扫描仪	HJ 2517—2012
74	环境标志产品技术要求　照明光源	HJ 2518—2012
75	环境标志产品技术要求　水泥	HJ 2519—2012
76	环境标志产品技术要求　重型汽车	HJ 2520—2012
77	环境标志产品技术要求　印刷 第二部分:商业票据印刷	HJ 2530—2012
78	环境标志产品技术要求　工商用制冷设备	HJ 2531—2012
79	环境标志产品技术要求　轻型汽车	HJ 2532—2013
80	环境标志产品技术要求　蚊香	HJ 2533—2013
81	环境标志产品技术要求　电池	HJ 2534—2013
82	环境标志产品技术要求　房间空气调节器	HJ 2535—2013
83	环境标志产品技术要求　微型计算机、显示器	HJ 2536—2014
84	环境标志产品技术要求　水性涂料	HJ 2537—2014
85	环境标志产品技术要求　印刷 第三部分:凹版印刷	HJ 2539—2014
86	环境标志产品技术要求　木塑制品	HJ 2540—2015
87	环境标志产品技术要求　胶粘剂	HJ 2541—2016
88	环境标志产品技术要求　胶印油墨	HJ 2542—2016
89	环境标志产品技术要求　干式电力变压器	HJ 2543—2016
90	环境标志产品技术要求　空气净化器	HJ 2544—2016
91	环境标志产品技术要求　电子白板	HJ 2545—2016
92	环境标志产品技术要求　纺织产品	HJ 2546—2016
93	环境标志产品技术要求　家具	HJ 2547—2016
94	环境标志产品技术要求　塑料包装制品	HJ 209—2017
95	环境标志产品技术要求　燃气灶具	HJ 311—2017
96	环境标志产品技术要求　文化用纸	HJ 410—2017
97	环境标志产品技术要求　数字式复印(包括多功能)设备	HJ 424—2017
98	环境标志产品技术要求　凹印油墨和柔印油墨	HJ 371—2018
99	环境标志产品技术要求　竹制品	HJ 2548—2018
100	环境标志产品技术要求　家用洗碗机	HJ 2549—2018
101	环境标志产品技术要求　食具消毒柜	HJ 2550—2018
102	环境标志产品技术要求　吸油烟机	HJ 1059—2019
103	环境标志产品技术要求　化妆品	HJ 1060—2019
104	环境标志产品技术要求　吸收性卫生用品	HJ 1061—2019
105	环境标志产品认证技术要求　儿童玩具	HJBZ 16—1996

④ 中国能效标识产品。能效标识又称能源效率标识，是指表示用能产品能源效率等级等性能指标的一种信息标识，属于产品符合性标志的范畴，能够为消费者提供产品能源消耗性能信息。能效标识按照产品的能源消耗水平划分为 1～5 级，能源消耗量随数字增大而增多。其中 1 级标识产品的能源消耗量最小，达到国际领先水平；5 级表明该产品能源消耗水平低于市场准入标准，不允许该商品生产、销售。

2004 年 8 月 13 日，国家发展改革委、国家质检总局发布了《能源效率标识管理办法》，并于 2016 年 6 月进行了修订。根据 2016 年修订后的《能源效率标识管理办法》，国家发展改革委、国家质检总局和国家认监委负责能效标识管理制度的建立并组织实施；国家发展改革委会同国家质检总局、国家认监委制定并公布《中华人民共和国实行能源效率标识的产品目录》（以下简称《目录》），规定统一适用的产品能效标准、实施规则、能效标识样式和规格；生产者和进口商应当对列入《目录》的用能产品标注能效标识，根据国家统一规定的能效标识样式、规格以及标注规定印制和使用能效标识，并在产品包装物上或者使用说明书中予以说明。

能效标识依据《能源效率标识管理办法》设计使用的，包括基本样式和各产品的具体样式。基本样式是针对所有产品的能源效率标识的通用模板，具体样式是基本样式等比例放大或缩小，同时添加和产品能效特性相关的信息项目。目前能效标识的使用对象为空调和冰箱，其包含的能效比共分为五级，一级为最高，五级最低。根据 2016 年修订后的《能源效率标识管理办法》，能效标识应当包括以下基本内容：生产者名称或者简称；产品规格型号；能效等级；能效指标；依据的能源效率强制性国家标准编号；能效信息码。列入国家能效"领跑者"目录的产品，还应当包括能效"领跑者"相关信息。中国能效标识示意见图 3-5。

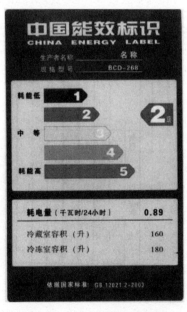

图 3-5　中国能效标识示意

2018 年 3 月，根据国务院机构改革方案，将国家质检总局的职责整合，组建国家市场监管总局。2020 年 4 月 21 日，国家发展改革委、国家市场监管总局印发《中华人民共和国实行能源效率标识的产品目录（第十五批）》（表 3-4）及相关实施规则，该批规则有效期 5 年。

表 3-4　《中华人民共和国实行能源效率标识的产品目录（第十五批）》

序号	产品名称	适用范围	依据的能效标准	实施时间
CEL 038—2020	永磁同步电动机	适用于工业用一般用途永磁同步电动机,具体包括:①1140V 及以下的电压,50Hz 三相交流电源供电,额定功率为 0.55～75kW,极数为 2 极、4 极、6 极、8 极、10 极、12 极和 16 极,单速封闭自扇冷式,连续工作制(S1)的异步起动三相永磁同步电动机;②1000V 及以下的电压,变频电源供电,额定功率为 0.55～110kW 电梯用永磁同步电动机;③1000V 及以下的电压,变频电源供电,额定功率为 0.55～90kW 变频驱动永磁同步电动机;④再制造工业用一般用途永磁同步电动机。不适用的电动机主要包括:①与其他设备如泵、风扇、压缩机、曳引机和减速箱等完全嵌合而不能单独分离测试的电动机;②制动器在电机机壳内的电动机(风扇罩内算机壳外)	《永磁同步电动机能效限定值及能效等级》(GB 30253—2013)	2020 年 7 月 1 日
CEL 039—2020	空气净化器	适用于额定电压不超过 250V,具有一定颗粒物净化能力(颗粒物洁净空气量为 50～800m³/h)的空气净化器。不适用于:①仅采用离子发生技术的空气净化器;②风道式空气净化装置及其他类似的空气净化器;③仅具备气体污染物、微生物净化能力的空气净化器;④专为工业用途、医疗用途和车辆设计的空气净化器;⑤在腐蚀性或爆炸性气体(如粉尘、蒸汽或瓦斯)特殊环境场所使用的空气净化器	《空气净化器能效限定值及能效等级》(GB 36893—2018)	与对应能源效率强制性国家标准实施日期保持一致
CEL 040—2020	道路和隧道照明用 LED 灯具	适用于额定电压为 AC 220V,频率 50Hz 的道路和隧道照明用 LED 灯具(包括 LED 光源及其控制装置,不包括可独立安装的互联控制部件或其他与照明无关的功能附件)	《道路和隧道照明用 LED 灯具能效限定值及能效等级》(GB 37478—2019)	
CEL 041—2020	风管送风式空调机组	适用于采用电机驱动压缩机,室内机静压(表压力)大于 0Pa 的风管送风式空调(热泵)机组和直接蒸发式全新风空气处理机组。不适用于多联式空调(热泵)机组	《风管送风式空调机组能效限定值及能效等级》(GB 37479—2019)	
CEL 042—2020	低环境温度空气源热泵(冷水)机组	适用于采用电动机驱动的、低环境温度运行的风-水型低环境温度空气源热泵(冷水)机组,供暖用低环境温度空气源热泵热水机,供暖用低温型商业或工业用及类似用途的热泵热水机。不适用于低环境温度空气源多联式空调机组和风-风型低环境温度空气源热泵机组	《低环境温度空气源热泵(冷水)机组能效限定值及能效等级》(GB 37480—2019)	
CEL 004—2020	单元式空气调节机	适用于采用电机驱动压缩机、室内机静压为 0Pa(表压力)的单元式空气调节机、计算机和数据处理机房用单元式空气调节机、通信基站用单元式空气调节机和恒温恒湿型单元式空气调节机。不适用于多联式空调(热泵)机组、屋顶式空气调节机组和风管送风式空调(热泵)机组	《单元式空气调节机能效限定值及能效等级》(GB 19576—2019)	
CEL 010—2020	房间空气调节器	适用于采用空气冷却冷凝器、全封闭电动压缩机,额定制冷量不大于 14000W、气候类型为 T1 的房间空气调节器和名义制热量不大于 14000W 的低环境温度空气源热泵热风机。不适用于移动式空调器、多联式空调机组、风管送风式空调器	《房间空气调节器能效限定值及能效等级》(GB 21455—2019)	

序号	产品名称	适用范围	依据的能效标准	实施时间
CEL 034—2020	室内照明用 LED 产品	适用于普通室内照明用 LED 筒灯、定向集成式 LED 灯和非定向自镇流 LED 灯,具体包括:① 以 LED 为光源、电源电压不超过 AC 250V、频率 50Hz、额定功率为 2W 及以上、光束角＞60°的 LED 筒灯,不包括使用集成式 LED 灯的 LED 筒灯;② 额定电源电压为 AC 220V、频率 50Hz、灯头符合 GU10、B22、E14 或 E27 的要求,PAR16、PAR20、PAR30、PAR38 系列的定向集成式 LED 灯;③ 额定电源电压为 AC 220V、频率 50Hz、额定功率大于等于 2W、小于等于 60W 的非定向自镇流 LED 灯,不包括具有外加光学透镜设计的非定向自镇流 LED 灯。不适用于具有耗能的非照明附加功能或具备调光、调色和感应功能的室内照明 LED 产品	《室内照明用 LED 产品能效限定值及能效等级》(GB 30255—2019)	与对应能源效率强制性国家标准实施日期保持一致

（2）中国政府绿色采购实践

自 2003 年以来,中国政府采购改革取得了显著成效,中国政府采购制度改革取得重大进展,政府采购制度由初创阶段进入全面发展阶段。从 2004 年开始,先后制定了节能产品和环境标志产品的政府采购政策,要求各级国家机关、事业单位和团体组织用财政性资金进行采购的应当优先采购节能产品和环境标志产品。2007 年中国建立了政府采购强制采购节能产品制度。2014 年 12 月 31 日通过《中华人民共和国政府采购法实施条例》,并于 2015 年 3 月 1 日起施行。2014 年 12 月 31 日,财政部发布《财政部关于印发〈政府采购竞争性磋商采购方式管理暂行办法〉的通知》(财库〔2014〕214 号)和《财政部关于印发〈政府和社会资本合作项目政府采购管理办法〉的通知》(财库〔2014〕215 号),规范政府采购竞争性磋商采购方式与政府和社会资本合作（PPP）项目的政府采购行为。

2007 年,国务院下发的《国务院办公厅关于建立政府强制采购节能产品制度的通知》提出,为切实加强政府机构节能工作,发挥政府采购的政策导向作用,建立政府强制采购节能产品制度,在积极推进政府机构优先采购节能（包括节水）产品的基础上,选择部分节能效果显著、性能比较成熟的产品,予以强制采购。政府机构有责任、有义务严格按照规定采购节能产品,模范地做好节能工作,使用财政性资金进行政府采购活动时,在技术、服务等指标满足采购需求的前提下,要优先采购节能产品,对部分节能效果、性能等达到要求的产品,实行强制采购,以促进节约能源、保护环境,降低政府机构能源费用开支。建立节能产品政府采购清单管理制度,明确政府优先采购的节能产品和政府强制采购的节能产品类别,指导政府机构采购节能产品。节能产品政府采购清单是实施政府优先采购和强制采购的重要依据,财政部、国家发展改革委要建立健全制定、公布和调整机制,做到制度完备、范围明确、操作规范、方法科学,确保政府采购节能产品公开、公正、公平进行。要对节能产品政府采购清单实行动态管理,定期调整。自 2004 年至 2018 年,我国发布了 24 期“节能产品清单”,从 8 类产品发展到 26 大类、44 小类;自 2019 年开始,为落实“放管服”改革要求,完善政府绿色采购政策,简化节能（节水）产品、环境标志产品政府采购执行机制,开始发布“节能产品政府采购品目清单”,不再发布“节能产品清单”。

2006 年,财政部联合国家环境保护总局发布的《关于环境标志产品政府采购实施的意见》提出，采购环境标志产品对于树立政府环保形象，提高全社会的环保意识，推动企业环保技术进步，保护环境和人体健康，节约能源，促进资源循环利用，实现经济社会可持续发展，具有十分重要的意义。各级国家机关、事业单位和团体组织（以下统称采购人）用财政性资金进行采购的，要优先采购环境标志产品，不得采购危害环境及人体健康的产品。我国发布了 22 期"环境标志产品清单"，产品从 14 类增加到 37 大类 61 小类。2019 年，财政部、国家发展改革委、生态环境部、国家市场监管总局联合发布的《关于调整优化节能产品、环境标志产品政府采购执行机制的通知》指出，根据产品节能环保性能、技术水平和市场成熟程度等因素，确定实施政府优先采购和强制采购的产品类别及所依据的相关标准规范，以品目清单的形式发布并适时调整，不再发布"环境标志产品政府采购清单"。

2006 年到 2018 年，我国政府节能环保产品采购规模及占我国政府采购资金的比例都逐年扩大，两项清单中的产品已经囊括了电子设备、汽车、生活用电器、照明设备、办公用品、建筑材料、节水设备和动力设备等多个行业和领域。

2020 年全国政府采购规模为 36970.6 亿元，较上年增加 3903.6 亿元，增长 11.8%，占全国财政支出和 GDP 的比重分别为 10.2% 和 3.6%。政府采购政策功能作用日益凸显，有效促进经济社会发展。在支持绿色发展方面，全国强制和优先采购节能、节水产品 566.6 亿元，占同类产品采购规模的 85.7%；全国优先采购环保产品 813.5 亿元，占同类产品采购规模的 85.5%。

中国环境标志制度通过大批绿色产品的市场供给和先行先试的示范效应，有力支撑了政府绿色采购制度的落地实施，推动了地方政府强制绿色采购创新实践；同时，认证标准的约束效应有效提升了政府采购绿色化程度，从需求端倒逼企业绿色创新和转型升级。

根据对部分产品 2016—2020 年环境标志产品政府采购数据的统计分析，主要体现在以下三个方面：

在大气污染减排方面，近 5 年环境标志产品政府采购办公家具共减排 14.9 万吨挥发性有机物（VOCs），相当于石化行业 VOCs 年排放量的 5%，减排 2191.48 吨甲醛；采购的办公用台式计算机和便携式计算机共减排 2517.6 吨二氧化硫，2517.6 吨氮氧化物。

在温室气体控制方面，5 年来采购的环境标志台式计算机和便携式计算机产生的二氧化碳减排量为 171.9 万吨，相当于 19.1 万公顷森林的年碳汇量。

在水污染物减排方面，通过采购满足环境标志要求的复印纸共减排了 3924.87 吨化学需氧量、39.25 吨总磷和 39.25 吨氨氮。

第四章　可持续发展理念与内涵

4.1　可持续发展的由来及内涵

4.1.1　可持续发展的由来

世界200多年的工业化历程，仅使不到10亿人口的发达国家实现了现代化，但却付出了沉重的资源和生态代价。历史经验表明：发展中国家要实现现代化，再也不能延续传统的经济增长方式和发展模式。近代，经历工业化、经济高速增长、人口膨胀、资源危机、生态环境恶化等严重影响社会发展的问题之后，人们经过反复思考和探索逐渐形成一种新思想、新的自然经济观——可持续发展。可持续发展一词于1987年由以挪威首相布伦特兰夫人为首的世界环境与发展委员会所作的《我们共同的未来》报告正式明确提出。1992年，世界环境与发展大会通过了以可持续发展为指导思想的《21世纪议程》等重要文件，当前世界各国都在采取行动，促进可持续发展战略的实施，可持续发展的理念及内涵在20世纪末期取得了全球性共识，并成为世界各国努力的方向。现代可持续发展思想源于工业革命后，人类生存和发展所需的环境和资源遭到了日益严重的破坏，人类开始用全球的眼光看待环境问题，并就人类前途的问题展开了讨论。从社会变革的角度而言，可持续发展的主要历程大致如下：1800—1850年可称为迅速变革时期；从20世纪50年代开始，全球进入了一个彻底变革时期；20世纪70年代以来，变革的速度进一步加快，可称作"痉挛性变革时期"。社会以及人的能力的迅速发展，确实使人类在控制自然方面取得了辉煌的成就。与此同时，人类生存和发展所需的环境和资源遭到了日益严重的破坏，人们越来越感到近代工业文明的发展模式和道路是不可持续的。不断涌现的各种危机和全球性问题，更使决策者坚信传统的发展观是一种以摧毁人类的基本生存条件为代价获得经济增长的道路。人类已走到十字路口，面临着生存还是死亡的选择。正是在这种背景下，人类选择了可持续发展的道路。全球可持续发展可划分为七个阶段，不同阶段重要事件如图4-1所示。

（1）第一阶段

20世纪50年代—60年代初，工业化国家的许多地区都暴发了危害程度不同的公害事件，对人们的日常生活甚至生命造成了严重的威胁。在这样的背景下，不仅受害者奋起抗争，很多有良知、有远见的学者也都从不同的角度，撰文论述盲目地发展经济、开发自然将

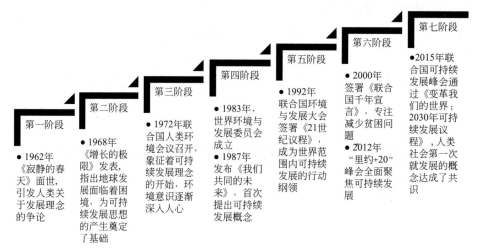

图 4-1　可持续发展不同阶段重要事件

造成的毁灭性影响，呼吁改变以牺牲自然环境为代价的经济增长模式，保护自然，保护人类。1962 年，美国海洋生物学家蕾切尔·卡逊（Rachel Karson）发表了环境保护科普著作《寂静的春天》，以翔实的资料列举了工业革命以来，化学药品特别是杀虫剂的使用对自然界的生态平衡所产生的破坏性影响，阐述了杀虫剂在自然界中的累积对自然的生产力乃至对人类健康的不可挽回的影响，并进一步提出"大自然在反抗"的论点。《寂静的春天》从环境污染的新视角唤起了人们对生态学的兴趣，通过对污染物在自然界中的迁移转化规律的描述，揭示了环境污染对地球生态的深远影响，强调人与自然之间必须建立起"合作的协调"的关系。卡逊是环境保护的先行者，她的思想在世界范围内引起了人类对自己行为和观念的深刻反思。

（2）第二阶段

1968 年 4 月，在奥雷利奥·佩西博士的倡导下，十多个国家的学者、企业家和文职人员在罗马的意大利猞猁之眼国家科学院聚会，讨论人类目前和未来的困境。这次聚会产生了罗马俱乐部（the Club of Rome）这样一个非正式的组织。1972 年出版的由 D. 梅多斯等人撰写的《增长的极限》一书，就是罗马俱乐部关于人类困境的研究报告。

《增长的极限》一书设计了一个正规的"世界模型"，以探索受到全球关注的工业化加速、人口快速增长、广泛的营养不良、不可更新资源的消耗和日益恶化的环境五种因素之间的相互影响、变动与联系。通过对这种世界模型的研究，《增长的极限》得出了以下观点：

① 如果在世界人口、工业发展、环境污染、粮食生产、资源消耗等方面继续恶化，地球上的经济增长就会在今后一百年内的某一个时间达到极限。最可能的结果是在人口和工业生产能力这两方面，发生颇为突然的、无法控制的衰退。

② 改变这些增长趋势，确立一种可以长期保持的生态稳定和经济稳定的条件是可能的。需要通过计划达到全球均衡的状态，使得每个人的物质需要得到满足，又有实现个人潜能的平等机会。

③ 如果世人决定努力争取上述第二种结果，那么他们越早开始努力，取得成功的可能性就越大。

《增长的极限》一经发表，就在国际社会特别是在学术界引起了强烈反响。尽管由于种种因素的限制，《增长的极限》的结论和观点存在十分明显的缺陷，但报告指出的地球潜伏着危机、发展面临着困境的警告无疑给人类开出了一服清醒剂，其积极意义毋庸置疑。《增长的极限》也曾一度成为环境运动的理论基础，有力地促进了全球的环境运动，其中所阐述的"合理的、持久的均衡发展"，为可持续发展思想的产生奠定了基础。

（3）第三阶段

1972年6月5日—14日，来自世界113个国家和地区的代表会聚一堂，在斯德哥尔摩召开了联合国人类环境会议，共同讨论环境对人类的影响问题，首次将环境问题提到国际议事日程上。会议通过了《联合国人类环境会议宣言》（以下简称《人类环境宣言》）。《人类环境宣言》共分为两个部分，在扼要叙述人类与环境的关系，规定在保护和改善人类生存环境方面所应采取的7项共同原则的同时，阐述了在保护和改善人类生存环境方面所采用的共同原则所申明的信念；就有关自然保护、生态平衡、污染防治、城市化、人口、资源、经济、环境责任及赔偿、核试验、发展中国家的需求等一系列范围广泛的人类环境问题，从道德观念、环境战略、环境法制的不同角度，表明了与会者的"共同信念"。

《人类环境宣言》标志着与会各国已经在"保持和改善人类环境"方面取得了"共同的看法"，制定了"共同的原则"。《人类环境宣言》指出，"人类改造环境的能力，如果使用不当，或轻率使用，就会给人类和人类环境造成无法估量的损害"，"保护和改善人类环境是关系到全世界各国人民的幸福和经济发展的重要问题，也是全世界各国人民的迫切希望和各国政府的责任"。《人类环境宣言》还指出，目前，"保护和改善人类环境已经成为人类一个紧迫的目标"，并呼吁"各国政府和人民为全体人民和他们的子孙后代的利益而做出共同的努力"。

尽管大会对环境问题的认识还比较粗浅，也尚未确定解决环境问题的具体途径，尤其是没有找到问题的根源和责任，但它正式吹响了人类共同向环境问题发起挑战的进军号，使各国政府和公众的环境意识，无论是在广度上还是在深度上，都向前大大地迈进了一步。

（4）第四阶段

1983年12月，联合国成立了世界环境与发展委员会（WCED），有力地推动了可持续发展概念的形成和发展。WCED的宗旨在于：为持续的发展提出长期的环境战略，把对环境的关注转化成南北双方的更大合作，找到国际社会更有效地保护环境的途径等。经过5年细致的实地调查研究，WCED于1987年4月出版了其最终报告——《我们共同的未来》。同年12月，该报告经过联合国第42届大会通过，在全球范围内引起了强烈反响。

《我们共同的未来》以翔实的资料，针对世界环境与发展方面存在的问题，提出了具体而现实的建议。报告指出，需要一种全新的发展道路，在这条道路上，持续的发展不仅能够于某一时期在某些地区实现，而且要在整个星球上延续到遥远的未来。这种全新的发展道路，就是"可持续发展"。该报告的科学观点把人们从单纯考虑环境保护的角度引导到环境保护与人类发展相结合的角度，体现了人类在可持续发展思想认识上的重要飞跃。同时，《我们共同的未来》对可持续发展的概念进行了论述：可持续发展是指满足当代人的需求，又不危及后代人满足其需求的能力的发展。随着《我们共同的未来》的发表和可持续发展理论的提出，一条新的发展道路开始出现在人类面前，并引起了世界各国和国际社会的重视和关注。

（5）第五阶段

1992年6月3日—14日，在巴西里约热内卢召开的由183个国家的代表、102名国家元首或政府首脑，以及联合国机构和国际组织的代表参加的联合国环境与发展大会，是联合国成立以来规模最大、级别最高、人数最多、筹备时间最长、影响最深远的一次国际会议，是人类社会环境与发展问题上具有历史意义的一次盛会。

会议通过了《21世纪议程》《里约环境与发展宣言》《关于森林问题的原则声明》等三个纲领性文件，签署了《生物多样性公约》和《联合国气候变化框架公约》。通过会议，国际社会就环境与发展密不可分、为生存必须结成"新的公平的全球伙伴关系"等问题达成共识，接受了体现可持续发展思想的重要纲领性文件，即《里约环境与发展宣言》和《21世纪议程》，明确了发达国家与发展中国家"共同的但有区别的责任"。《里约环境与发展宣言》提出了实现可持续发展的27条基本原则，目的在于保护地球永恒的活力和整体性，建立一种全新的、公平的"关于国家和公众行为的基本准则"，它是开展全球环境与发展领域合作的框架性文件；《21世纪议程》是环境与发展的内容广泛的行动纲领，将可持续发展的概念变成了一种各国政府和国际组织在共识基础上的发展战略，标志着人类第一次将可持续发展由理论和概念推向行动，开始走向可持续发展的新阶段。大会为人类走可持续发展道路做了总动员，开创了人类社会走向可持续发展的新阶段，是人类可持续发展的一座重要里程碑。

（6）第六阶段

进入21世纪以来，在世界范围内，社会贫富差距进一步扩大，消除贫困成为人类面临的最迫切的任务。2000年9月，在联合国首脑会议上，189个国家签署了《联合国千年宣言》，世界各国领导人就消除贫穷、饥饿、疾病、文盲、环境恶化和对妇女的歧视，商定了一套有时限的目标和指标，即：消灭极端贫穷和饥饿；普及小学教育；促进男女平等并赋予妇女权利；降低儿童死亡率；改善产妇保健；与艾滋病毒/艾滋病、疟疾和其他疾病做斗争；确保环境的可持续能力；全球合作促进发展。这八大目标和21项指标被置于全球议程的核心，统称为千年发展目标（MDGs）。

2002年8月26日至9月4日在南非约翰内斯堡召开的第一届可持续发展世界首脑会议（WSSD），是继1992年在巴西里约热内卢举行的联合国环境与发展大会和1997年在纽约举行的第十九届特别联大会议之后，全面审查和评价《21世纪议程》执行情况、重振全球可持续发展伙伴关系的重要会议。会议正式把消除贫困列为可持续发展的基本原则，就形成面向行动的战略与措施、积极推进全球的可持续发展进行了深入的讨论。

2005年1月10日，来自全世界40多个小岛屿国家的2000多名代表在印度洋岛国毛里求斯首都路易港举行小岛屿发展中国家可持续发展国际会议，会议通过了《进一步执行小岛屿发展中国家可持续行动纲领毛里求斯战略》和《毛里求斯宣言》，以进一步落实10年前在巴巴多斯通过的《小岛屿发展中国家可持续发展行动纲领》。2009年10月10日，中、日、韩三国政府首脑/国家元首在中国北京举行第二次中日韩领导人会议，形成了《中日韩可持续发展联合声明》，重申三国为本地区和国际社会创造和平、繁荣及可持续发展未来的共同愿望和责任。2012年，联合国可持续发展大会（又称"里约＋20"峰会）召开，作为继1992年联合国环境与发展大会及2002年南非约翰内斯堡可持续发展世界首脑会议后，国际可持续发展领域举行的又一次大规模、高级别会议，讨论了"在可持续发展和消除贫困的背景下发展绿色经济"和"关于可持续政治治理与制度框架"两大主题。2013年，联合国授权成立可持续发展目标开放工作组（OWG），拟定新的全球可持续发展目标。

（7）第七阶段

为了破解"千年发展目标"执行期满后的全球可持续发展目标和议程制定问题，2015年9月，联合国193个成员国在历史性首脑会议——联合国可持续发展峰会上一致通过了

《变革我们的世界：2030 年可持续发展议程》（以下简称《2030 年可持续发展议程》），这是联合国继制定 21 世纪议程、千年发展目标之后，又一具有里程碑意义的重要行动，受到国际社会的广泛关注。2016 年 9 月，中国发布《中国落实 2030 年可持续发展议程国别方案》，秉持创新、协调、绿色、开放、共享发展理念，从战略对接、制度保障、社会动员、资源投入、风险防控、国际合作、监督评估等方面入手，大力推进经济建设、政治建设、文化建设、社会建设、生态文明建设，全面开展可持续发展议程落实工作，并在多个可持续发展目标上实现"早期收获"。

4.1.2　可持续发展的内涵

可持续发展是既要达到发展经济的目的，又要保护好人类赖以生存的大气、淡水、海洋、土地和森林等自然资源和环境，使子孙后代能够永续发展和安居乐业的发展方式。可持续发展与环境保护既有联系，又不等同。环境保护是可持续发展的重要方面。可持续发展的核心是发展，但要求在严格控制人口、提高人口素质和保护环境、资源永续利用的前提下进行经济和社会的发展。发展是可持续发展的前提；人是可持续发展的关键因素；可持续长久的发展才是真正的发展，因其使子孙后代能够永续发展和安居乐业。

可持续发展是以保护自然资源环境为基础，以激励经济发展为条件，以改善和提高人类生活质量为目标的发展理论和战略。它是一种新的发展观、道德观和文明观。其内涵包括以下几个方面。

（1）共同发展

地球是一个复杂的巨系统，每个国家或地区都是这个巨系统不可分割的子系统。系统的最根本特征是其整体性，每个子系统都和其他子系统相互联系并发生作用，只要一个系统出现问题，都会直接或间接影响到其他系统，使其他系统发生紊乱，甚至会诱发系统的整体突变，这在地球生态系统中表现最为突出。因此，可持续发展追求的是整体发展和协调发展，即共同发展。

（2）协调发展

协调发展包括经济、社会、环境三大系统的整体协调，也包括世界、国家和地区三个空间层面的协调，还包括一个国家或地区经济与人口、资源、环境、社会以及内部各个阶层的协调，可持续发展源于协调发展。

（3）公平发展

世界经济的发展呈现出因水平差异而表现出来的层次性，这是发展过程中始终存在的问题。但是这种发展水平的层次性若因不公平、不平等而引发或加剧，就会从局部上升到整体，并最终影响到整个世界的可持续发展。可持续发展思想的公平发展包含两个维度：一是时间维度上的公平，当代人的发展不能以损害后代人的发展能力为代价；二是空间维度上的公平，一个国家或地区的发展不能以损害其他国家或地区的发展能力为代价。

（4）高效发展

公平和效率是可持续发展的两个轮子。可持续发展的效率不同于经济学的效率，可持续发展的效率既包括经济意义上的效率，也包含着自然资源和环境的损益的成分。因此，可持续发展思想的高效发展是指经济、社会、资源、环境、人口等协调下的高效率发展。

（5）多维发展

人类社会的发展表现出全球化的趋势，但是不同国家与地区的发展水平是不同的，而且不同国家与地区又有着异质性的文化、体制、地理环境、国际环境等发展背景。此外，因为可持续发展又是一个综合性、全球性的概念，要考虑到不同地域实体的可接受性，从而可持续发展本身包含了多样性、多模式的多维度选择的内涵。因此，在可持续发展这个全球性目标的约束和指导下，各国与各地区在实施可持续发展战略时，应该从国情或区情出发，走符合本国或本地区实际的、多样性、多模式的可持续发展道路。

可持续发展理论的产生为人类世界的发展指出了一条环境与发展相结合的道路，为环境保护与人类社会的协调发展提供了一个创新的思维模式。其实质就是把经济发展与资源节约、环境保护紧密联系起来，实现良性循环。可持续发展观要求在发展中积极地解决环境问题，既要推进人类发展，又要促进自然和谐，主要表现在：从以单纯经济增长为目标的发展转向经济、社会、生态的综合发展，从以物为本位的发展转向以人为本位（发展的目的是满足人的基本需求、提高人的生活质量）的发展，从注重眼前利益、局部利益的发展转向长期利益、整体利益的发展，从物质资源推动型的发展转向非物质资源或信息资源（科技与知识）推动型的发展。

4.1.3 可持续发展的主要内容

可持续发展涉及经济可持续、生态可持续和社会可持续三方面的协调统一，要求人类在发展中讲求经济效率、关注生态和谐和追求社会公平，最终达到人的全面发展。这表明，可持续发展虽然缘起于环境保护问题，但作为一个指导人类走向 21 世纪的发展理论，它已经超越了单纯的环境保护。它将环境问题与发展问题有机地结合起来，已经成为一个有关社会经济发展的全面性战略。

（1）经济可持续发展

可持续发展鼓励经济增长，而不是以环境保护为名取消经济增长，因为经济发展是国家实力和社会财富的基础。但可持续发展不仅重视经济增长的数量，更追求经济发展的质量。可持续发展要求改变传统的以"高投入、高消耗、高污染"为特征的生产模式和消费模式，实施清洁生产和文明消费，以提高经济活动的效益、节约资源和减少废物。

经济可持续发展是指保证当代人福祉提高的同时，不会影响或者降低后代人的福祉。因此，需要提高社会总资源的配置效率，并提高资源利用效率，在经济增长的过程中权衡好数量和质量两个方面，而非单纯地追求数量的增加，尽量实现低消耗的发展模式，使效益最大化并实现国民经济健康持续发展。

（2）生态可持续发展

可持续发展要求经济建设和社会发展要与自然承载能力相协调。生态可持续发展是可持续发展的基础。生态环境可以为人类生存和发展提供所必需的资源和条件，是我们赖以生存和发展的基础。单纯地追求社会进步和经济发展，忽略发展对资源的过度消耗而导致的资源短缺和环境污染，长远来看，与真正的可持续发展背道而驰。在发展的同时必须保护和改善地球生态环境，减少自然环境的污染和破坏，及时遏制生态环境继续恶化，保证以可持续的方式使用自然资源和环境成本，将人类的发展控制在地球承载能力之内已成为全球共同努力推进的重要任务。因此，可持续发展强调发展是有限制的，没有限制就没有发展的持续。生态可持续发展同样强调环境保护，但不同于以往将环境保护与社会发展对立的做法，可持续发展要求通过转变发展模式，从人类发展的源头、从根本上解决环境问题。

（3）社会可持续发展

可持续发展强调社会公平是环境保护得以实现的机制和目标。可持续发展指出世界各国的发展阶段可以不同，发展的具体目标也各不相同，但发展的本质应包括改善人类生活质量，提高人类健康水平，创造一个保障人们享有平等、自由、教育、人权和免受暴力的社会环境。21世纪人类应该共同追求的是以人为本位的自然-经济-社会复合系统的持续、稳定、健康发展。

从整体上看，可持续发展包括经济可持续、社会可持续和生态可持续，追求经济、社会与环境的协调发展，致力于实现经济效益、社会效益和生态效益在时间和空间上的共赢。其中，经济增长是前提，为国家富强和满足民众基本需求提供永续的经济支撑；保护自然是基础，强调发展应与资源和环境的承载能力相协调；改善和提高民众生活质量是目的，强调发展应与社会进步相适应。因此，在可持续发展体系中，生态可持续是基础，经济可持续是前提，社会可持续是目标，这三大特征体现在可持续发展的三大目标中，即生态安全、经济繁荣和社会公平。

4.1.4 可持续发展的基本原则

可持续发展是一种新的人类生存方式，其最终目标是改善人类的生活质量，并创造出一个自由、平等、和谐的社会。这种生存方式不但要求体现在以资源节约和环境保护为主的环境生活领域，更要求体现到作为发展源头的经济生活和社会生活中去。贯彻可持续发展战略必须遵从一些基本原则。

（1）公平性原则（fairness）

可持续发展强调改善人类生活质量、满足人类的需求和欲望是可持续发展的主要目标。因此，消除人类需求中存在的各种不平衡因素是可持续发展的应有之义。可持续发展强调发展应该追求两方面的公平：一是本代人的公平即代内平等，二是代际间的公平即世代平等。

本代人的代内公平，即给全体人类平等的机会以满足他们要求较好生活的愿望，通过公平的分配权、公平的发展权的赋予，解决贫富差距和两极分化。可持续发展要满足全体人民的基本需求和给全体人民机会以满足他们要求较好生活的愿望。在国家之间，各国都要负有确保在自己管辖范围内或在其控制下的活动不能损害其他国家或在各国管辖范围之外地区环境的责任。从发展角度看，当今世界的现实是一部分人富足，而占世界1/5的人口处于贫困状态；占全球人口26％的发达国家耗用了占全球80％的能源、钢铁和纸张等。这种贫富悬殊、两极分化的世界不可能实现可持续发展。因此，要给世界以公平的分配权和公平的发展权，要把消除贫困作为可持续发展进程特别优先的问题来考虑。

代际间的公平，即本代人发展和需求的满足不能损害子孙后代用以满足需求发展的资源与环境，要给世世代代公平利用自然资源以满足其需求的权利，要认识到人类赖以生存的自然资源是有限的。本代人不能因为自己的发展与需求而损害人类世世代代满足需求的条件——自然资源与环境，要给后代以公平利用自然资源的权利。

（2）持续性原则（sustainability）

持续性原则的核心思想是人类的经济建设和社会发展不能超越自然资源与生态环境的承载能力。这意味着，可持续发展不仅要求人与人之间的公平，还要顾及人与自然之间的公平。资源和环境是人类生存与发展的基础，离开了资源和环境，人类的生存与发展就无从谈及。可持续发展主张建立在保护地球自然系统基础上的发展，因此发展必须有一定的限制因素。人类发展对自然资源的耗竭速率应充分顾及资源的临界性，应以不损害支持地球生命的大气、水、土壤、生物等自然资源为前提。换言之，人类需要根据持续性原则调整自己的生活方式、确定自己的消耗标准，而不能过度生产和过度消费。发展一旦破坏了人类生存的物质基础，发展本身也就衰退了。

（3）共同性原则（commonality）

鉴于世界各国历史、文化和发展水平的差异，不同国家和地区实施可持续发展的战略可能有所区别，可持续发展的具体目标、政策和实施步骤不可能是唯一的，但这些发展战略所体现的公平性和持续性原则是共同的。要实现可持续发展的总目标，就必须采取全球共同的联合行动，即每个国家或个人，在开展自己的行为活动时，都要能考虑到这一行为对他人、他国以及生态环境所产生的影响，都要按照共同性原则办事，认识到我们共同的家园——地球的整体性和相互依赖性。从根本上说，贯彻可持续发展就是要促进人类之间以及人类与自然之间的和谐。如果每个人都能真诚地按"共同性原则"办事，那么人类内部以及人类与自然之间就能保持互惠共生的关系，从而实现可持续发展。

4.1.5 可持续发展范式

威廉斯（Williams）和米林顿（Millington）指出，人类需求与地球供应能力之间存在着不匹配的情况（即"环境悖论"）。为了克服这种不匹配，需要减少需求，或者提高地球的供应能力，抑或找到一种折中的方式来沟通二者，即可持续发展范式。理论上讲，这一范式可大致分为"弱可持续发展"和"强可持续发展"两种类型。前者涉及增加供应量，而不影响经济增长；后者则涉及控制需求，即干扰经济增长。二者虽然在理论上相互排斥，但在实际中能够共存。

（1）弱可持续发展

"弱可持续发展"是一种以人为中心的观点。其中，"自然"被认为是一种资源，为了实现人类目标可以使其效用最大化。该观点本质上认为"自然资本"与"人造资本"之间具有可替代性，即只要资本存量的总价值保持恒定（或增加），使其保留给子孙后代，它们所产生的利益种类就不会有差异。例如，假设科技进步可以满足日益增长的人类需求，则不需要对人类需求加以遏制。

理论上讲，在弱可持续发展中，"人造资本"可以无限制替代"自然资本"。但是尼尔森（Nielsen）指出，这种替代实际上是有限度的。该想法得到了 WCED 的支持，尽管科学发展能够提高自然资源的承载力，但这是有限的。因此，需着重强调，人类实践活动需要以渐进的、可持续的形式进行，并且需要科技支撑以减轻自然压力。

（2）强可持续发展

"强可持续发展"是一种以自然为中心的观点。该观点认为，"自然"不必在任何时候都对人类的需求有益，并且人类不具有剥削"自然"的固有权利。持此观点的学者认为，人类应该减少对自然资源的索求，鼓励在满足生存需求的基础上，建立更为简单的生活方式。其倡导者认为，自然资本不可能被人造资本完全取代。人造资本尚可以通过回收和再利用的方式来扭转，但某些自然资本，如物种，一旦灭绝就不可逆转。人造资本的生产需要以自然资本为原材料，所以，人造资本永远不能成为自然资本的全面替代品。

尽管"强可持续发展"限制了自然资源的使用，但其限制程度取决于不同的理论学派和区域特征。事实上，几乎没有社会不把经济置于自然之上，因此"弱可持续发展"观念通常占据主导。但是，不可否认，人们已在关注如何挽救关键的自然资本，甚至不惜以牺牲经济为代价。

(3) 两种可持续发展范式的比较

弱可持续发展范式主要为解决人类的物质需求，人类生存在地球上首先要解决的就是生存问题。弱可持续发展范式是以传统经济学理论为基础，认为国民生产总值是衡量经济发展与国民收入增长的唯一标尺，经济增长必然会提高人类物质财富收入以及社会福利。这样的价值观念促进了经济的发展，使得一切经济活动均以满足当前人类的物质需求为目标，追求经济增长，短期内自然资本的投入会加大，会对环境产生破坏，削弱对经济增长的约束性。同时，弱可持续发展范式认为自然资本与人造资本之间具有完全替代关系。尽管最初人造资本是由自然资本转变而来的，但其脱离了自然资本的原始属性，被赋予了新属性，对经济生产起到重要作用。随着技术进步，人造资本的属性增多，生产力随其属性增多而提高。生产关系发生转变，经济进一步发展，当经济增长到一定程度时，自然资本则退出经济发展领域，仅担负自然属性的特质。另外，弱可持续发展范式认为被破坏的环境会随着经济增长而得到改善。

强可持续发展范式则认为自然资本与人造资本互补，人造资本折旧使得人造资本的使用时间有限，为了持续生产，自然资本会不断地被投入生产中。强可持续发展范式以生态经济学为准则，认为自然资本兼顾重要的生态责任，将部分自然资本投入经济生产中，生态系统的稳定性会受到冲击。生态系统作为维持生命最基本的系统，并且存在唯一性的特点，生态系统能维持生命的发展，人类可持续发展才有可能性。生态系统中重要环节的缺失，必将对生态系统产生不良的影响。如果生态系统遭受到损失，不能维持并提供正常的生命需求，那么对人类的发展提出可持续的观念将毫无价值。所以强可持续发展范式的观点为约束经济增长，制定经济增长的极限。在强可持续发展理念中，自然资本的有效配置非常重要，人类经济活动在生态系统中进行，人类从生态系统中获取物质与能量，以及向生态系统输入污染物要维持在生态系统承受污染的能力范围内。超出生态可承受的能力范围，生态系统稳定将遭到破坏，生物包括人类生存将受到威胁。强可持续发展范式对长久经济增长持反对态度，认为人类发展过程中，应当注重生态的维护和建设，不能一味将自然资本投入生产。

4.2 可持续发展的目标

2015 年 9 月，联合国可持续发展峰会一致通过了《2030 年可持续发展议程》。《2030 年可持续发展议程》于 2016 年 1 月 1 日正式启动，确立了 17 项目标 169 项子目标 232 个指标组成的可持续发展目标（简称 SDGs）指标体系，是对全球到 2030 年可持续发展目标的具体测度，涉及减贫、消除饥饿、健康福祉、优质教育、性别平等、清洁饮水、清洁能源、体面工作和经济增长、工业创新、减少不平等、可持续城市、负责任的消费和生产、气候行动、海洋生物、陆地生物、和平正义、伙伴关系等诸多方面。《2030 年可持续发展议程》呼吁各国采取行动，为今后 15 年实现 17 项可持续发展目标（图 4-2）而努力。

图 4-2 17 项可持续发展目标

4.2.1 可持续发展目标组成

SDGs 是联合国对千年发展目标（MDGs）的延伸拓展，并且为其设定了更全面、更彻底的目标和指标。以贫困为例，MDGs 设定到 2015 年全球极端贫穷人口比例减半的目标，是"减少贫困"；而 SDGs 的要求为到 2030 年前，全球要彻底消除极端贫困，是"消除贫困"。可以看出，在相同目标上，二者的实现程度和要求有很大的不同，SDGs 是把 MDGs 做了升级，在其基础上提出了更有雄心的目标。

相比于 MDGs，SDGs 特别强调各个部门的协作和共同推动，不仅仅是国家、政府要推动指标的实现，更应该有社会、公众、非政府组织（NGOs）的广泛参与，以及公共、私营部门的参与，群策群力、发挥各方优势和资源共同推动可持续发展目标的实现。这也是在 MDGs 实施过程中联合国所汲取的经验，即必须让目标涵盖的所有组织和个人在自己设定发展议程的过程中有所参与和决策，这样目标才能有更好的所有权分配和参与度，实施目标的过程中也可以发挥各方面的优势、资源，协同各方面的力量。此外，与 MDGs 不同的是，SDGs 还特别强调要惠及全球所有的国家和人民，改变传统的区分援助国和受援国的发展援助模式，倡导发展应该是全世界所有国家、所有人民共同的任务。SDGs 要求新的全球合作伙伴关系，重塑全球治理，不再区分援助国和受援国，只有所有国家及其人民共同参与进来，把可持续发展当作自己的责任和义务，才能在 2030 年前实现 SDGs。SDGs 和 MDGs 的主要联系与区别如图 4-3 和表 4-1 所示。

表 4-1 SDGs 和 MDGs 的联系与区别

项目	MDGs	SDGs
目标设定	8 项目标和 21 项子目标,主要围绕社会问题,简洁清晰	17 项目标和 169 项子目标,涵盖经济、社会、环境 3 个维度,全面综合,相互关联
适用范围	主要发展中国家	所有国家
制定过程	由联合国秘书处协调专家确定	由联合国成员国谈判达成
执行手段	仅部分目标涉及执行手段	提出筹资、技术、能力建设、贸易和伙伴关系等手段,强调政府、私营部门等利益攸关方协作

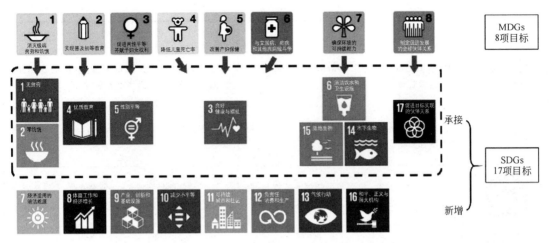

图 4-3　SDGs 与 MDGs 的承接对应关系示意图

《2030 年可持续发展议程》的基本原则是不让任何人掉队，面向所有发达国家和发展中国家可持续能力的提升，以人为中心，以全球环境安全、经济持续繁荣、社会公正和谐及提升伙伴关系为宗旨，是到 2030 年实现全球可持续发展的路线图。议程包括政治宣言、实现可持续发展的 17 项目标和 169 项具体目标、执行手段以及后续行动 4 部分，提倡国家自主贡献，并为各国制定可持续发展战略提供了普适性的目标。其中最重要的内容就是关于可持续发展的目标和具体目标，SDGs 目标具体名称及主要内容见表 4-2。目标主要表述某一领域要达成的宏观的总体目标或发展方向，具体目标（子目标）则是在该领域某一方面要达成的相对具体的目标。目标和子目标相互关联，相辅相成，勾勒出人类走上可持续发展道路雄心勃勃的变革愿景。

表 4-2　SDGs 目标及其主要内容

SDGs 图标	SDGs 目标	主要内容
1 无贫穷	目标 1：在全世界消除一切形式的贫穷	① 任何人在任何时刻都不贫困，都不返贫；② 有良好的社会保障体系
2 零饥饿	目标 2：消除饥饿，实现粮食安全，改善营养状况和促进可持续农业	① 保障粮食供给充足安全；② 促进可持续农业
3 良好健康与福祉	目标 3：确保各年龄段人群的健康生活方式，促进他们的福祉	① 健康生活；② 普及医疗保健服务
4 优质教育	目标 4：确保包容和公平的优质教育，让全民终身享有学习机会	① 所有学童接受免费的初等、中等教育；② 人人有机会接受优质高等教育
5 性别平等	目标 5：实现性别平等，增强所有妇女和女童的权能	在教育、工作等方面实现男女平等

续表

SDGs 图标	SDGs 目标	主要内容
6 清洁饮水和卫生设施	目标6:为所有人提供水和环境卫生并对其进行可持续管理	① 普遍平等地提供安全、可负担的饮用水; ② 提升水质;③ 提高用水效率,保护水资源
7 经济适用的清洁能源	目标7:确保人人获得负担得起的、可靠和可持续的现代能源	① 提高清洁能源的使用比例;② 提升能源利用效率
8 体面工作和经济增长	目标8:促进持久、包容和可持续经济增长,促进充分的生产性就业和人人获得体面工作	① 可持续的经济增长;② 公平就业;③ 提高资源利用效率
9 产业、创新和基础设施	目标9:建造具备抵御灾害能力的基础设施,促进具有包容性的可持续工业化,推动创新	① 可持续的工业化;② 鼓励创新
10 减少不平等	目标10:减少国家内部和国家之间的不平等	缩小国家内部经济差距和国家间地位差距
11 可持续城市和社区	目标11:建设包容、安全、有抵御灾害能力和可持续的城市和人类住区	① 保障安全、可负担住房、城市设施;② 减少城市负面环境影响
12 负责任消费和生产	目标12:确保采用可持续的消费和生产模式	① 减少源头的资源消耗;② 减少末端的废弃物处理
13 气候行动	目标13:采取紧急行动应对气候变化及其影响	① 应对气候变化;② 减轻气候变化带来的灾害
14 水下生物	目标14:保护和可持续利用海洋和海洋资源以促进可持续发展	① 减少海洋污染;② 保护海洋资源
15 陆地生物	目标15:保护、恢复和促进可持续利用陆地生态系统,可持续管理森林,防治荒漠化,制止和扭转土地退化,遏制生物多样性的丧失	① 保护森林、湿地等生态系统;② 防治土地退化;③ 保护生物多样性
16 和平、正义与强大机构	目标16:创建和平、包容的社会以促进可持续发展,让所有人都能诉诸司法,在各级建立有效、负责和包容的机构	① 减少暴力;② 司法公正;③ 构建可靠制度
17 促进目标实现的伙伴关系	目标17:加强执行手段,重振可持续发展全球伙伴关系	利用资金、技术、伙伴关系等执行手段实现可持续发展

目标1～5、10、16共同反映人类发展健康、教育、平等、安全等福祉,体现可持续发展以人为核心的发展理念。目标6、7、13、14、15反映气候变化、能源、生物资源等自然环境的可持续能力。目标8、9、11、12强调发展不应该以过度损耗资源环境为代价,反映

经济增长的包容、持久和可持续，体现经济持续繁荣理念。而目标 17 与每一个目标下执行手段的子目标共同构成 2030 年实现 SDGs 的行动关键，要求调动现有一切资源激发全球伙伴关系活力，利用伙伴关系提升实现 SDGs 的能力。SDGs 实质上明确了全球到 2030 年的发展愿景。

为了进一步测度目标和具体目标的落实情况，动态监测可持续发展进程，在 2030 年议程指导下，联合国统计委员会组织了一个可持续发展目标指标机构间专家组（Inter-agency Expert Group on SDG Indicators，IAEG-SDGs），就目标和具体目标的后续行动以及审查工作，制定了一套全球指标框架，旨在客观评估可持续发展目标的年度进展情况，寻找差距，以保证可持续发展的行动措施始终在 2030 年议程目标的指导之下进行。

基于可持续发展目标和指标之间的相关关系研究，出于评价有限目标的考虑，2015 年 IAEG-SDGs 初步形成了 229 个指标，其中 149 个指标带有未决问题，但专家组对评价应用普遍意见一致，还有 80 个指标仍需深入探讨。2016 年，IAEG-SDGs 提出要对全球可持续发展进展情况在 2020 年和 2025 年进行全面审查，针对使用中仍有问题的指标，专家组成立了 3 个工作组：一是解决统计数据和元数据结构的问题，包括指标在全球和国家尺度上的使用差异，不同国际机构提供的指标数据交换等；二是采用地理空间信息系统作为评价的补充手段；三是对有关联的、多用途的指标目标之间进行协调评价。2017 年报告中保留的指标有 232 个。其中，指标概念明确，评价的方法和标准已达成国际一致，至少有 50% 的成员国定期发布数据，也能覆盖被评价区域 50% 以上的人口，这一类（Tier Ⅰ）指标有 93 个，占全部指标的 40% 左右，其余指标仍需进一步完善。针对目前难度最大的指标数据问题，2019 年 IAEG-SDGs 以替换、修订、增加和删除的形式对框架提出了 36 项重大修改，并于 2020 年 3 月获得联合国统计委员会第五十一届会议的批准，将指标修改为 231 个，并将指标属性由原来的三级调整为二级，保留 Tier Ⅰ 和 Tier Ⅱ（有广泛认可的评价方法和标准，但数据不完善或不定期发布），取消了 Tier Ⅲ（没有国际广泛认可的评价方法或标准），这也是截至目前全球指标框架的最新版本。

4.2.2　2021 年全球可持续发展目标进展情况

2016 年，联合国可持续发展解决方案网络（UNSDSN）和贝塔斯曼基金会以 SDGs 为主要依据，研究提出了"可持续发展目标指数"（SDG 指数）并对其进行不断改进。该指数由两个层次的指标体系以等权重的方式合成。第一层次由 17 个 SDGs 目标组成，第二层次由各目标下的具体指标构成。可持续发展目标指数既给出了各个 SDGs 的进展指数（0～100），又采用绿色、黄色、橙色、红色四种颜色分别表示在实现 SDGs 进程中"接近实现目标""存在一定差距""存在明显差距""面临严峻挑战"四种状态。另外，还采用红色、橙色、黄色、绿色四种颜色的箭头，表示在实现 SDGs 进程中呈现的"倒退""停滞""适度改善""进展良好"四种趋势。利用这套方法，UNSDSN 和贝塔斯曼基金会自 2016 年逐年发布《可持续发展目标指数指示板报告》（2019 年起更名为《可持续发展报告》）。经过 6 年的开发和应用，SDG 指数和指示板的方法学已经日趋成熟，数据来源逐步稳定，《可持续发展报告》已经获得联合国成员国的高度认可。

最新发布的《2021 年可持续发展报告：可持续发展目标行动十年》（以下简称《2021 年可持续发展报告》）由于数据的时间滞后性，尚未充分反映 2020 年的数据，因此新冠肺炎对可持续发展目标的影响并没有完全体现在本年的可持续发展目标指数和指示板中。通过现有的最新数据和评估，《2021 年可持续发展报告》揭示出新冠疫情对可持续发展目标产生灾难性影响，甚至在某些领域抹去了数十年的发展成果，但疫情危机也可以成为推动国际社会实施转变的重要机遇。未来 18 个月内所采取的决策和行动，将决定世界能否推动疫情后的复苏，并如期实现可持续发展目标。

评价结果显示，全球实现可持续发展目标的努力受到新冠疫情的不同程度冲击，平均可持续发展目标指数得分首次下降。新冠疫情来袭前，国际社会在减少贫困、改善母婴健康、推进性别平等和扩大电力供应等可持续发展重要领域取得了进展，但是到 2030 年实现 17 个可持续发展目标的进展在 2019 年底已经落后于既定日程。新冠疫情暴发所带来的空前危机，更是让目标的实现遭遇更加严峻的挑战。随着全球新冠疫情的蔓延，实现可持续发展目标的努力受到了不同程度的冲击，某些领域数年来的进步化为乌有。报告统计的 165 个国家中，可持续发展目标指数得分最高的国家是芬兰（85.9 分），其次是瑞典（85.6 分）和丹麦（84.9 分）。自 2015 年通过可持续发展目标（SDGs）以来，全球平均可持续发展目标指数得分首次下降，由 2020 年的 65.7 分下降为 65.5 分，这一下降在很大程度上是由新冠疫情暴发后贫困率和失业率上升驱动的。但新冠疫情对排名前 30 位的国家总体影响较小，经济的衰退并未影响其可持续发展目标指数得分的增加，仅新西兰的得分由 2020 年的 79.2 分下降为 2021 年的 79.1 分。

新冠疫情带来的连锁反应以及全球政治体系、贸易壁垒等因素对大多数可持续发展目标造成了严重的短期负面影响，全球整体处于不可持续的发展状态，严重加剧了收入和其他形式的不平等。目前，世界没有走在实现 2030 年目标和指标的轨道上。在新冠疫情流行之前，世界在 SDG1（无贫穷）取得了重大进展。2018 年，全球极端贫困人口比例从 2015 年的 10％下降到 8.6％，新冠疫情导致 SDG1（无贫穷）的进展发生逆转，2020 年全球极端贫困率出现 20 多年来的首次上升，增加了 1.19 亿到 1.24 亿人，极端贫困率从 2019 年的 8.4％上升到 2020 年的 9.5％。而经济活动放缓和全球衰退导致 2020 年失业率大幅上升，影响到 SDG8（体面工作和经济增长）。新冠疫情对实现 SDG3（良好健康与福祉）、SDG4（优质教育）和 SDG5（性别平等）以及 SDG6（清洁饮水和卫生设施）涵盖的包括水和卫生设施在内的关键基础设施的获取、SDG9（产业、创新和基础设施）的进展产生了负面影响，加剧了现有的不平等，威胁着 16 亿非正规经济领域劳动者的生计，女性和女童面临的家庭暴力激增。多国基尼系数出现显著上升，导致 SDG10（减少不平等）目标受挫。新冠疫情期间，全球近 2500 个亿万富翁的财富净值平均每天都会增加 52 亿美元，而与此同时，世界上却还有 40 亿人没有任何形式的基本社会保障，还有 1％的人口因冲突和危机而被迫流离失所。新冠疫情所引发的经济放缓也并没有带来气候危机的缓和，SDG13（气候行动）停滞不前。初步数据显示，2020 年全球主要温室气体浓度持续上升，平均气温比工业化前水平升高了 1.2℃，日益逼近《巴黎协定》所设立的 1.5℃的升温上限。SDG14（水下生物）和 SDG15（陆地生物）的进展发生逆转或停滞，国际社会未能完成停止生物多样性丧失的目标。政治体系的运作、法治和多边主义在新冠疫情期间也受到了挑战，SDG16（和平、正义与强大机构）和 SDG17（促进目标实现的伙伴关系）的进展也受到了负面影响。新冠疫情期间，许多改革被推迟，一些紧急指令和条例没有经过常规的审议过程。多边体系出现了一些断裂的迹象，其显著特征是全球在获得疫苗方面的差距和"疫苗民族主义"的出现。各国利用额外财政资源支持其新冠肺炎应急和恢复计划的能力也存在巨大差异。富裕国家以及一些中等收入国家由于能够更多地进入国际市场，能够通过债务为额外支出提供资金。

报告提出，各国必须从危机中吸取教训，扭转局面，为实现可持续发展目标的关键转变而采取有效的执行机制和国家举措。

尽管新冠疫情抹去了数十年的发展成果，但疫情危机也可以成为推动国际社会实施转变的重要机遇。实现 SDGs 需要成功实现六大转型：①优质教育（SDG4）；②获得优质和经济实惠的医疗保健（SDG3）；③可再生能源和循环经济（SDG7，SDG12，SDG13）；④可持续土地和海洋管理（SDG2，SDG14，SDG15）；⑤可持续城市基础设施（SDG6，SDG9，SDG11）；⑥普及数字服务（SDG9）。六种转型中的每一个都需要大幅增加公共投资。然而，这些 SDGs 投资的融资需求远远大于低收入发展中国家政府（LIDCs）可用的财政空间，LIDCs 缺乏财政空间用以资助符合 SDGs 的应急响应和投资主导的恢复计划。新冠疫情强调了 LIDCs 挖掘市场融资的有限性。目前，发达国家的财政刺激方案占到国内生产总值的近28%，这一比例在中等收入国家中骤降至 6.5%，而最不发达国家仅有 1.8%。高收入和低收入国家财政空间差异的主要短期影响是富国比穷国更有可能从新冠疫情中迅速恢复。为了实现 SDGs，LIDCs 要大幅增加财政空间，这需要国内和全球财政政策的结合。

可持续发展目标指数和指示板侧重于国际标准化的成果统计。由于国际报告中的数据差距和时间滞后，在衡量一个国家实现可持续发展目标的努力时，还必须考虑国家政策和承诺。另外，实现可持续发展目标的国内战略还必须避免对其他国家产生负面影响或"溢出效应"。2030 年议程和可持续发展目标进展评估认识到国际溢出效应的重要性。SDG12（负责任消费和生产）要求发达国家带头应对此类跨界影响。总体而言，高收入国家往往产生较大的负面溢出效应，如卢森堡、新加坡和瑞士的人均溢出效应非常高。应对负面的国际溢出效应，需要理顺特定跨国产业合作与 SDGs 和《巴黎协定》的关系，其中最重要的是能够准确统计全球贸易对温室气体排放、水资源短缺、生物多样性威胁所带来的影响，以确保在实现本国可持续性目标的同时不会对其他国家产生负面影响。

4.2.3　中国落实可持续发展目标的战略行动

中国作为发展中国家一直致力于积极推动可持续发展，在联合国环境与发展大会召开后不久，中国政府即着手制定国家级 21 世纪议程。国务院于 1994 年 3 月审议通过《中国 21世纪议程——中国 21 世纪人口、环境与发展白皮书》，确立了中国可持续发展的总体战略框架和各领域主要目标。1996 年 3 月，第八届全国人民代表大会第四次会议审议通过《国民经济和社会发展"九五"计划和 2010 年远景目标纲要》，明确提出了中国在经济和社会发展中实施可持续发展战略的重大决策。

自可持续发展战略实施以来，我国在人口、资源、环境以及经济发展方式的转变方面取得了积极进展。2003 年 10 月，党的十六届三中全会提出"坚持以人为本，树立全面、协调、可持续的发展观，促进经济社会和人的全面发展"。这是我国立足社会主义初级阶段基本国情，总结发展实践，借鉴国外经验，适应新的形势需要提出的重大理论创新，为推进可持续发展战略实施提供了重要的思想指导。同年，国务院发布《中国 21 世纪初可持续发展行动纲要》，进一步明确了 21 世纪初我国实施可持续发展战略的目标、基本原则、重点领域及保障措施。

党的十八大以来，我国按照"五位一体"总体布局和"创新、协调、绿色、开放、共享"新发展理念的指引，进一步深化可持续发展战略实施，加强生态文明建设，就推动形成人与自然和谐发展现代化建设新格局进行了系统部署；实施了精准脱贫、污染防治攻坚战等一系列专项行动，在资源能源、生态环境、公共安全、绿色技术、低碳经济等相关领域启动实施了一大批重点研究项目并取得重要技术突破，可持续发展能力明显提升。经过持续不懈的努力，我国经济结构调整和发展方式转变取得积极进展，初步扭转了区域发展差距扩大的趋势，初步遏制了全国生态环境恶化趋势，在世界上最早实现了联合国千年发展目标中"贫困人口比例减半"的目标。中国在可持续发展领域取得的成就得到了国际社会的高度评价，并引起了世界各国的关注。

作为世界上最大的发展中国家，中国坚持发展为第一要务，已经全面启动可持续发展议程落实工作。2016年4月，中国发布了《落实2030年可持续发展议程中方立场文件》，7月参加了联合国首轮国别自愿陈述。作为二十国集团主席国，2016年9月中国推动二十国集团制定了《二十国集团落实2030年可持续发展议程行动计划》。2016年9月19日，中国国务院总理在纽约联合国总部主持召开"可持续发展目标：共同努力改造我们的世界——中国主张"座谈会，并宣布发布《中国落实2030年可持续发展议程国别方案》，明确了中国推进落实工作的指导思想、总体原则和实施路径，并详细阐述了中国未来一段时间的17项可持续发展目标和169个具体目标的具体方案。2016年12月，国务院印发《中国落实2030年可持续发展议程创新示范区建设方案》，提出在"十三五"期间建设10个左右国家可持续发展议程创新示范区，打造一批可复制的可持续发展现实样板。2018年2月和2019年5月，国务院分别批准广东深圳、山西太原、广西桂林以及河北承德、湖南郴州、云南临沧6个城市为国家可持续发展议程创新示范区（表4-3），分别围绕创新引领超大型城市可持续发展、资源型城市转型升级、景观资源可持续利用以及城市群水源涵养功能区可持续发展、水资源可持续利用与绿色发展、边疆多民族欠发达地区创新驱动发展等开展示范区建设，取得良好进展并产生了积极的国际影响，初步形成了自上而下和自下而上相结合落实推动2030年可持续发展议程的基本路径。2019年6月，在圣彼得堡国际经济论坛全会上，中国国家主席习近平发表题为《坚持可持续发展　共创繁荣美好世界》的致辞，深刻阐释了可持续发展的重要意义，指出"可持续发展是破解当前全球性问题的'金钥匙'"。2019年8月，党中央、国务院发布的《关于支持深圳建设中国特色社会主义先行示范区的意见》中，进一步明确将打造"可持续发展先锋"作为深圳建设先行示范区的五大战略定位之一。

表4-3　国家可持续发展议程创新示范区创建主题以及重点任务

名称	批复时间	创建主题	重点任务
太原市	2018年2月 国函〔2018〕30号	资源型城市转型升级	重点针对水污染与大气污染等问题，集成应用污水处理与水体修复、清洁能源与建筑节能等技术，实施水资源节约和水环境重构、用能方式绿色改造等行动，统筹各类创新资源，深化体制机制改革，探索适用技术路线和系统解决方案，形成可操作、可复制、可推广的有效模式，对全国资源型地区转型发展发挥示范效应
桂林市	2018年2月 国函〔2018〕31号	景观资源可持续利用	重点针对喀斯特石漠化地区生态修复和环境保护等问题，集成应用生态治理、绿色高效农业生产等技术，实施自然景观资源保育、生态旅游、生态农业、文化康养等行动，统筹各类创新资源，深化体制机制改革，探索适用技术路线和系统解决方案，形成可操作、可复制、可推广的有效模式，对中西部多民族、生态脆弱地区实现可持续发展发挥示范效应，为落实2030年可持续发展议程提供实践经验

名称	批复时间	创建主题	重点任务
深圳市	2018年2月 国函〔2018〕32号	创新引领超大型城市可持续发展	重点针对资源环境承载力和社会治理支撑力相对不足等问题，集成应用污水处理、废弃物综合利用、生态修复、人工智能等技术，实施资源高效利用、生态环境治理、健康深圳建设和社会治理现代化等工程，统筹各类创新资源，深化体制机制改革，探索适用技术路线和系统解决方案，形成可操作、可复制、可推广的有效模式，对超大型城市可持续发展发挥示范效应
郴州市	2019年5月 国函〔2019〕44号	水资源可持续利用与绿色发展	重点针对水资源利用效率低、重金属污染等问题，集成应用水污染源阻断、重金属污染修复与治理等技术，实施水源地生态环境保护、重金属污染及源头综合治理、城镇污水处理提质增效、生态产业发展、节水型社会和节水型城市建设、科技创新支撑等行动，统筹各类创新资源，深化体制机制改革，探索适用技术路线和系统解决方案，形成可操作、可复制、可推广的有效模式，对推动长江经济带生态优先、绿色发展发挥示范效应
临沧市	2019年5月 国函〔2019〕45号	边疆多民族欠发达地区创新驱动发展	重点针对特色资源转化能力弱等瓶颈问题，集成应用绿色能源、绿色高效农业生产、林特资源高效利用、现代信息等技术，实施对接国家战略的基础设施建设提速、发展与保护并重的绿色产业推进、边境经济开放合作、脱贫攻坚与乡村振兴产业提升、民族文化传承与开发等行动，统筹各类创新资源，深化体制机制改革，探索适用技术路线和系统解决方案，形成可操作、可复制、可推广的有效模式，对边疆多民族欠发达地区实现创新驱动发展发挥示范效应
承德市	2019年5月 国函〔2019〕46号	城市群水源涵养功能区可持续发展	重点针对水源涵养功能不稳固、精准稳定脱贫难度大等问题，集成应用抗旱节水造林、荒漠化防治、退化草地治理、绿色农产品标准化生产加工、"互联网＋智慧旅游"等技术，实施水源涵养能力提升、绿色产业培育、精准扶贫脱贫、创新能力提升等行动，统筹各类创新资源，深化体制机制改革，探索适用技术路线和系统解决方案，形成可操作、可复制、可推广的有效模式，对全国同类的城市群生态功能区实现可持续发展发挥示范效应

在可持续发展目标本土化方面，2015年，中国国家主席习近平在联合国向国际社会庄严承诺，将可持续发展议程17项目标全部纳入中国国家发展规划予以落实。2016年3月中国全国人民代表大会审议通过了"十三五"规划，将17项可持续发展目标和169项具体目标纳入国家发展战略规划。此后，政府各部门又将"十三五"规划的要求转化为本部门工作目标。同时，中国31个省、市、自治区根据国家"十三五"规划将可持续发展目标与地区中长期发展规划有机结合。2017年8月，中国外交部发布了《中国落实2030年可持续发展议程进展报告（2017）》，对标SDGs的17项目标和169项具体目标，客观分析了中国对可持续发展目标的贡献、进展以及差距。目前，可持续发展议程各项目标的落实工作在中国全面展开。近年来，结合生态文明建设，中国提出了《绿色发展指标体系》《生态文明建设考核目标体系》《国家生态文明建设示范市县建设指标》，进一步丰富了可持续发展相关目标指标及任务体系。2019年9月，中国外交部发布《中国落实2030年可持续发展议程进展报告（2019）》，全面回顾了2015年9月特别是自第一份报告发布以来，中国全面落实2030年议程取得的进展，报告指出中国加快推进2030年可持续发展议程的国内落实，在多个可持续发展目标上实现"早期收获"，报告还对下一步工作提出规划和目标，并分享中国落实2030年议程经典案例，希望为加速全球落实进程提供有益借鉴。落实2030年议程是一项长期系统工程。在下一步工作中，中国将继续秉持新发展理念，全面推进2030年可持续发展议程

国内落实,继续推动国家发展朝着更高质量、更有效率、更加公平、更可持续的方向前进。同时,作为最大的发展中国家,中国也将承担应尽的国际责任,在南南合作框架下积极参与国际发展合作,为全球落实 2030 年可持续发展议程做出更大贡献,共同推动构建人类命运共同体。中国落实 SDGs 行动总体框架如图 4-4 所示。

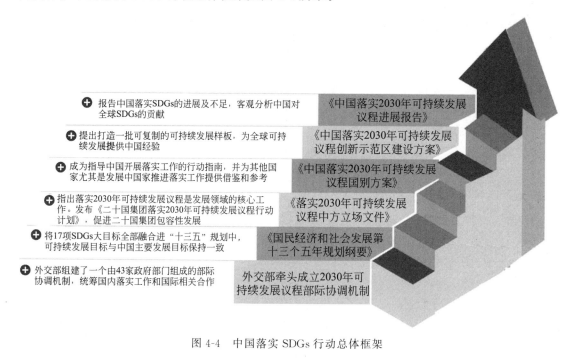

报告中国落实SDGs的进展及不足,客观分析中国对全球SDGs的贡献 —— 《中国落实2030年可持续发展议程进展报告》

提出打造一批可复制的可持续发展样板,为全球可持续发展提供中国经验 —— 《中国落实2030年可持续发展议程创新示范区建设方案》

成为指导中国开展落实工作的行动指南,并为其他国家尤其是发展中国家推进落实工作提供借鉴和参考 —— 《中国落实2030年可持续发展议程国别方案》

指出落实2030年可持续发展议程是发展领域的核心工作。发布《二十集团落实2030年可持续发展议程行动计划》,促进二十集团包容性发展 —— 《落实2030年可持续发展议程中方立场文件》

将17项SDGs大目标全部融合进"十三五"规划中,可持续发展目标与中国主要发展目标保持一致 —— 《国民经济和社会发展第十三个五年规划纲要》

外交部组建了一个由43家政府部门组成的部际协调机制,统筹国内落实工作和国际相关合作 —— 外交部牵头成立2030年可持续发展议程部际协调机制

图 4-4　中国落实 SDGs 行动总体框架

4.2.4　实现可持续发展目标面临的新挑战

17 项可持续发展目标是实现更美好和更可持续未来的蓝图。目标提出了我们面临的全球挑战,包括与贫困、不平等、气候、环境退化、繁荣以及和平与正义有关的挑战。2021 年 7 月 13 日,联合国秘书长古特雷斯在"可持续发展高级别政治论坛"开幕式上表示,"我们必须面对现实:国际社会非但没有取得(2030 年可持续发展议程方面的)进展,反而正在与目标渐行渐远","我们必须从危机中吸取教训,投资更加平等和包容的社会。这要求每一个国家为每一个人提供获得发展机遇的基础、扩大全民健康覆盖、社会保障、优质教育和网络服务"。他呼吁各方重新致力于实现强有力、可持续和包容的复苏,共同采取决定性的行动,战胜气候危机,并实现 2030 年可持续发展议程的承诺。联合国大会第 75 届会议主席博兹克尔在向论坛发来的视频致辞中表示,虽然新冠疫情毫无疑问是一场重大的悲剧,但它同时也提供了一个机遇,"这是几代人以来第一次,我们拥有广泛的公众和政治支持,来实现真正变革性的转变……不仅仅是小规模的修补或调整。这一次,我们能够重整旗鼓,让我们的社会走上更加可持续、更加具有抵御力、更加公平和公正的轨道"。

实现可持续发展目标需要立即做出改变。我们需要在可持续发展涉及的经济、社会和环境方面解决根深蒂固的不平等和脆弱性问题,重点关注旨在不让任何一个人掉队的政策,寻求解决导致财富和权力集中在最上层的机制。气候变化的影响以及国家内部和国家之间不平等的加剧,正在破坏可持续发展议程落实的进展。因此,经济状况、就业与不平等、气候变化、人口增长与移民以及技术变革,已经成为影响可持续发展目标实现的五大关键风险因素。距离 2030 年可持续发展议程只剩下不到 10 年的时间，还没有哪个国家能够令人信服地在全球可持续的资源利用水平上满足一系列基本的人类需求。所有这些都与平衡人类福祉和健康环境的首要目标相距甚远。每个国家都必须对自己的条件和优先事项做出反应，同时改变目前先增长后治理的做法。

目前，中国生态环境保护面临三大矛盾——实现小康目标与环境资源支撑能力的矛盾、人民群众的优美生态环境需要与环境形势日益严峻的矛盾、环境保护任务日益繁重与当前环境管理滞后的矛盾，生态文明建设处于关键期、窗口期，可持续发展作为破解难题的"金钥匙"更加应当被关注。

4.3　中国可持续发展的战略行动

4.3.1　从历史的角度深刻领会习近平主席有关可持续发展的重要论述

历史的长河从来不是一帆风顺、径直往前的，人类社会的进步也一直经历着风风雨雨、起起落落的不同发展阶段。每一个发展阶段都有着自身的历史背景和现实的迫切要求，只有顺应历史潮流和社会发展规律，准确把握当下的客观现实，方能引领人类社会走出困境、向前迈进。进入 21 世纪以来，人类正面临着从未有过的挑战。西方发达国家正经历着近 300年工业化、现代化完成之后的发展转型期，旧的结构面临解体，新的平衡尚未建立，前方的道路面临巨大的不确定性。中国过去的 100 年里经历了从长期的衰落到新中国的建立、从物质产品极度匮乏到经济繁荣，目前正经历从经济繁荣到民族复兴的关键时期。在这一深刻的历史背景和复杂的客观现实下，深刻领会习近平主席关于可持续发展的重要论述，对于推进可持续发展和生态文明建设极为重要。

中国特色社会主义已经进入新的时代。从求温饱到求环保，从求生存到求生态，从先富带后富到共建共享，从高速增长阶段转向高质量发展阶段，日益增加的要求体现出我国当前的发展正面临着巨大的需求压力，人民对美好生活的追求已然成为我国近一段时期的核心目标。鉴于这样的现实判断，十九大报告明确提出"我国社会主要矛盾已经转化为人民日益增长的美好生活需要和不平衡不充分的发展之间的矛盾"，表明新时期我国的主要矛盾发生了根本变化。要实现更加全面的、高质量的、公平的、环境友好的发展，就必须实现发展方式的转变。习近平主席在 2017 年亚太经合组织工商领导人峰会上明确指出，"我们正面临全球发展方式的深刻转变。随着时代进步，发展的内涵正在发生深刻变化"。在十八届中共中央政治局第四十一次集体学习时，习近平主席进一步强调，"推动形成绿色发展方式和生活方式，是发展观的一场深刻革命"。在 2018 年全国生态环境保护大会上的讲话中习近平主席再一次指出，"绿色发展是新发展理念的重要组成部分，与创新发展、协调发展、开放发展、共享发展相辅相成、相互作用，是全方位变革"。从习近平主席一系列关于新发展的论述中可以看出，自十八大特别是十九大以来，党中央高度重视可持续发展理念及其战略的实施，将可持续发展作为指导中国未来长远发展的七大战略之一。

"中国发展离不开世界，世界发展也需要中国。"党的十八大明确提出"要倡导人类命运共同体意识，在追求本国利益时兼顾他国合理关切"，习近平主席更是多次在国际场合倡议推动建立"人类命运共同体"。2013 年习近平主席提出的"一带一路"倡议号召积极发展与沿线国家的经济合作伙伴关系,共同打造政治互信、经济融合、文化包容的共同体,就是中国推动建立"人类命运共同体"的具体举措。这一倡议不仅得到了沿线国家的积极响应,也得到了联合国秘书长古特雷斯的高度评价。古特雷斯在来华出席"一带一路"国际合作高峰论坛期间表示,"习近平主席提出的'一带一路'倡议和联合国 2030 年可持续发展议程方向一致,有助于推动经济全球化更加平衡、包容、和谐发展,对于通过国际合作解决当今世界面临的诸多挑战具有重大意义"。2015 年 9 月,习近平主席在纽约联合国总部出席联合国发展峰会并发表题为《谋共同永续发展 做合作共赢伙伴》的重要讲话,同各国领导人一道通过了《2030 年可持续发展议程》,承诺"以落实 2015 年后发展议程为己任,团结协作,推动全球发展事业不断向前"。随后我国发布了《中国落实 2030 年可持续发展议程国别方案》,这既充分体现了我国作为负责任发展中大国的责任担当,也体现了我国对国际社会的一贯主张。在 2019 年 6 月的圣彼得堡国际经济论坛全会上,习近平主席发表题为《坚持可持续发展 共创繁荣美好世界》的致辞,深刻阐释可持续发展的重要意义,指出"可持续发展是破解当前全球性问题的'金钥匙',同构建人类命运共同体目标相近、理念相通,都将造福全人类、惠及全世界"。从提出"一带一路"倡议到倡导"人类命运共同体"再到落实"2030年议程",习近平主席关于发展的思考与论断不断延续、拓展、聚焦,习近平新时代中国特色社会主义思想不断丰富。

"两山"论、生态文明、命运共同体、金钥匙等一系列重要论述是面对新时期复杂的国际环境,习近平新时代中国特色社会主义思想的重要组成部分。坚持为人民谋幸福、为民族谋复兴、为世界谋大同的新发展观,将人民期盼、民族向往、国家追求、世界责任融为一体,为关乎人类未来发展的全球性问题给出了中国方案,这些方案凝聚了中国价值和中国精神,为重构经济全球化时代的国际交往理性和世界精神奠定了良好的基础。这些重要的发展理念既是我国实现全面转型、建设美丽中国的指导思想,也是中国为国际社会解决复杂问题提出的战略构想。

4.3.2　准确把握新发展理念与可持续发展的关系

新发展理念是党中央针对新形势提出的重大理论创新,是创新成为第一动力、协调成为内生特点、绿色成为普遍形态、开放成为必由之路、共享成为根本目的的发展理念。新发展理念与强调经济、社会和环境协调发展的《2030 年可持续发展议程》在内涵上高度契合,目标上总体一致。新发展理念既体现了中国自身发展的时代需求,也是对全球面临百年未有之大变局形势下共同发展的战略构想,是对可持续发展理念的重大创新。

4.3.3　正确看待全球可持续发展目标进展评价结果

《可持续发展报告》的评价主体和对象是全球、区域和不同国家实现 SDGs 的进展,报告中对全球实现 SDGs 的总体判断和趋势性的结论,有助于我们了解全球可持续发展的动态和面临的挑战,对我们推动国家可持续发展议程落实等相关工作具有参考价值。

《2021 年可持续发展报告》提出的新冠疫情导致全球偏离了实现 SDGs 的轨道等判断值得关注。新冠疫情对可持续发展所产生的严重影响,充分表明各国尤其是发展中国家应对重大突发性事件的脆弱性以及各国在面对危机时的创新合作精神明显不足。在全球化的大背景下，世界任何一个国家的重大危机都可能产生蝴蝶效应从而波及全球，为切实有效地推动落实 SDGs 进程，必须坚持人类命运共同体意识，加强国际合作，以增强全球可持续发展的"韧性"。另外，疫情也可能成为推动国际社会转变发展方式的重要机遇。为促使全球可持续发展重回轨道，各国政府、城市、企业和行业必须利用疫情后复苏的契机，走上低碳、包容和具有抵御力的发展道路，以减少碳排放、保护自然资源、创造更加体面的就业、推进性别平等，并应对日益增加的不平等。疫情发生以来，许多国家出台了经济复苏计划，特别是欧美发达国家出台的以减少碳排放、保护自然资源、创造更加体面的就业、推进性别平等为重点的政策措施值得密切关注。

理性看待报告中我国的全球排名下降问题。近两年我国落实可持续发展目标指数得分在全球排名中有所下降，这实际上是由三个方面原因造成的。一是指标体系发生了变化，使不同年份的得分和排名不具有完全的可比性；二是我国在围绕 SDGs 加强统计监测和及时对外分享建设成效方面所做的工作有待进一步加强，最新进展没能及时反映到报告中来；三是在个别领域与全球平均水平相比进展相对缓慢。鉴于此，我们有必要围绕落实 SDGs 开展国家层面的监测评估，加强与国际社会的互动，客观反映我国推进 SDGs 的最新进展。同时有必要制定中国本土化、可量化、可监测的 SDGs 目标指标体系，通过科学评估 SDGs 实施进展为落实 2030 年可持续发展议程提供更加科学有效的政策指导；同时充分利用危机期间得来不易的政策智慧，综合应用最新的知识与科技手段助力早日实现 2030 年可持续发展目标。

充分利用这次疫情暴露出来的全球可持续发展重大问题的契机，切实发挥好国家可持续发展议程创新示范区建设的引领示范作用。一是在推进示范区建设过程中，进一步加强可持续发展能力建设，以应对各类突发性的风险和挑战。深刻分析我国落实 SDGs 的短板及新冠疫情带来的新挑战、新问题，发挥国家可持续发展议程创新示范区的先行先试作用，依靠创新探索解决路径，认真总结经验模式并积极对外分享。二是进一步完善示范区建设的评价评估工作。报告采用的 SDGs 指数方法对我们开展国家可持续发展议程创新示范区进展评估工作有借鉴意义。SDGs 指数方法通过构建评估指标体系、对指标数据进行标准化处理的方式，实现了对不同可持续发展目标的定量评估和横向比较。

4.3.4　准确把握可持续发展面临的新挑战

历史从未像今天这样，将全人类的命运紧密连接在一起。气候变化、全球产业链延伸与产品贸易、信息技术等无不与"地球村"每一个人的利益息息相关。当前，国际社会正经历百年未有之大变局，新兴市场国家和发展中国家的崛起速度之快前所未有，正在兴起的新一轮科技与产业革命带来的冲击与激烈竞争前所未有；与此同时，全球性的热点问题、局部冲突此起彼伏，持续不断。全球治理体系正面临巨大的压力。这些变化趋势集中来看，主要体现在以下几个方面。

① 随着贸易保护主义的抬头，经济全球化正遭遇越来越多的阻力。曾经积极倡导自由市场、自由贸易的欧美等发达国家也开始加入贸易保护主义者的行列，自 2008 年金融危机以来一直疲弱的世界经济正面临着更加不确定的未来。

② 二战结束以来建立的全球治理体系呈现出明显的脆弱性，与国际形势变化的不适应、不对称前所未有。长期被遵循的国际规则与规范正经受着巨大的挑战，国际社会变革全球治理体系的呼声越来越高。随着国家间力量消长和全球性挑战日益增多，改善全球治理、推动全球治理体系变革是大势所趋。

③ 过去几十年全球化的快速发展，各国在经济、政治、社会、文化等方面的相互渗透、相互依存日益加深的同时，全球性问题日益增多。诸如气候变化、资源短缺、网络安全、难民危机、恐怖主义等全球性问题在非传统安全方面的威胁持续蔓延，呈现明显的跨国性、不确定性、突发性等特征，对世界和平与稳定提出了新的挑战。

④ 全球化进程使各国在经济领域的相互依赖、相互渗透持续加深，共同利益不断增加，利益冲突也在增多。全球性的收入不平衡、发展空间不平等、贫富差距日益拉大等正在破坏全球合作发展的信任基础。例如，非政府组织乐施会（Oxfam）发布的全球不平等程度的2018 年度报告显示"26 位全球最富有的人拥有的财富相当于全球 50% 较贫困人口（38 亿人）所拥有的财富"。一些国家凭借其强大的经济实力，经济霸权、军事强权等干预手段依然大行其道。全球化过程中产生的不平衡性决定了国际政治的多极化将是一个长期而曲折的过程。

⑤ 技术进步的空间扩散效应远未达到预期，国家间的技术差距日益增大，进一步加剧了发达国家与发展中国家之间发展的不平等。发达国家的先进技术通过促使技能溢价上涨、人力资本过时、技术锁定与依赖等中间机制对发展中国家的人力资本积累产生"侵蚀效应"，这不仅会抑制发展中国家的人力资本水平提升，更使其自主创新和技术差距缩小之路面临挑战，"技术压制""技术壁垒"等恶性竞争有日益加剧的趋势。

⑥ 地球生态赤字不断扩大，人类生存的生态环境正面临巨大挑战。地球是目前唯一适合人类生存的家园，世界自然基金会（WWF）发布的《2018 地球生命力报告》显示，为满足全球人口的需求，目前需要约 1.6 个地球的面积和生态资源。而如果按现有趋势继续发展，到 2100 年以后"我们要四个地球才够"。生态超载进一步加剧气候变化、森林萎缩、渔业资源衰退、土地退化、淡水资源减少、生物多样性丧失，资源安全、生态安全已经成为国家安全的核心内容，并影响世界安全的格局。

4.3.5 科学认知可持续发展带来的新机遇

"世界怎么了，世界向何处去"这个问题正在考验全人类的智慧。面对未来的不确定性，经济增长乏力，保护主义、单边主义、民粹主义不断抬头，战乱恐袭、极端自然灾害此起彼伏，治理赤字、信任赤字、和平赤字、发展赤字等严峻挑战，国际社会迫切需要一个系统解决方案，共同谋划人类共同的未来。习近平主席在圣彼得堡国际经济论坛的发言中把可持续发展提到了绝无仅有的高度，即"可持续发展是破解全球问题的金钥匙，可持续发展是利益的最大契合点和合作的最佳切入点"，这不失为对人类未来发展高瞻远瞩的战略构想，可持续发展将为人类发展带来新的战略机遇。

① 可持续发展为改善全球治理带来新机遇。二战以来以欧美等主要西方国家主导的世界秩序正面临前所未有的风险。实践证明，以纯粹的自由市场、军事干预等作为手段的全球治理体系有着明显的缺陷，其背后的价值观念也不为广大发展中国家所接受。与此形成鲜明对比的是，可持续发展理念以公平性、持续性与共同性为原则，通过发展来解决发展中遇到的问题，强调既要考虑当代人的利益，也要兼顾下一代发展机会。这种得到广泛认同的可持续发展理念将为改善与重构全球治理体系提供坚实的支撑。

② 可持续发展为重振疲弱的全球经济带来新的增长点。从过去全球化的经验来看，经济快速发展不一定会带来社会进步和生存环境的改善，两者不存在必然的正向关系。自金融危机以来，经济疲弱更激化了国家之间以及各国内部的社会矛盾及环境问题，反过来对以市

场为导向的经济发展形成掣肘，例如中等收入陷阱、部分发达国家增长的长期乏力、贸易保护主义抬头。这些都充分表明忽视社会进步和生存环境改善，经济发展也难以持续。可持续发展强调经济、社会、环境协调发展。在合理的制度安排和理性的全球秩序下，社会进步、生存环境的改善蕴藏着巨大的市场潜力，可以为全球的经济增长提供新的动力。

③ 可持续发展为我国在全球事务中发挥重要作用带来新机遇。中国作为世界最大的发展中国家和负责任大国，积极推动共同构建人类命运共同体，维护人类共同利益和共同价值，得到国际社会尤其是发展中国家的积极拥护。中国对可持续发展的进取态度与有效行动已经开始占据国际发展的道德制高点，在认同可持续发展的国家和人群中获得越来越多的好感，一扫欧美国家强加在我们头上的所有政治集权、环境破坏等问题的被动局面。我们可以利用好可持续发展为我国提供的不可多得的战略机遇，为国内的长远发展营造良好的国际环境。

第五章　大学生生态文明素质教育

工业文明以来，资源短缺、环境污染严重、生态系统退化，全球性生态环境问题突出，严重影响了人类的生产和生活，引起了人们的广泛关注，对美好生态环境的追求成为大家的共识。党的十八大报告将生态文明建设纳入中国特色社会主义"五位一体"总体布局和"四个全面"战略布局，将生态文明建设推向新高度。生态文明建设需要提高公民的生态文明素质，大学生是生态文明建设的主要群体，是推动生态文明建设的中坚力量，加强大学生生态文明素质教育是生态文明建设的有效途径。

5.1　生态价值观教育

5.1.1　生态价值观的概念及内涵

生态价值观是处理生态与人之间关系的价值观，体现了人们对生态价值的认知。生态价值观建立在一定的世界观以及对人与自然、人与社会关系全面审视的基础上，体现着人们对生态环境在人类活动中地位和作用的看法与态度，具有一定的主观性和社会历史性。生态价值观在不同的社会发展阶段有所不同。

原始文明时期，人类生存完全依靠自然，信奉"自然中心主义的生态价值观"，人类活动完全无条件地顺应和服从自然。农业文明时期和工业文明时期，人类对自然的改造能力越来越强，人类对自然的征服欲望越来越强烈，表现为对自然环境无限制的破坏，对资源毫无限制的掠夺，该阶段信奉"人类中心主义的价值观"，这种价值观认为人类是自然的主宰，作为资源的自然界离开了人类将毫无价值。生态文明时期，人类对生态环境和人类社会之间的关系认识更加深刻，二者相互联系、相互制约，人与自然平等、和谐，人类意识到"尊重自然、顺应自然和保护自然"的生态理念的重要性，该阶段信奉"生态整体主义的生态价值观"。

不同的生态价值观意味着人类对待生态环境的不同态度，因此，从人与自然和谐发展的角度出发，从有利于人类社会可持续发展的方面考虑，树立正确的生态价值观具有重要的意义。生态价值观并不是先天性的，而是后天培养的结果，生态价值观的教育尤为重要。生态价值观教育，是指根据生态环境现状、生态文明建设要求和人的身心发展规律，对受教育者施加系统教育影响，促使人们树立正确生态价值意识和生态行为的教育实践活动。青年是国家发展的希望，大学生是青年中学习环境较为特殊、学习能力相对较强、素质较高的群体，对大学生进行生态价值观教育，对当代青年的价值取向具有引领示范作用，对于推动美丽中国建设、实现生态文明具有重要意义。大学生生态价值观教育是指在生态价值规律指导下，根据国家和社会生态文明建设要求，结合大学生思想品德发展水平和个性发展特征，有目的、有计划、有组织地对大学生施加系统生态教育影响，促使大学生形成正确生态价值意识、养成生态文明行为的教育实践活动。要在广泛调研和全面了解大学生生态知识掌握程度、生态意识现状、生态道德发展水平的基础上，有针对性地制定生态价值观教育目标，选择合适的教育内容，采取多种形式结合的教育方式方法开展大学生生态价值观教育。

5.1.2 大学生生态价值观教育的意义

大学生作为特殊的社会群体，肩负着生态文明建设和美丽中国建设的历史使命和重担，在大学思想政治课中引入生态价值观教育内容，引导大学生树立正确的生态价值观具有十分重要的现实意义。

（1）促进大学生全面发展

生态价值观教育能够促进大学生综合素质发展。新时代对大学生的要求已不仅仅是单方面知识和技能的掌握，而是多种能力和素质的全方面提高。从生态环境角度出发，一个全面发展的大学生，不仅关注当前社会的生态环境问题，更能够以长远的眼光判断生态环境的发展趋势。高校思想政治教育的本质目标是促进大学生的全面发展，实现大学生与自身、与他人、与所处环境的和谐发展。将生态价值观教育引入高校思想政治教育中，能够帮助大学生从认知观念上树立科学的生态价值观，引导其养成生态文明行为，致力于生态文明建设，从而实现人与自然生态的和谐发展、维护生态平衡，促进综合素质全面发展。

生态价值观教育有利于推进大学生社会化。将生态价值观教育引入思想政治教育中，有利于培养大学生健全的人格，使其具有适应社会、实现与社会高度和谐的能力。大学是大学生走向社会的开端，此阶段的青年价值思想尚未牢固，心理思维尚未成熟，可塑性很强，及时对大学生进行科学生态价值观教育，使大学生掌握生态理论知识，完善自身知识结构，在实践中与自然、社会保持和谐关系，有利于推进大学生良性社会化发展。同时，生态价值观教育使得大学生不再是象牙塔里的学生，而是更加贴近社会，能够从一个与社会发展休戚相关的社会人的角度去思考问题和解决问题。

生态价值观教育能够提升大学生主体意识和责任感。生态价值观教育能够提高大学生的生态认知，使大学生成为一个"生态人"，能够科学合理地看待生态自然的价值，明白保护生态环境的重要性，选择正确的方式处理人与自然的关系，能以科学的生态价值观作为指导，选择绿色的生活方式；能够提高大学生的生态道德素质，在社会实践活动中理性思考，以生态道德观判断并自觉约束自己的生态行为，能够自觉考虑自身行为对生态环境和社会发展所产生的影响。此外，生态价值观教育能够使大学生认识到自身不可推卸的生态建设责任，走出以自我为中心的思想、行为怪圈，关心、尊重自然生态，从关注局部、短期社会利益扩展到关注人类整体、长远利益，从关怀人文社会延伸到关怀万物，将保证人的生存发展与维护自然生态平衡相统一，在享受自然界提供的各项便利的同时自觉担负起维护自然生态的责任。

（2）完善高校思想政治教育

习近平总书记指出，"高校思想政治工作关系高校培养什么样的人、如何培养人以及为谁培养人这个根本问题"。大学生生态价值观教育把社会发展的需求与人的发展需求有机统一起来，体现了社会本位和个体本位的融合，为高校搭建立德树人重要载体提供了理论指导和实践支撑。

大学生生态价值观教育能够完善高校思想政治教育育人目标。在历史发展条件和生产力发展水平的限制下，我国过去高等教育的价值观教育更多倾向于社会本位的价值取向，在一定程度上忽略了主体价值，忽视了对大学生正确认识与处理人与自然之间关系能力的培养。当前，我国生态环境问题不容乐观，生态文明建设的地位日益突出，高等教育中传统社会本位的价值观教育已无法适应当前世界、社会的发展形势，需要进一步革新和完善。立足于当前社会发展新要求和生态环境新形势，大学生价值观教育要更加注重大学生生态人格的培养，强调大学生作为自然界一员应当承担的责任，使大学生在建立社会关系时能够形成正确的价值取向和生态道德素养，自觉履行生态道德责任，能够站在更高的角度去思考全人类的永续发展问题。

大学生生态价值观教育能够丰富高校思想政治教育内容。高校思想政治教育的内容以社会发展实践为基础，需要紧扣时代脉搏，体现时代性。大学生生态价值观教育内容符合建设生态文明时代人类社会发展需求，反映当今时代发展要求，能够促进高校思想政治教育内容的与时俱进和不断完善。

大学生生态价值观教育能够更新高校思想政治教育理念。思想政治教育理念必须反映时代的要求，体现时代性。大学生生态价值观教育作为思想政治教育的组成部分之一，注重大学生的主体性与实践性，强调尊重与理解、绿色与协调、共享与融合，其先进教育思想将为思想政治教育理念的革新增添活力，从而促进思想政治教育理念的革新。美、英、德等西方国家较早开始进行生态价值观教育，具有比较丰富的教育经验和教育理念，大学生生态价值观教育在借鉴他国生态教育经验和先进理念的同时，能够革新我国高校思想政治教育理念，从而实现我国思想政治教育的改革和完善。

（3）推动生态文明建设和"美丽中国"建设

"美丽中国"的提出是由新时代我国社会主要矛盾决定的，是新时代生态文明建设的指导规划，也是新时代我国人民对美好生活的共同诉求。一方面，大学生是实现"美丽中国"的主要力量。大学生是中国特色社会主义事业的建设者和接班人，是"美丽中国"建设的主力军。思想是行动的先导，价值观是指导人们行为与实践的思想基础，大学生的价值观决定着未来社会主义的发展方向，决定着整个社会的价值取向和社会前景，大学生的生态价值观极大地影响甚至决定着未来社会的发展模式和生态建设状况。要使大学生成为建设"美丽中国"的一代新人，就要高度重视对他们的生态价值观教育，帮助大学生树立科学生态价值观，并以此处理自然与社会发展的关系，提高自身综合素质，杜绝危害生态环境的不良行为，在今后的生活、学习、工作中自觉保护生态环境，肩负起建设"美丽中国"的时代重任。另一方面，"美丽中国"建设要求大学生形成科学生态价值观。习近平总书记指出，要建设"美丽中国"，就要加快建立健全以生态价值观念为准则的生态文化体系。"美丽中国"旨在建设生态良好的社会主义现代化国家，大学生生态价值观教育目标在于培养大学生科学生态价值观，使大学生成为生态文明建设的主要贡献者，"美丽中国"与大学生生态价值观教育价值目标一致，并对大学生生态价值观教育提出新要求。习近平总书记强调了生态价值观培养对于"美丽中国"建设的重要性，相应地，生态价值观教育在整个教育系统中的地位和实效也应受到高度重视。为了顺利实现"美丽中国"建设目标，就要通过系统教育将其渗透到大学生的头脑中，对大学生生态价值观教育提出高要求和严标准，革新价值观教育内容和方式，帮助大学生形成生态道德，推动大学生生态实践，促使大学生在面对日常的价值抉择时，能将生态效益纳入思考范围以至放在重要位置。

5.1.3　大学生生态价值观教育存在的问题

（1）社会复杂环境的影响

大学生作为社会的一员，生存在社会大环境中，社会环境对其价值意识和行为选择有重要的作用，也会影响大学生生态价值观教育的开展和实施。

当前，我国社会发展处于转型期。过去长期以来，在特定历史条件下，我国发展侧重物质经济建设，加之有些人对物质利益的追求热情较高，一定程度上忽略了经济建设对生态环境造成的破坏，这种社会氛围潜移默化地影响着部分人的价值取向。虽然当前我国将生态文明建设纳入五位一体，把生态文明建设放在突出地位，但是人们思想和价值观的改变是不可一蹴而就的，短时间内不能完成彻底的改变，这些不正确的生态价值观对某些大学生会产生一定程度的影响。同时，我国的人口与资源矛盾仍未得到有效解决，大学生面临求学、就业等压力，个别大学生对生态道德素质的培养有所忽视。如果对于大学生的发展要求与发展成果评定过多关注学业与事业的发展，较少关注对生态环境所持有的思想观点以及生态行为表现，都会对大学生生态价值观的培养产生影响。

大学生生态价值观受到多元文化价值和不良消费观念的冲击。改革开放以来，西方消费主义、享乐主义、个人主义不断侵蚀着个别大学生的思想观念，有些大学生早已抛弃了勤俭节约的消费观念，在生活中产生消费攀比心理。这些大学生对物质的欲望渐增，对自我的关注度渐增，物质消耗与浪费增加，忽视他人、社会乃至生态的发展，这些都直接或间接影响着其生态价值观的培养。

（2）高校生态价值观教育体系不够完善

部分高校生态价值观教育缺乏相应的制度保障，高校领导、教师、学生重视程度不高，支持力度不够，教育缺乏积极主动性，实际教学中易导致形式主义，缺乏系统、全面的教育规划。

部分高校生态价值观教育体系不完善。高校生态价值观教育体系涉及培养目标、课程设置、师资培养、校园文化建设等多个方面，是一项系统工程。目前，有些高校思想教育受社会发展影响，注重学生科学文化知识掌握程度及就业情况，缺少对学生生态人格的培养；有些高校现有的生态价值观教育相关课程设置不健全，除了环境类相关专业，与生态价值观相关的课程，特别是针对非环境专业的选修课程较少，学生难以通过课堂系统获取生态价值观相关知识。

部分高校教师生态价值素养有待提高。部分高校教师没有接受过生态价值观教育的相关培训，缺乏生态专业知识和生态教育素养，在专业课教学以及思想政治理论课教学中，向大学生传递和渗透生态环保观念和意识的能力不足。

部分高校校园生态文化建设不足。在校园建设中，个别高校更加关注有利于师生教学、学习、科研的基础设施建设，而忽略了校园生态文化育人设施及工程的建设，难以在校园文化中潜移默化地渗透生态价值观思想。

（3）大学生自我管理能力不足

部分大学生生态认知不足。调查研究发现，部分大学生对生态文明知识存在"高关注率、低准确率"的情况。同时，部分大学生缺乏培养生态价值观的内部动机。受社会环境的影响，个别大学生对奖学金、就业等关注度更高，对生态相关活动的积极性不高，即使参加此类活动，部分也是出于功利性目的。有些大学生在生态价值观教育中主观能动性较差，只满足于机械接受老师传授的知识，而不积极主动去获取更多相关知识，对生态知识的社会意义和实践指导意义认识不足，个人在生态文明建设中的主人翁意识不足。

部分大学生生态意识淡薄。大部分大学生了解保护生态环境的义务和责任，但由于对自然规律以及人与自然的关系认识不够，在现实生活中尚未树立起敬畏自然、保护自然的生态文明意识，部分大学生在生活方式和消费方式上存在追求物质享受和过度消费的现象，没有形成高度自觉的生态文明意识。仍有一部分学生在参与生态文明建设活动时呈现出一种从众的态度，没有充分发挥主观能动性，未主动承担起保护生态环境、推动生态文明建设的责任与担当。

部分大学生生态价值观知行转化能力不足。大学生具有基本的生态价值意识，但是有些大学生在行为表现上却与此相悖。究其原因，还是由于大学生正处于人生的过渡期，价值取向不坚定，呈现摇摆不定的状态。受到社会上多种社会思潮的影响，部分大学生呈现思想不成熟、辨析能力弱、自控能力差的个性特点。在真正的社会生活实践中，大学生容易受到方便主义的驱动，选择更利于自身当前利益的活动方式，从而出现生态价值观知行背离的现象。

5.1.4 大学生生态价值观教育的路径

（1）优化社会与校园生态价值观教育环境

大学校园是一个开放的系统，不断与社会大环境发生物质、信息交换。因此，为了有效开展大学生生态价值观教育，在营造适宜教育环境的同时，还需要借助社会各方力量，使全社会氛围与高校校园教育发挥合力作用，营造社会生态化发展的大环境，创设良好的生态教育氛围。

发挥政府、企业的生态主体作用。首先，政府需要扶持与引导贯彻落实可持续发展理念，在制定政策时不能只关注经济效益和生态指标，还应兼顾人民的物质收益和生存利益。其次，推进生态文明体制改革，可以充分利用市场化手段，运用资源环境价格及机制，同时还需政府发挥服务性、监管性功能。再次，政府应加大生态文明政策宣传力度。政策宣传是营造生态化社会氛围的重要方式，要利用标语、广播、电视、教材、杂志、网络、课堂等各种载体，保证全面、正确、广泛地宣讲新时代生态文明政策，只有这样，才能在政府的引导下在全社会形成生态化发展氛围，使大学生受到社会氛围的渗透影响。相关企业应当自觉承担生态责任，激发企业生态环保意识，通过员工培训、企业文化建设等途径优化企业发展思想，将社会责任纳入企业发展考虑范围，从而树立起有社会责任感的企业形象，更利于自身的发展。另外，企业要研发生态化生产技术，促进资源全面节约与循环利用。再者，相关企业在人才招聘中应注重生态素养，特别是生产型企业在招聘时应注重人才的生态人格、社会责任意识。大学生终将走向社会工作岗位，企业对人才生态素养的要求将督促大学生形成科学生态价值观。

打造绿色高校校园生态环境。高校是大学生生态价值观教育的主阵地，打造绿色校园生态，丰富校园生态文化，将潜移默化地向大学生渗透生态价值观思想，增强大学生的生态价值观意识。要重视绿色校园物质文化建设，合理规划校园布局，重视校园设施文化建设，促进教学楼、宿舍、食堂、体育场等建筑设计、基础设施与校园绿化的和谐构建。应当加强校园环境保护，保持校园街道、教室、厕所等公共场所的干净整洁，可将校园划分为若干区域分配给各学院各班级，使各班级学生负责维护一定区域的环境卫生，培养大学生对维护校园环境干净整洁的责任感。还应管理好校园宣传栏，防止出现随意张贴现象，同时注重充分利用宣传栏，制作图像生动、极具说服力与感染力的生态环保宣传报以及校园标语。推动绿色校园精神文化建设。发挥精神文化对师生的隐形感染作用，引导校园生态舆论方向。利用校园广播、微博、微信公众平台宣传生态环保知识和生态文化精神，更新、培育高校校风精神，增加对学生生态人格培养、生态意识养成的要求，通过潜意识的心理暗示使师生践行生态行为。开展校园生态文化主题活动与志愿者活动。组织环保主题社会实践活动，增强学生的生态环境保护意识，引导学生参与讨论环境建设，充分挖掘我国传统文化中的优秀生态文化资源，充分利用高校日益健全的教学、网络设施，丰富校园文化活动的内容与形式。只有富有内涵和文化底蕴的活动，才能使师生在活动中真正获得生态情感熏陶。

倡导绿色生态的家庭生活方式。营造生态化家庭氛围，优良的家庭氛围一定是倡导节俭、节制的，可借助生态化家庭氛围的塑造达到生态价值观教育效果。塑造生态化的家庭氛围。首先，家庭各成员要提高自身的生态道德素养，并潜移默化地感染彼此。其次，倡导生态化生活方式。在生活中，父母应以身作则，家庭生活的维系需要一定的物质条件，大多数家庭的父母都能逐渐形成勤俭持家的行为习惯。同时，还应提升父母在节俭基础上的环保意识，倡导简约适度、绿色低碳的生活方式，关注生活方式对生态所产生的影响，优先选择环保的生活用品，自觉保护社区环境。创建生态化社区。社区作为家庭生活的重要场合，是家庭教育的重要场合，社区生态环境状况与邻里的生态行为和态度也将影响大学生的生态思想和意识。创建生态化社区，倡导绿色生活方式，培养社区成员的生态伦理规范，从而引导绿色社区建设和良好风尚形成。

发挥社会舆论的生态导向作用。大众传媒是社会大众了解社会事实、现状，接触各种社会思潮、文化的主要途径，一定程度上决定着社会舆论的走向，引导着社会大众的价值取向。一是要充分利用传统媒体开展生态价值观教育。杂志、报纸等相关创办单位要积极宣传新时代生态文明思想，关注并刊登生态环境状况及相关调查研究成果。拍摄并广播生态文明公益宣传片。短小的宣传片极富冲击力和感染力，能够激发大学生的生态环保情感，增强全社会大众的生态价值意识。二是建设生态价值观教育主题网站。高校应充分利用校园网站平台，发布生态价值观教育内容，并与人民网、新华网、中国环境网等相关网站相互链接，便于大学生查找相关数据、资料；利用微信、微博等公众平台，制作生动、有趣、富有感染力的生态价值观教育页面，与大学生留言互动。生态价值观教育主题网站的建立还有赖于社会网络传媒，政府应引导社会网络媒介主体关注生态文明建设，宣传生态教育知识，推动各网站主体参与生态价值观教育网站的创设，占领网络生态文明思想文化阵地。网络上的信息文化良莠不齐，各种社会思潮涌动，各种价值取向交织，大众极易为虚假信息、错误价值取向误导。为此，政府要加强网络平台管理，除了要健全网络监管机制，完善网络技术筛选、排查技术，还应提高传媒工作者的生态道德修养与职业道德修养，积极宣传科学生态价值观，监督与披露有害信息，引导大学生正确认识生态环境的重要性，调动大学生践行科学生态价值观的积极性，营造"人人参与，共创绿色家园"的社会氛围。

（2）完善高校生态价值观教育体系

高校要坚持以马克思主义生态观为引领，高度重视生态价值观教育，科学地阐释整个生态系统发展变化的规律，深化生态价值观教育理念，为开展生态价值观教育提供政策导向与智力支持。在办学理念上要倡导绿色和生态，在教学理念上要制定相应的课程体系规划，把生态价值观纳入人才培养目标；在制定人才培养目标时要着力增加对生态素质的考量，全面提升教师队伍生态素养，端正自身的生态价值观，将生态价值观融入所讲授的课程之中，引导大学生对生态价值观知识学习的常态化。高校要合理设置生态价值观教育通识课程，必修课要兼顾全校各专业特点，选修课作为补充与扩展。明确相应的教学目标和计划，设置课堂教学和实践教学的权重，编写符合学校人才培养目标的教材，积极创新生态教育理论，优化生态教育的内容，将课堂教学和网络新媒体技术紧密融合，将生态文明教育素材制作成文本、图片、视频和影像等形式融入多媒体教学，实现网络授课、线上答疑以及教育主体之间的有效互动，不断满足大学生多样性学习的需要。完善高校生态价值观教育体系，应让生态文明教育的内涵聚焦于当前社会实际，使高校生态文明教育充分彰显理论价值、人文特色和时代气息，积极构建高校生态文明教育机制，充分发挥教育主导作用，切实增强大学生生态环境保护意识。

（3）加强大学生自我生态价值观教育

高校要充分调动学生自我教育的积极性和主动性，结合现实愿望，将个人的现实利益与人类未来的利益相结合，提升大学生自我观念更新的能力，在平日培养大学生自我心理调适的能力，使大学生不断增强社会责任感，认真践行绿色生态环保的理念，积极投身生态文明的建设活动，自觉维护生态平衡，引导大学生做好自我教育管理。高校应积极开展诸如"美丽中国，我是行动者"等主题教育实践活动，通过组织开展生态文明先进人物事迹报告会、校园绿化美化活动、环城绿道植树造林公益活动、生态环境保护志愿者活动、环保知识竞赛、环保主题诗歌朗诵和征文比赛等丰富多彩的活动，不断加强高校内外两个课堂的建设，实现理论教学和社会实践活动的协同发展，在潜移默化中增强大学生的生态实践能力，增强大学生的生态保护社会责任感和使命感。大学生平时要自觉践行勤俭节约、绿色低碳、文明健康的生活方式，积极参与垃圾分类回收等环保活动。

5.2 生态道德观教育

5.2.1 生态道德观的概念及内涵

生态道德是道德的重要范畴，把过去道德所探讨的人与人的关系，拓展到了今天的人与自然的关系。生态道德是指反映生态环境的主要本质，体现人类保护生态环境的道德要求，并成为人们的普遍信念，对其行为产生影响的基本道德规范。

生态道德观作为一种新型的德育观念，从人与自然的关系着手，告诉人们如何处理好人与自然之间的协调发展关系，如何面对日益恶化的生态环境对人类生存发展的影响。

生态道德教育，是指一定的社会或阶级，为了使人们在生态活动中遵循生态道德行为的基本原则和规范，自觉地履行维护生态平衡的义务，而有组织、有计划地对人们施加的系统的生态道德影响。生态道德教育追求的是人与自然的和平共处、相互依存的生存状态，引导社会成员逐步形成一种不仅能维护后人生态利益，同时又能充分感受自然、提高生活质量的生活方式。生态道德教育要求人们以实现人和自然可持续发展为最终目的，依靠内心道德自觉承担起保护环境、维护生态平衡的责任。

生态道德教育需要多元化的教育主体通过多样化的教育方式传播生态环境和生态道德知识，帮助广大群众形成道德责任感。道德责任感的形成离不开人们道德认知的发展，道德认知的发展又影响和制约着道德行为的生成。可见，生态道德教育作为一种崭新的道德教育活动，既要帮助人们认识到保护生态环境的重要意义，形成生态责任感，又要帮助人们养成保护生态环境的行为，使人们在现实生活中能够担起生态责任，维护生态秩序，保护生态环境。

5.2.2　大学生生态道德观教育的意义

(1) 有效促进我国生态文明建设

现阶段生态文明建设已经是我国重要的建设发展战略，也是我国实现快速发展的重要保障。高校是为国家培养人才的重要平台之一，所以高校应当将生态文明建设的意识全面融入高校大学生的德育过程中，以此帮助大学生树立良好的生态文明理念，使其能够遵循社会发展的主要规律和生态文明规范，进而逐步养成良好的生态文明意识，提升自身的综合素质，为我国生态文明建设注入新动力。另外，有效加强大学生的生态道德教育，可以促进我国社会的可持续发展。大学生如果具备良好的环境保护意识和生态道德素养，不但可以积极投身于国家经济的发展与建设，还可以与社会和生态环境保持和谐发展。

(2) 促进大学生综合素质的提高

大学生是我国经济发展的中坚力量，也是我国各个领域建设的重要人才储备。大学生在高校学习过程中，除了学习相关的知识技能外，还需要培养良好的生态价值观念，才能够在未来的发展中正确审视各种社会问题，以创新性的思想观念促进生态文明建设和可持续发展。传统的高校德育可能会忽视关于如何处理人与生态环境关系的教育，这部分教育如果缺失，学生就难以养成良好的生态环境保护意识，从而引发一系列的生态环境问题。所以高校应当对学生生态道德教育加大关注力度，这样不仅可以有效提升学生的综合素质，还可以使其在生态道德教育的影响下成为生态文明建设的先行者。

(3) 推进高校思想政治教育的发展

将生态道德观教育引入高校思想政治教育，不但丰富了课程内容，与传统思政内容相比，其新颖的视角还能够吸引学生更多的注意力，为思想政治教育注入鲜活的力量。同时，高校生态道德观教育立足于生态环境问题发生的根源，以人与自然相互依存、互惠共生的生态道德观为指引，能促使大学生自觉地形成保护生态、爱护自然的意识和觉悟，从而养成良好的生态道德行为。这种教育方式可以结合学生接触到的生态环境问题及环境保护的具体事迹，采用学生容易接受的方式和方法，贴近生活，亲近自然，比传统说教更具感召力和说服力，更能使学生产生思想共鸣，从而实现思想政治教育的育人目标，为生态文明建设提供强劲的智力支持。高校应积极加强大学生生态道德观教育，引导大学生形成正确合理的生态观，引导大学生客观认识生态问题，形成良好的生态道德思想和思维方式。高校生态道德观教育的开展保证了思想政治教育内容的科学性和方向的正确性。

5.2.3 大学生生态道德观教育存在的问题

一是传统的道德教育过于强调学生如何与人相处，较少将人与自然和谐相处的观念传授给学生，忽视了生态道德教育。

二是高校教育体系及内容有待完善。从当前高校教育体系看，虽然开设了一些生态道德教育的课程，不管高职生，还是本科生，甚至是研究生，都参与到了生态道德教育课程研究中，但是从实践上看，其接触面还比较狭小，过于看重相关理论、技术的研究，对人的基本品质素养的关注不够。

三是生态道德教育方法单一。当前部分高校生态道德教育方法比较单一，过于看重理论知识的讲解，忽视了理论与实践的结合，较少引导学生开展相应的社会调查、参观实践等活动，难以调动学生的积极性。同时在教育形式上，依然停留在传统的灌输式教学层面，大多是由教师在课堂上为学生讲解抽象的理论内容，学生参与环境保护实践较少，难以将自身的想法变成实际。

5.2.4 大学生生态道德观教育的路径

（1）优化生态道德教育课程体系

大学生是我国社会主义建设的重要力量，高校生态道德教育是我国生态文明建设的重要基础。社会主义生态文明建设，不仅要依靠相应的技术支持，更要建立在相应的道德理论基础上。高校作为生态道德教育的主要场所，设置科学、合理的生态道德教育课程体系显得十分重要。

首先，需要设置生态道德教育公共必修课程。大学生群体获取生态道德知识，大多是通过教师课堂讲解，生态道德公共必修课程的开设，可以让大学生在学校直接接触到生态道德教育，有助于大学生生态道德观念的形成。高校可以结合自身情况，开设"生态科学""生态哲学"等公共课程，将这些课程与思政课程放在同等重要的位置，并使其与思政课程内容相互衔接，由专职教师为大学生讲解生态环境现状，提高大学生对生态环境问题的关注力度，促进大学生对生态道德知识的掌握。其次，要设置生态道德教育选修课程。大学期间，公共必修课是学生必须学习的基础性课程，由于学生的专业背景有所不同，所以高校开设的公共必修课只能满足学生的大体需求，难以满足学生的个性化需求。对此，高校可以在生态道德公共必修课的基础上，开设选修课程，让学生可以结合自身的需求及专业，选择相应的选修课程进行学习。生态道德选修课程需要保证形式多样、种类丰富，从而吸引更多学生的积极性，让学生可以更好地将外在生态道德理论知识转变成内在行为。最后还需要注重在专业课程中渗透生态道德知识。高校开设的专业比较多，涉及领域比较广泛，为了让学生树立终身生态道德观念，还需要在专业课程中渗透生态道德知识，要准确找到生态道德知识与专业知识的契合点，多层次、全方位地实现两者融合，指引大学生在学习专业知识的过程中树立良好生态道德观。

（2）丰富生态道德教育形式

高校在开展生态道德教育活动时，大多是以课程讲解为主，而在信息化时代，传统的灌输式教学已经难以满足学生的发展需求，所以高校还应该注重丰富生态道德教育形式，以此调动学生的积极性。

一是开展网络教育。当代大学生生活在信息化时代，所以在高校生态道德教育中，需要特别注重网络教育活动的开展。可以建立专门的生态教育网站，开展网络知识讲座，并在学校官方微博、微信公众号中设置专门的生态道德教育专栏，从而吸引学生的注意力，让学生更好地了解当前社会生态环境状况、生态保护政策等。高校还可以鼓励大学生在网络论坛上交流对生态问题的见解，以此强化学生的生态保护责任感。

二是强化专题教育。要定期举办生态道德专题讲座，邀请生态环境保护专家等讲课，调动学生的生态环境保护热情。在专题教育中，可以利用多媒体设备，将生态环境现状展现出来，带给学生直观的感受，提高生态道德教育教学效果。

三是注重实践教育。对大学生来说，只有在实践活动中才能全面判断自身的知识学习情况，在生态道德教育中，还应该注重实践活动，如在世界环境日、世界地球日等生态环境节日中引导学生开展生态环境调查、环保知识宣传等实践活动，让学生可以在实践活动中进一步提高自身责任感。

（3）发挥环境熏陶作用

环境不仅会给大学生的专业知识学习和技能发展带来影响，同时也会影响生态道德教育效果。因此，在高校生态道德教育中，还应该充分发挥环境育人的作用，构建良好的环境氛围，调动大学生投身环保实践的积极性。高校要结合现实情况，构建良好的物质文化环境，如加大学校绿化面积比例、建设生态长廊等，让学生可以在绿色校园中学习，指引学生逐步养成生态道德意识。另外，高校还应该将生态文化融入校园文化，可以在举办各种实践活动时有意识地强调生态和环保，引导大学生在实践活动中践行学到的生态道德知识。教师在日常教学中，也需要有意识地将生态文明知识融入课堂教学，使得学生在学习专业知识的同时，实现生态知识的积累。

5.3 生态审美观教育

5.3.1 生态审美观的概念及内涵

生态审美观是从人与地球、人与自然、人与万物的和谐共生为出发点的审美观，是出于保护地球环境资源和生态系统的目的，因此天然地带有生态伦理的色彩。生态审美观是以生态美学及生态伦理学为背景的审美观，它有别于传统的主客二元的审美模式，而是以全新的审美模式呈现出来，有着其独特的理论背景和哲学意义。中国当代生态美学的开创者、美学家曾繁仁认为，生态文明时代的到来应该引起学术界的足够关注，这种时代的变迁不仅涉及经济、社会，也涉及文化态度，理所当然地还涉及哲学、美学与文艺学等人文学科。面对这种重大变迁，学术研究必须转型以适应时代的需要、现实的需要。生态美学就是美学这一人文学科在生态文明时代的理论转型。

生态审美的对象无所不包，可以划分为自然对象、各类环境、各种艺术品与日常生活中的各种寻常事物等几个类别。生态审美一定是在和谐的、可持续的生态环境中的审美观。我们要以正确的生态审美观引领人类社会的观念和行为，真正做到以美化人、以文化人，从而向着我们所倡导的生态文明社会迈进。

曾繁仁提出，生态审美教育是用生态美学的观念教育广大人民特别是青年一代，使他们确立必要的生态审美素养，学会以审美的态度对待自然、关爱生命、保护地球，它是生态美学的重要组成部分，是生态美学这一理论形态得以发挥作用的重要渠道与途径。生态审美教育的内容包含三个方面，即马克思主义为基本指导的生态审美观有关理论、中国古代传统文化中儒家和道家生态审美思想、西方生态审美观念。大学生生态审美观教育是建立在马克思主义美学基础之上的，是对马克思恩格斯美学经典的创新、与时俱进的阐释和回归。中国古代传统生态美学思想包括"天人合一""和而不同"的共生思想，"不违农时"的生态智慧，"民胞物与"的生态人文主义，以及"道法自然""万物齐一"等思想。西方生态审美观念包含叔本华的"人生艺术化"、尼采的"生存状态诗意化"、杜威的"艺术生活化"以及海德格尔的"家园意识"和"诗意栖居"观等。

大学生生态审美观教育的直接目标是提高大学生的生态审美意识，树立人与自然共生共荣的生态意识，最终目标是推动生态审美生活的创造，促进世界和谐发展。因此，生态美育在积极引导学生投身生态审美实践时，不仅要帮助他们获得生态美的自然感受，更重要的是激励大学生成为建设"美丽中国"的主力，实现"诗意栖居"，这才是生态美育的根本目标。

5.3.2　大学生生态审美观教育的意义

（1）满足社会转型发展需要

我国人口众多、资源紧缺，处于由工业文明向生态文明的转型时期，生态文明建设对我国尤为重要。在改革开放至今的四十多年中，我国在短期内走过了西方国家两三百年走过的历程，取得了巨大成就，同时也造成了一定的环境污染。目前，我们必须转变发展模式和文化态度，走环境友好、生态和谐的道路，用审美的态度对待自然，只有这样才能长久发展。开展大学生生态审美观教育，促进大学生建立生态审美观念，能够以大学生这个群体为杠杆撬动全社会积极参与生态文明建设，进而推动人与自然和谐发展。

（2）有助于促进大学生全面发展

当前大学生教育课程中，对马克思主义世界观的分析有时会侧重于从唯物主义立场考察人与自然的关系，而忽略了关于人对自然的关爱、人与自然矛盾的解决等更为深刻和丰富的马克思主义生态观。将马克思主义生态审美观等纳入大学生思想政治教育中，是丰富和完善当前高校思想政治教育工作的迫切要求，也是大学生生态美育和思想政治教育自身发展规律的客观要求。同时，大学生生态审美观教育符合思想政治教育的发展规律，能加强高校思想政治教育的实效性。生态审美观教育富有感染力、吸引力和创造力，生态审美是主动之美、参与之美，学生能在创造过程中发展自己的身心，提升精神境界。生态审美观教育极大地提高了思想政治教育的趣味性和实效性，使其更有利于学生的成长和发展，有助于思想政治教育发展和完善，能够更好地实现高校思想政治教育的教育目标。

同时，生态审美观教育能够帮助大学生树立更科学的生态价值观，有助于提高大学生的公民道德素质，实现人才的全面发展，从而促进素质教育目标的实现。

（3）有助于增强民族文化自信

随着经济全球化的发展，西方思想文化不断向我国渗透，在这种情况下，中华优秀传统文化的振兴成为历史的需要。在中国优秀传统文化中，生态智慧是非常宝贵的思想财富，如儒家的"天人合一""中和位育"思想，道家的"道法自然""万物齐一"观念，北宋学者张载提出的"民胞物与"，等等。将生态审美观教育融入大学生思想政治课中，能够系统全面地带领大学生学习中国古代这些优秀的生态观，体会中国先哲的智慧，从而树立健康的生态审美观念和价值观念，树立民族文化自信。

5.3.3　大学生生态审美观教育存在的问题

(1) 大学生生态审美意识不足

部分大学生由于对经济发展与生态保护关系的认识不够深入，对人与自然关系的了解不够彻底，生态审美观念流于享乐化，追求个人物质利益的满足，进而衍生出功利化审美现象。近年来，国家生态环境保护的力度逐渐加强，关于生态环境保护的宣传力度也逐渐加大，大学生对生态审美有了一些浅层的认识，但深入挖掘的力度还不够，仅仅参与一些生态环境保护相关的活动，但对活动的根本目的了解甚少，对活动开展取得效果的反思很少，生态审美流于形式。

(2) 大学生生态审美价值观教育缺乏且形式单一

当前，高校开设的融合生态审美观的课程很少，针对非环境类专业的通识选修课就更少。课堂是大学生全面、系统获取知识的地方，没有相应的生态审美价值观教育课程做支撑，仅凭借专业课老师课堂上的渗透或者生活中的宣传，很难达到培养大学生生态审美价值观的目的。另外，目前高校开展大学生生态教育的途径单一，局限于课堂讲授、参观学习和讲座，生态审美观教育的效果有待加强。

(3) 师资队伍建设有待加强

高校教师队伍是直接面向学生、传播知识的重要群体，其生态审美素质的高低直接影响学生生态审美观的培养。当前，部分高校教师队伍由于自身缺乏生态审美观相关知识，实践经验不足，通过课堂向学生传授和渗透生态审美观知识的能力有限，一定程度上影响了教学效果。同时，个别教师存在不重视生态审美观教育的思想，缺乏开展相关学术研究的积极性和主动性。

5.3.4　大学生生态审美观教育的路径

(1) 加强生态审美观教育

大学作为教书育人的场所，教学工作的开展更多的是依赖课堂教育。开展生态审美观教育，提高其实效性，必须发挥课堂主渠道的作用。具体而言可采取以下措施。一是在教育理念上，要高度重视大学生生态审美观教育，尤其是学校领导和教师需要与时俱进，积极提升生态审美观的思想理念。二是在教学内容及教学方案制定上，要注意突出生态审美观，根据不同专业的需求开设与之相适应的公共必修课。三是在教育方法上，可以通过观看自然纪录片来欣赏自然风光和壮丽山河，通过收听音乐来陶冶情操，通过欣赏雕塑、绘画作品和摄影来提高审美鉴赏能力等，从而使教学更加生动形象，既丰富了教学内容，也改善了教学效果。

(2) 尝试讲座及网上课堂等形式的教学

除了设置必修课和选修课以外，还可以尝试其他形式的教学。如开设讲座，其内容上可以灵活多样，可以设置不同的专题，主讲人既可以是专职教师，也可以是社会各界人士。讲座力求做到主题突出、内容新颖、时代感强，理论与实践相结合，取得常规教学所不能达到的教学效果。还可以开设网上课堂，在信息化时代，利用计算机与网络技术开设网上课堂，也是普及生态美育的有效途径。网上课堂时间灵活，学生可以自主安排学习时间。需要注意的是，网上课堂不能只是简单地从线下到线上的照搬，要善于总结规律，才能取得良好的效果。

(3) 构建良好的校园文化

大学校园的文化氛围对大学生的学习和思想理念等诸多方面产生重要而深远的影响。良好校园文化的构建涉及方方面面，就生态审美观教育而言，需做好以下两方面的工作：一是要充分挖掘传统文化中蕴含的深刻的生态价值观，儒家和道家文化中均蕴含着优秀的生态伦理文化，可以通过开展大学生社团文化节、大学生传统文化知识竞赛等，将其与高校校园文化建设有机结合起来。二是注重对外交流与互动，积极主动吸收社会优秀文化，尤其要注重与政府、社区等积极互动，邀请其宣传和普及生态文明建设中的积极理念与先进方式方法等，并创造性地运用于大学校园文化建设中。

(4) 开展社会实践活动

生态审美观的构建离不开一定的社会实践活动。因此，有必要在大学生中深入开展形式多样、内容丰富的社会实践活动。与校外相关单位合作，拓宽教育资源。例如，可以利用森林公园、自然保护区、自然博物馆、科技馆等作为重要的实践载体，组织大学生开展生态审美体验及生态文明建设活动。在条件允许的情况下，结合学生专业学习，建立野外基地，在实践教学中强化学生热爱自然、尊重自然的意识和能力。大学生只有到大自然中去，才能体味"久在樊笼里，复得返自然"的快慰心情与轻松心境。

(5) 加强师资队伍建设

教育事业发展的根本保证在于教师，应将师资队伍建设放在重要位置，切实通过各种渠道和途径提高教师的水平。首先，高校应适时开展学术交流活动，聘请专家进行授课指导，鼓励教师通过学习和交流不断提升生态审美素养。其次，学校应出台符合大学生生态美育事业实际的职称评定方法和岗位津贴办法。例如通过采取激励性措施，对于取得生态美育领域相关研究成果的教师给予一定奖励，切实增强教师开展学术研究的主动性。还可以成立教学指导研究委员会，指导相关的研究工作。再次，学校要帮助教师解决工作中的各种难题，给予政策和资金的支持，及时提供有利于大学生生态美育教学和实践活动的教学器材和资料。最后，教师自身应自强自律，努力工作，不断提高业务水平，做出更多成绩，在保证教学的基础上发展科研，积极开展生态环保调研和课题研究。

5.4　生态法治观教育

5.4.1　生态法治观的概念及内涵

生态法治观作为习近平新时代中国特色社会主义思想的组成部分，是马克思主义基本原理尤其是马克思主义生态哲学思想与新时代生态文明法治建设相结合的产物，是马克思主义生态哲学中国化的应有之义。习近平生态法治观内容体系由以公正为导向的生态法治伦理观、以良法为目标的生态法制创设观、以"双严"为标准的生态法治实施观、以法治社会为中心的生态守法观以及以美丽世界为愿景的全球共赢观构成。

自党的十八大以来，新时代中国特色社会主义生态法治建设以习近平生态文明思想为指导，在"科学立法、严格执法、公正司法、全民守法"的社会主义法治道路中将习近平生态法治观逐步制度化，稳步推进中国特色社会主义生态法治体系建设。中国生态法治建设40多年来，生态立法成效显著，先后制定并实施环境保护专门性法律30余部，出台行政法规90余部，部门规章600多部，国家环境标准近1500项，初步解决了生态环境保护有法可依的问题，建立起相当规模的生态法律体系。同时，2018年《中华人民共和国宪法修正案》正式将生态文明写入《中华人民共和国宪法》，生态文明入宪体现了生态观的宪法表达、生态制度的宪法安排以及生态权利的宪法保障。党的十八大以来，以习近平同志为核心的党中央加快推进生态文明顶层设计和制度体系建设，相继出台《关于加快推进生态文明建设的意见》《生态文明体制改革总体方案》，制定实施40多项涉及生态文明建设的改革方案，深入实施大气、水、土壤污染防治三大行动计划，从总体目标、基本理念、主要原则、重点任务、制度保障等方面对生态文明建设进行全面系统部署安排；十八大以来，生态执法系统在健全完备的生态立法基础之上，执法力度不断加大、手段日趋丰富、效能稳步提升；十八大以来，法院系统通过制度创新和机构整合，为生态文明提供良好的司法服务和全面的司法保障；十八大以来，公益诉讼在我国的生态法治实践中发挥了重要的作用，既充分发挥了社会民众生态环境治理的参与权，又能有效地整合社会资源，实现民众在生态公共事务中的有序参与。引领全球生态法治，建设生态文明既是我国作为最大发展中国家在可持续发展方面的有效实践，也是为全球环境治理提供的中国理念、中国方案和中国贡献。

5.4.2 大学生生态法治观教育的意义

(1) 培养大学生的生态素养是生态法治建设的需要

中国共产党第十八届中央委员会第四次全体会议通过的《中共中央关于全面推进依法治国若干重大问题的决定》中指出，"用严格的法律制度保护生态环境，加快建立有效约束开发行为和促进绿色发展、循环发展、低碳发展的生态文明法律制度"，"增强全民法治观念，推进法治社会建设"，生态法治由此提出。新时代生态法治观不仅是一种认识论、方法论，更是一种实践论。生态法治建设成为理论界和实务界研究的热点课题。2017年2月中共中央和国务院联合印发了《关于加强和改进新形势下高校思想政治工作的意见》，提出了要加强大学生的三个意识教育，即"国家意识、法治意识、社会责任意识教育"，十九大报告则强调"青年兴则国家兴，青年强则国家强。青年一代有理想、有本领、有担当，国家就有前途，民族就有希望"。因此在生态法治观背景下，加强当前高校大学生的生态素养和培养生态法治建设人才是急需研究和解决的问题。

(2) 培养大学生生态法治意识是后疫情时代的需要

从2003年"非典"开始，滥食野生动物的突出问题及其对公共卫生安全构成的巨大隐患，受到了社会各界的广泛关注。2020年2月，十三届全国人大常委会第十六次会议表决通过全国人大常委会关于全面禁止非法野生动物交易、革除滥食野生动物陋习、切实保障人民群众生命健康安全的决定。所谓后疫情时代，并不是我们想象中疫情完全消失、一切恢复如前的状况，而是疫情时起时伏，随时都可能小规模暴发，由于回流以及季节性的发作，加之迁延较长时间，对各方面产生深远影响的时代。目前，我们仍面临着输入性病例的风险。因此，如何提升大学生的生态法治意识，是高校教育者必须要正视的问题。

5.4.3 大学生生态法治观教育存在的问题

（1）传统教育模式下高校法治课程设置不足

目前我国高校培养大学生生态素养的通识教育课程设置不足。有学者抽取了全国 10 所高校 2018—2019 学年第二学期的通识选修课线下课程作为研究样本，研究发现，与生态素养相关的课程占学期通识选修课的比例最高仅为 5%。目前在理工科院校和农林类院校，与环境相关的学院会开设相关的环境教育通识课程，对于非环境类专业的大学生来说，接触到的与环境有关的课程是学校开设的选修课，但是选修课由于场所的限制，听课人数相对于在校学生的数量比例是非常小的。

（2）高校思政课生态法治教育理念涉

高校课程涉及的绿色教育理念的内容比较少。有学者对大学生课程中是否涉及绿色发展理念和环保的内容进行了统计调查。回答"有，经常提到此类话题"的大学生占比为 34.68%，选择"偶尔涉及这类话题"的占比为 54.79%，选择"完全没有涉及这类话题"的占比为 10.53%。另外，高校对大学生生物安全教育的重视不足。新冠肺炎疫情使得生物安全备受关注，生物安全已纳入国家安全体系，这将推动我国生物安全领域的进一步发展，提高人们对生物安全重要性的认识，更凸显了大学生生物安全教育的重要性。

（3）大学生生态法治意识与环保实践有待加强

近年发生的"大学生掏鸟案""大学生硫酸泼熊事件""高校学生虐猫事件"等都反映出个别大学生生态法治意识淡薄。现在部分大学生已经习惯用大量消耗资源满足其便利的生活方式，如习惯使用一次性塑料袋、餐具等。虽然部分学生的生态素养有了一定提升，但践行环保的行动仍有待加强。

5.4.4 大学生生态法治观教育的路径

（1）完善高校生态法治课程的设置

增设全校性生态法治必修课程。高校可开设生态学、环境学、环境法、环境与健康、环境与可持续发展、全球环境问题等课程作为必修课，可规定大学生至少修完一门相关课程方能达到毕业要求。将生态法治观融入思想政治教育教材中，在"人与自然关系"的学习中培养尊重自然的观念，在"生产力的生态维度"学习中培育绿色发展理念，在"马克思主义生态批判"学习中明晰社会发展道路。增设生物安全通识课程。目前，仅有极少数高校开设了生物安全通识课程。通过生物安全通识教育的开展，完善大学生在生态系统、基因工程安全、农业生物安全、药品安全和实验室安全等方面的知识储备，引导大学生履行应对突发公共事件的职责义务，提升大学生维护国家安全的自觉性和主动性。

（2）提高大学生践行生态环保的积极性

世界有些国家基础教育教学实践中将课堂办到了自然中，很多农场、动物园、植物园、森林、草地都成了环境教育的场所。提高大学生绿色行动积极性的有效途径就是加大环保行动参与度，在实践环节要注重去专业化的普适性。

近来，各地都掀起了学习《中华人民共和国民法典》的高潮，其中，江西省将《中华人民共和国民法典》纳入了国民教育体系。可以此为契机，积极引导大学生从事环保实践。通过《中华人民共和国民法典》的学习进一步健全我国生态法治，不断完善生态文明制度体系，不仅将为美丽中国建设提供强大助力，也是国家治理体系和治理能力现代化的题中应有之义。

可利用"世界环境日""世界水日""世界地球日""中国植树节"等节日组织大学生环保实践活动，将环保意识外化为环保行为习惯。

随着世界环境日对环境公益诉讼的宣传，越来越多的大学生对环境公益诉讼有了一定的了解和认识。因此，可鼓励大学生成为环保志愿者，以自身实际行动参与环境保护，倡导大众做公共利益的共同维护者，踊跃参与环境保护活动。

第六章 课程思政与师德师风建设

"课程思政"是探索实践各类课程与思想政治理论课同向同行、形成协同效应的重要途径。习近平总书记在全国教育大会上强调，教师是人类灵魂的工程师，是人类文明的传承者，承载着传播知识、传播思想、传播真理，塑造灵魂、塑造生命、塑造新人的时代重任。教师思想政治状况对学生思想品德的养成具有很强的示范性，学生"亲其师"进而"信其道"，教师的言传身教对学生成长具有最直接的影响力。师德师风建设是高校提高教师德育水平、加强教师队伍建设的一项重要工作。加强高校师德师风建设，增强高校教师责任感、使命感是提升高校人才培养能力、促进大学生全面发展的有效途径。

6.1 师德育人融入课程思政教育

2016 年 12 月，习近平总书记在全国高校思想政治工作会议上强调，高校思想政治工作关系高校培养什么样的人、如何培养人以及为谁培养人这个根本问题。要坚持把立德树人作为中心环节，把思想政治工作贯穿教育教学全过程，实现全程育人、全方位育人，努力开创我国高等教育事业发展新局面。

教育部在 2018 年 6 月 21 日召开了新时代全国高等学校本科教育工作会议，时任部长在会议上指出，课程思政、专业思政、学科思政体系正在形成。加强课程思政、专业思政十分重要，要把它提升到中国特色高等教育制度层面来认识。2018 年高校师生思想政治状况滚动调查结果显示，对大学生思想言行和成长影响最大的第一因素是专业课教师。我们要旗帜鲜明，在持续提升思政课质量的基础上，推动其他各门课"守好一段渠、种好责任田"，与思政课同向同行，形成协同效应。高校要明确所有课程的育人要素和责任，推动每一位专业课老师制定开展"课程思政"教学设计，做到课程门门有思政，教师人人讲育人。

2018 年教育部公布了《关于加快建设高水平本科教育全面提高人才培养能力的意见》（教高〔2018〕2 号），也就是通常讲的"40 条"。其中，第 9 条是强化课程思政和专业思政。在构建全员、全过程、全方位"三全育人"大格局过程中，着力推动高校全面加强课程思政建设，做好整体设计，根据不同专业人才培养特点和专业能力素质要求，科学合理设计思想政治教育内容。强化每一位教师的立德树人意识，在每一门课程中有机融入思想政治教育元素，推出一批育人效果显著的精品专业课程，打造一批课程思政示范课堂，选树一批课程思政优秀教师，形成专业课教学与思想政治理论课教学紧密结合、同向同行的育人格局。

6.1.1　"课程思政"的意义

为贯彻落实习近平总书记关于教育的重要论述精神，推动实施高校思想政治工作质量提升工程，一体化构建内容完善、标准健全、运行科学、保障有力、成效显著的高校思想政治工作体系，着力培养德智体美劳全面发展的社会主义建设者和接班人，着力培养担当民族复兴大任的时代新人，教育部发起和统筹实施"三全育人"（全员、全过程、全方位育人）综合改革，这无疑对新时代高等教育发展提出了更高的要求，对教师队伍提出了更高的要求，对高校师德师风建设提出了更高的要求。

首先，"课程思政"有助于教师思想、业务素质的提升。为了实现良好的"课程思政"效果，大力提升教师队伍的思想、业务素质是一项重要任务。在整个教学过程中，教师不仅要提前在专业课程设计时将社会主义核心价值观和中华优秀传统文化教育内容融入教学大纲中，更要学会运用和运用好课堂教授、互动问答、教学反馈等形式，巧妙地将社会主义核心价值观的精髓要义有机融合在多样化课堂教学中，潜移默化、润物无声地实现育人目标。

其次，"课程思政"是实现全员、全过程育人的关键一步。广大高校在人才培养实践中，出于对教学育人工作分工的考虑，大体上形成了专业教师、实验实践教师、政工教师（辅导员等）、思想政治理论课教师四支队伍。对于高校教师，"立德树人"是根本任务，"教书育人"是神圣天职，"课程思政"不是辅导员、思想政治理论课教师的"专利"。"课程思政"为高校落实立德树人根本任务提供了动力，为破解思想政治教育困境提供了科学的行动指南和有效的实践路径。

最后，"课程思政"是实现全方位育人的现实需要。有些高校在日常教学过程中往往重智轻德、重教学科研轻育人实践，使得个别学生缺乏坚定的政治立场、理想信念和社会责任。部分学生的政治觉悟、爱国意识、思想道德、社会责任感有待进一步提高。教育的根本在立德树人，立德树人的目的在全面发展，大学开设的所有课程都应该致力于全方位育人，将知识传授和价值引领相结合，促进学生的全面发展。"课程思政"立足于挖掘所有课程中的思想政治教育元素和资源，实现思想政治教育在专业学习环节中的融合，通过价值引领，在知识的传授过程中实现全方位育人。

6.1.2　"课程思政"对高校师德师风建设的要求

受市场经济和多元文化的影响，部分教师片面强调学生的学习成绩，而忽略了对学生政治思想的引导和健全人格的塑造，高校教师"只教书不育人"的现象仍然存在。鉴于此，从当下"课程思政"实践经验出发，建立"课程思政"长效运行和协同创新机制，是确保"课程思政"取得实效的关键。

师德师风建设是一项复杂艰巨的系统工程，是"立德树人"理念落到实处的关键所在。针对部分教师对思想政治教育工作缺乏热情的现状，高校应深刻认识到广大教师在"树人"之前要先"立德"的重要性，下大气力组织开展好理论学习，引导教师认真学习党的理论方针政策，了解国情民情学情，学会用科学的方法分析判断新情况、新问题，进一步加大开展教师思想政治教育工作的力度，扩大覆盖面和影响力，强化理论学习。高校深化师德师风建设，首要任务就是进一步加强理想信念教育，引导广大教师深入学习领会习近平新时代中国特色社会主义思想，增强道路自信、理论自信、制度自信、文化自信，不断提升政治素养和政治理论水平，带头践行社会主义核心价值观。

高校教师对大学生思想政治素质的培育具有直接影响。长期以来，高校专业教师教学工作的重点多是放在传授专业知识和技能上，对学生世界观、人生观、价值观的引导工作不够重视。随着"课程思政"概念的提出，"全员育人"被摆在了一个非常突出的位置，这就要求所有学科和课程都要发挥思想政治教育功能，将思想政治教育贯穿教学活动全过程。只有不断提高理论水平，切实做到"认真看书学习，弄通马克思主义"，日常教学活动中主动思考如何将专业课程内容与思想政治教育有机结合，把马克思主义理论融入专业知识教学当中，精准地运用马克思主义的立场观点和方法分析教学中出现的实际问题，"课程思政"才能真正得以推进和实现。

高校教师对大学生思想政治素质的培育起到示范效果。高校要重视新时代教师形象的塑造，切实将师德师风建设贯穿教育教学全过程。广大教师承担着"立德树人""教书育人"的工作，不仅要讲授好专业知识，更应主动与学生平等相处、坦诚交流，打开心扉、良性互动，把正确的思想价值观念传递给学生，在日常教学活动中，春风化雨般地将思想政治工作做到他们心坎里，落实到教育教学的点点滴滴中，积极引导大学生全面发展，使其真正成长为国家的栋梁之材。

6.1.3 以师德师风建设促进"课程思政"建设的路径

教师是学生成长的引领者，是教育实践的推动者，是影响学生成长成才的重要力量。青年学生正处在世界观、人生观、价值观形成和确立的关键时期，教师的任务不应只是向学生传授专业知识和技能，更重要的任务是"传道"，即思想上的引导，做"四有"好老师、当"四个引路人"，全面推进"课程思政"教育，全力帮助青年学生"系好人生的第一粒扣子"。

首先，构建强有力的领导机制与运行机制。高校应成立"课程思政"改革领导小组，设立专职岗位并责成专门人员予以推进落实。在此基础上，高校各职能部门密切协同，明确将"课程思政"纳入年度重点工作计划当中，学校分管思想政治和教学工作的各部门整合资源，为"课程思政"工作的顺利开展提供制度支撑。建立"课程思政"长效运行、协同创新机制，积极构建"大思政"工作格局，确保"课程思政"取得实效。成立"课程思政"研究中心，按照必修课和选修课两类课堂，打造多种授课模式的"课程思政""特色示范课程"。用全程化教育理念引领进程，注重规范性、有效性、有序性，全面推进全程导师制，构建起立体化的人才培养结构，实现教书育人理念与教师教学实践的完美融合。

其次，全面实施师德建设"五大工程"。一是实施思想引航工程，通过抓好教师政治理论学习，加强社会主义核心价值观和优秀传统文化教育，加强教师培训，引导教师坚定理想信念和正确的政治方向。二是实施党建强基工程，通过发挥教师党支部主体作用，选优配强教师党支部书记，注重青年教师党员发展，充分发挥党支部战斗堡垒和党员先锋模范作用。三是实施师德固本工程，通过全面加强师德教育，加强学术道德教育，加强青年教师业务培养，引导教师严格遵守职业道德。四是实施实践立行工程，通过积极开展教师社会实践，拓展教师育人渠道，引导教师积极参加实践锻炼服务社会。五是实施典型示范工程，通过选树先进教师典型，并加大宣传报道力度，努力营造尊师重教浓郁氛围。

最后，建立融入师德师风建设要求的"课程思政"科学评价体系。将思想教育和价值引领作为课堂教学评价和教师教学评价的重要指标，以立德树人为出发点和着力点，科学评价专业课程的思想政治教育效果，达到师生间的理论认同、情感认同和实践认同。健全课堂教学管理，完善教育教学规范，创新教育教学和课程考核方式方法。针对专业教师开展有针对性、示范性的"课程思政"教学指导，形成常态化的集体备课、教学激励制度。

6.2 课程思政教育案例

6.2.1 "生态学基础"课程开展思政教育

华中农业大学从立足发掘、精心设计、更新发展三个方面对其"生态学基础"课程思政项目的建设思路与举措进行了总结，在努力发挥课程实践育人和思想政治教育功能的同时，也期望其思路与举措能为新形势下其他院校课程思政改革提供新思路和新方法。

一是立足发掘。在"生态学基础"课程的教学过程中，可通过"生态文明"这一契合点着重开展思想政治教育。具体到实践教学内容中，可加入我国生态文明从概念提出到具体践行的历史背景和发展过程讲解。通过"WHY—WHAT—WHO—HOW"的过程让学生思考为什么要提出生态文明、什么是生态文明、谁来建设生态文明、如何建设生态文明等一系列问题。在这一教学过程中，应当强调生态文明所代表的新的人与自然的关系，让学生意识到从工业文明向生态文明推进是当代青年的历史责任，大学生应更加自觉担当起建设生态文明的历史责任，在生态文明建设进程中，实现自身价值。

二是精心设计。在课程思政改革中，教学团队成员根据挖掘的思政教育契合点进行课程的重新设计，撰写体现"课程思政"思路的课程教学大纲、教案等教学文件，进一步明确课程目标、教学方法和评价方法。在课程目标上，"生态学基础"课程除了介绍生态学的基本概念、基本原理及基本应用，讲授各领域的生态问题产生的原因及解决途径，还要引导学生树立唯物主义世界观、可持续发展的科学发展观、生态文明价值观和人与自然和谐的环保意识，以培养学生良好的职业道德和高尚的道德情操。在教学方法上，"生态学基础"课程注重问题导入和师生互动，注意"入深入细、落小落全、做好做实"，注重课堂形式的多样性和话语传播的有效性，引导学生站在国家和个人的交汇点上思考我国的生态环境事业问题，引发学生的知识共鸣、情感共鸣、价值共鸣，不仅传授给学生生态环境知识，更要培养学生的生态观念与环保意识，让学生关注我国的生态环境事业进程。在评价方法上，"生态学基础"课程更加侧重于学生在课程学习中所表现出来的情感、态度、价值观的变化，对生态环境类专业的忠诚度、对生态环境专业价值的认知以及对当前社会生态环境问题的分析能力等方面。

三是更新发展。"生态学基础"课程中的基本理论知识不断更新，我国面临的生态环境问题不断变化，生态环境修复技术不断进步，党和国家强调的生态观也在不断发展。生态观从"既要金山银山，也要绿水青山"发展到"绿水青山就是金山银山"，课程思政也必须通过紧跟新时代的特点，抓住研究前沿，不断对课程教学内容进行更新发展，始终保持其先进性。

6.2.2 "环境影响评价"课程开展思政教育

课程思政是在传授课程知识的基础上引导学生将知识转化为内在德行与自身精神系统的有机构成和素质能力，使其成为个人认识世界与改造世界的基本能力和方法，本质上是将高校思政教育融入课程教学的各个环节，实现润物无声的立德树人教育效果。课程思政教育有助于明确社会主义办学方向，提升全员育人思想意识；有助于挖掘课程德育资源，形成思政教育合力；有助于用好课堂德育主渠道，明确教师立德树人新使命；有助于实现思政教育由阶段育人向全程育人的提升。环境科学是引导人们认识人类在自然界中的地位，调整人类社会和自然关系的学科。以希腊神话中的巧匠代达罗斯命名的著名学术期刊《美国文理学会会刊》（Daedalus）中有一篇环境伦理学论文指出：环境科学是要构建一些概念和自然法则，使人们懂得自己在自然中的位置，这样的认识必须作为每一代人在驾驶地球之船时依据的道德价值的基础之一。在一定程度上，环境问题是由于人类长期把自己看成万物之灵，无节制地掠夺自然而形成的。人类的为所欲为导致生态环境质量恶化，屡遭自然的反噬报复。环境影响评价要求人们在行动之前认真识别、预测和评估环境影响，为环境决策提供依据，从而减少和避免因人类活动造成严重的环境后果，有利于实现人与自然的协调，实现人类社会的可持续发展。因此，环境影响评价课程除了教会学生环境影响评价的原理和技术方法，同时还要引导学生树立唯物主义世界观、可持续发展的科学发展观、生态文明价值观和人与自然和谐的环保意识，以培养学生良好的职业道德和高尚的道德情操。

"环境影响评价"是环境科学与工程学科的专业课，是环境科学与工程重要的分支学科，是污染源头预防性制度。环境影响评价课程辨析环境质量概念的实质，寻求环境质量变异规律，探讨环境价值与环境影响评价的关系，归纳总结环境影响评价原理；发展环境影响识别、预测和评估方法技术，构建环境影响评价制度，应用于不同类型的环境影响评价中。这些知识体系都蕴含着人们对自然观、价值观的认识智慧和科学实践精神，使得环境影响评价课程成为社会主义核心价值观和思政教育的绝佳舞台。可用于课程思政教育的素材有：①从环境问题产生的根源谈认识论；②分析人与自然的辩证关系，形成唯物主义世界观；③辨析环境质量的内在价值，回归生态价值本位；④环境质量的公共物品属性及环境问题产生的经济学视角；⑤基于可持续发展理论的科学发展观；⑥环境标准蕴含的伦理学理念；⑦环境权的法学意义；⑧环境保护的人类主体责任；⑨提高环境影响识别分析能力，树立环境保护意识，提高建设生态文明本领。

专业课程思政是高校育人的重要组成部分，生态环境教育承载着生态文明的文化宣传功能。高校生态环境类专业课程应积极按照党中央关于加强大学生思政教育工作的新理念、新要求，发挥专业优势，在课程思政教育工作中发挥好主渠道和主阵地作用。

6.2.3 "环境问题观察"慕课建设

华东师范大学生态与环境科学学院在上海市课程思政示范课程、上海市精品课程、中国大学慕课（MOOC）"环境问题观察"课程教学中，结合环境保护、绿色发展、生态文明等理念，深入挖掘总结课程体系中的"绿色""共享""生态""环保""敬业"等与社会主义核心价值观相关的思想政治元素，突出课程实践特色和网络影响，努力发挥课程的实践育人和思想政治教育功能，努力担当，打造了新形势下高校思想政治教育的示范课程和探索课程。

一是坚持问题导向。从上海市水体污染、土壤污染、大气雾霾、生活垃圾和固废、生态破坏等环境问题入手，深入一线，通过现场参观体验让学生先了解环境问题实际情况。例如，通过参观学校附近的吴泾第二发电厂生产装置及两个巨大的冷却塔，了解火力发电厂的大气污染及脱硫脱硝治理过程；参观辰山矿坑花园，了解如何将废弃矿山改造为一个亲水花园景观；参加老港垃圾填埋场的"垃圾去哪儿了"活动，了解垃圾运输、填埋、焚烧的全过程；参观崇明岛东滩鸟类自然保护区，了解如何保护滩涂和各种野生动植物；参观可口可乐公司上海申美饮料工厂，了解可乐的生产过程、废水处理和水资源梯级利用，以及公司的环境社会责任。通过这些专业知识讲解和问题分析，极大地激发了学生对环保的兴趣和热情。

二是专业目标与德育目标结合。课程专业目标是通过大学一年级新生认知实践实习，了解环境问题的成因、类型和可能造成的影响，以及背后的社会经济因素，理解环境类专业的学习任务和社会需求。在专业目标的实现过程中，努力整合和融入以社会主义核心价值观为代表的德育目标。例如，在富强、民主、文明、和谐的国家层面，通过带领学生参观上海城市规划展示馆，生动讲解了100多年来上海由一个小渔村变成国际化大都市的过程，让学生了解了国家和上海发展取得的伟大成就，看到了富强文明的上海案例；再结合上海城市超高层房屋高密度建设和中心城区地下水开采导致的地面沉降灾害，让学生了解了富强文明决不能以牺牲环境为代价，否则发展就是不可持续的。

三是通过中国大学MOOC建设推进实践课程和课程思政内容共享。"环境问题观察"本身就是"绿色"课程，再按"开放""共享"的理念，将"线下实习"与"线上MOOC"相结合，紧跟"互联网＋"的浪潮，推行"互联网＋环境教育"新模式，在中国大学MOOC平台开设了相应课程。该MOOC课程由20多位专业老师，20余位上海"水、气、土十条"环境政策领域专家，环境类博物馆、展示馆负责人，环境基础设施建设和运营企业一线工程技术人员，环境投资、环境影响评价、环境监测公司的经理人等出镜主讲。课程还聘请了10多名本科生担任助教，参与课程选题、素材筛选、前期拍摄、后期剪辑美化等工作。助教们还深入不同年级、不同专业，向同学们征集意见，使得课程能充分考虑不同专业、不同层次学生的不同需求，针对环境问题进行多角度讲解。正因为本科生助教大量卓有成效的工作，MOOC内容在老师们把握内容科学性和逻辑性的同时，增添了与时俱进的青春活力。

6.3　师德育人融入思政教育案例

师德师风是学校办学实力和办学水平的重要标志，加强师德师风建设是高校坚持社会主义办学方向、培养合格人才的必然要求。以下是十个师德师风建设融入思政教育的先进案例，其中前五个是先进的集体案例，后五个是先进的个人案例。

案例一：长江大学化学与环境工程学院——积极探索"课程思政"新路径

2018 年 12 月，长江大学推进"五个思政"（学生思政、教师思政、课程思政、学科思政、环境思政）改革创新，化学与环境工程学院（以下简称化环学院）积极响应该项政策，多次召开专题讨论会，并配套出台指导意见，颜学敏教授的课堂正是化环学院正在构建的课程思政教学模式的一个方面的探索。

在化环学院，每一位辅导员都要遵循思政工作规范，每一位班主任都要落实"五做到"，即：每两周深入所带班级听课一次；每两周参加一次班会；每两周深入学生寝室一次；每周与上周缺课学生谈心；每周周日参加晚点名。对此，学院还专门制定了工作量化表，每学期末由所带班级学生对班主任进行量化考核。

如何将思政元素有效融入专业课，让专业课和思政课同频共振？学院将学生所有课程分为专业课、公共课、实践课三大类，根据类别和课程的不同分别融入不同的思政元素。此外，学院组建党员博士导师团，建设了专家教授励志报告库，在全院范围内充分利用第二课堂，针对不同年级开展不同主题的励志讲座，引发学生专业兴趣，提高专业学习的积极性。

李赓博士主讲的课程是研究生的"新型反应器设计"，他在讲课中提到，中国的工业只用了七十年时间就赶上了西方一些发达国家，建成了全球最为完整的工业体系……不论是高铁，还是航空领域，我国在全球引以为豪的项目，莫不是群策群力、集中力量办大事的结果。该课程将工业发展与国家制度联系起来，引导学生坚定"四个自信"的思政元素自然而然地融入了课堂教学。

经过一年的课程思政建设，化环学院打造了六门充满思政元素、发挥思政功能的示范课程，除"提高采收率原理""新型反应器设计"外，"天然产物化学""化工过程模拟与优化""高等有机化学""油田化学进展"也成为受学生喜爱的课程思政示范课程。

四年写下二十万字谈心笔记的张依华书记、三十年坚持不懈资助贫困学子的罗跃教授、资助育人特别贡献者王昌军教授、默默无闻奉献育人的师德标兵易洪潮教授……如今的化环学院师德师风建设有口皆碑。课程思政是有效发挥课堂育人主渠道作用的必然选择。化环学院负责人表示，学院会继续探索，扎实落实好课程思政的要求，奋力实现思政教育新生态，帮助学生树立起与时代主题同心同向的理想信念和价值体系。

案例二：武汉工程大学电气信息学院——展现思政魅力，提升教师育人质量

电气信息学院（以下简称电气学院）按照学校思政教育工作的整体部署，紧抓思想政治教育这条生命线，强化师德引领，深入推进思政育人工作取得实效。学院不断做好新形势下思想政治工作的思想自觉和行动自觉，把思想价值引领真正贯穿到教育教学全过程和各环节。电气及其自动化教工党支部、电信通信教工党支部率先行动，构建了课程思政顶层设计方案，提出以立德树人为根本要求，做到"人人为教育之人、处处为教育之地"。院领导率先垂范，给全体教师讲授师德师风以及育人方法，分享工作经验；院各教工党支部、教研室定期开展思政教育交流活动，不管是朝气蓬勃的年轻教师还是知识渊博的老教授，大家齐聚一堂相互交流、相互学习，涌现出许多教书育人的榜样人物和典型案例。全院上下形成了"全员思政"的教育环境，使得思想教育工作以踏实、务实、求实的作风深入人心。在任课教师的表率和引领下，学院师生齐心，在思政工作上身体力行，通过各种形式的主题教育活动，积极开展思政教育，充分展现了思政促教学的育人魅力。

课程思政：电信通信教工党支部的党员教师们在平时的组织生活和党员活动中，通过座

谈交流、发掘课程中隐含的思政素材，与思想政治教育相结合。例如在中兴芯片事件期间，针对大量使用高端集成电路芯片的专业特点，通信工程专业的教师在课堂上组织学生对该事件成因及影响展开广泛讨论，不仅使学生们在课堂上掌握了芯片设计及制造的流程，还借机让学生了解到我国芯片行业与世界水平的差距，展开思政教育大讨论，提高学习兴趣的同时也激发了学生的爱国情怀、责任感与使命感。将思政教育的内涵以通俗易懂的方式融入课堂，对帮助学生掌握专业知识和提高学生思政素质具有积极作用。电气学院的教工党支部在关键的专业基础课、专业方向课、认识实习、生产实习方面开始试点，并且找准思政与课程的契合点，潜移默化地把思政融入实践教学中。例如，学院教师带领学生赴三峡电厂、许继集团进行课程实践，在现场讲述电力电子技术、通信原理、工厂供配电等专业知识的同时，也将我国目前在行业中的领先趋势告诉学生，学生为祖国在水电开发工程中强大的科研实力感到自豪，纷纷表示要踏实钻研知识，真才实干地为祖国发展事业贡献自己的力量。

教师思政： 在育人过程中，学院要求党员教师率先做到育人先育己，必须不断地提高自身的道德修养，培养高尚的道德情操，提升自己的思想境界，从而更好地教育和培养学生，使育人工作上水平、见成效。在电气及其自动化教工党支部、电信通信教工党支部，所有优秀青年党员教师均担任班导师。电气学院教师连续四年荣获武汉工程大学青年教师讲课比赛一等奖，连续四届在湖北省青年教师讲课比赛中取得优异成绩。在课堂教学实践中，电气学院的党员教师积极思考交流如何将一些复杂晦涩的原理、算法、概念用生动的充满正能量的例子进行形容和描述，学生在主动汲取知识的过程中提高了注意力与积极性，课堂内容搞懂了，心灵也得到了陶冶和治愈，学生听课认真，课堂互动效果良好。由于课堂上注重引导学生树立正确的政治方向、价值取向、学术导向，学生课堂学习效率明显提升。

学生思政： 在当前网络语境下，学生思政的教育方式和内容受到了不小的挑战，学生不再是单纯的被动"接收"，也有了自己的"圈子"（如微信群、直播群等），希望随时进行讨论和交流，对思政教育提出了更高的要求。电气学院探索了诸多的教育平台和沟通模式。暑假期间，电气及其自动化党支部将新媒体的功能融入思想政治教育一线，开设了电气工程教研室的微信公众号，结合各个年级不同的关键时间节点，及时发布学习内容和相关信息，将思政工作融入学生的"圈子"。教工党支部也纷纷在网络上开通交流群，教工党支部与学生党支部在网络上开展联动，运用学生喜爱的数字、图像、声音等多种数字技术，提升了思政教育的传播质量、传播速度和传播广度。同时，通过多种网络媒体的融合，自动筛选、置顶思政教育信息，防止低俗信息涌入和刷屏。

案例三：东北财经大学——紧扣立德树人根本任务，全面提升思想政治工作水平

东北财经大学党委围绕高校四项重点任务，在"不忘初心、牢记使命"主题教育过程中，将加强思想政治工作、加强思想政治理论课建设确定为校领导重点调研课题，制定了周密的调研方案，通过召开专题调研会、座谈会，实地走访、个别访谈等方式，了解学校目前思想政治工作和思想政治理论课存在的问题，并按学校和二级单位两个层面，分立行立改、亟须解决和长期推动解决三个层次对问题进行分级分类，推动整改落实取得实效。

组建"超级讲师团"充实思想政治理论课教师队伍： 一条"'形势与政策'超讲团成立啦"的微信推送在东北财经大学大一新生的朋友圈中广泛流传，这是该学校史上规模最大的课程组，拥有"超豪华"阵容的讲师团。讲师团不仅包括全体校领导，还包括学校党政干

部、学术骨干、学科带头人以及教学名师、师德模范等等，他们将按照教学计划陆续登上讲台，为大一新生讲授思想政治理论课。这些优中选优的"特殊思政课教师"是学校针对目前专职思政课教师数量不足的短板而倾力打造的"超级讲师团"，他们将围绕社会热点问题进行深度解读和思政课讲授。"超级讲师团"的组建不仅提高了学校思政课教师数量上的供给，也使思想政治理论课与学校的学科专业特点有机融合，丰富了课程内容的供给。

推动思政课程与课程思政同向同行协同发力：为切实加强思想政治理论课建设，学校成立了东北财经大学思想政治理论课建设领导小组，制定了《东北财经大学关于进一步加强马克思主义学院、马克思主义理论学科和思想政治理论课建设的若干意见》《东北财经大学思想政治理论课教师队伍建设实施方案（2019—2023 年）》，从顶层设计谋篇布局，从具体细节推动落实，着力打造具有财经高校特色的马克思主义学院、马克思主义理论学科和思想政治理论课。在加强思想政治理论课建设的同时，学校同步推进课程思政建设，不仅开设了"会计职业道德"等融入思政元素的专业课，还重点打造了"自我认知与职业生涯规划"等一批课程思政改革示范课。

丰富第二课堂内涵，提升育人成效：以丰富多彩的学生课外活动为载体的第二课堂，在育人环节中发挥着与第一课堂同等重要的作用。学校积极整合各类育人资源，打造了思政教育、实习实践、志愿服务、创新创业"四线合一"的育人模式。之远讲堂、"红色文化"讲堂等一批课外思想政治精品活动受到学生们的热烈欢迎，真正发挥了春风化雨、润物无声的育人效果。学校积极推进全国"三全育人"综合改革试点建设，依托整合性实践研究活动——"足实"搭建校企合作平台。学样各级各类志愿服务体制机制健全，通过参加郭明义爱心团队、学校志愿者协会、义工站等志愿活动，学生志愿者在帮助他人、服务社会的同时，自身也得到了成长和教育。

坚持教育者先受教育的理念，注重加强师德师风建设：2019 年教师节期间，学校启动第十四届师德师风建设月活动，采取了一系列创新性举措，如举行教师节庆祝大会，首次评选表彰"教书育人先进工作者""管理育人先进工作者""服务育人先进工作者"，大力表彰学校 2018 年度师德模范，并向历届师德模范代表表达敬意，积极宣传 2019 年获评全国优秀教师、全国教育系统先进集体、辽宁省教育系统"最美教师"等先进典型事迹，在全校营造见贤思齐、争当先进的良好氛围。在 9 月 10 日当天，学校向全校 1800 余名教职员工发送了量身定做的专属电子贺卡，鼓励大家坚定立德树人初心使命，学为人师，行为世范。学校坚持奖惩并行，严格落实《东北财经大学师德一票否决制实施细则》，制定《东北财经大学师德师风负面清单和师德失范行为处理办法》，建立师德师风考核档案，严守师德"红线"。

案例四：东北师范大学——坚守立德树人初心使命，构建"大思政"育人格局

学科思政：各学科专家通过对本专业学科与思政学科的梳理，寻找到二者基于共同教育目标导向的契合点，进而找到相和相融的研究机制和具有操作性的实践模式。传媒科学学院张文东教授找准影视艺术教育与思想政治教育的契合点——美育，进行项目的设计和规划。在教学实践中对研究机制和实践模式进行试验，将研究落到实处。心理学院盖笑松教授以青少年人生观的发展与培养为项目课题，从心理学学科建设中挖掘思想政治教育元素，以探索青少年人生观培养的可行途径及有效措施为目标，深入全国 31 个省份进行调查，将立德树人融入课程教学实践中。

课程思政：东北师范大学（以下简称东北师大）秉持"尊重的教育·创造的教育"理

念，牢牢抓住"课程"这一育人主渠道，建立了以"立德树人"为圆心，以思政理论课、专业课、通识课为同心圆环的"大思政"育人格局，扎实推进各门课程与思政课程同频共振、相互融入。加强思政理论课改革创新支持力度。划拨专项经费，增设思政课改革专项。专项依托马克思主义学部，开展了一系列改革举措，不断提升思想政治理论课教学质量。

推进专业课的思政教育改革，建立教材育人、课程育人、实践育人、有机联动的育人体系。学校加强哲学社会科学教材审议制度建设，紧跟国家政策要求，建立了"教师-学院-学校"三级责任制。哲学社会科学专业统一使用马克思主义理论研究和建设工程重点教材、思想政治理论课最新版本统编教材。在教育实习和教育见习中，通过"基础教育名师论坛""师德体验活动"等建立师德体验长效机制，培养良好师德师风。学校开展"创造的教育"示范课堂建设，突出"价值塑造、能力培养、知识传授"目标达成，强化价值引领和能力养成。

日常思政： 东北师大以学生成长成才为本，聚焦学生价值导向、发展取向和需求指向，以教育做"实"、服务做"精"、底线守"严"、队伍做"专"为主线，创新工作模式，把思政教育渗透到第二课堂。

教育做"实"，推进学生日常思政工作落地生根。开展"马克思主义经典品读大会""真理的力量大讨论"等活动，组织学生党员骨干"学习之路"主题红色体验实践活动，推动理论的入脑入心，引导学生将爱党爱国之情内化于心、外化于行。

服务做"精"，解决学生最关心的现实问题。东北师大持续完善"精智就业"模式，不断研发市场潜力评估模型，建立横纵联合的市场开发模式；改版升级用人单位招聘系统，开发就业互选平台与数据分析平台，提供更精准的信息服务；开展"个性化"指导活动和"智能化"就业困难帮扶，实现了更精准的人职匹配。

底线守"严"，确保学生稳定与校园安全。为加强学生心理健康教育，学校建成并优化学生心理发展中心新场地环境，开设"大学生心理健康"慕课，组织开展系列活动，深化与长春市心理医院合作联动，为教育对象提供更专业的服务，引导其培育理性平和的健康心态。

队伍做"专"，探索理论与实践融通发展新机制。通过思想政治教育研究院平台，与十余所世界百强高校的顶尖科研机构建立了合作关系，聘请有关学者长期驻校讲学，为学生思政工作贡献智慧。

案例五：大连理工大学——将工匠精神融入"课程思政"

大连理工大学积极探索"课程思政"建设，引导学生将个人理想与国家社会发展需要紧密结合，将人文软实力融入创新硬功夫中，取得了积极成效。

道德教化贯穿人才培养全过程： 道德教育是学生心灵塑造、品格培育、行为养成、健康成长的必修课，关乎人才培养质量与社会道德风尚弘扬。学院教师践行"四有好老师"标准，以"学高身正"的人格及学识魅力感召学生心灵，塑造学生灵魂，取得了"亲其师""信其道"的育人效果。给40人的班级上课也许并非难事，但这对于VR（虚拟现实）工作坊来说就是特例。由于实验设备价格不菲，创新创业学院购置的设备数量有限，而虚拟课程实践的内容需要佩戴VR头盔才能真实感受到浸入式的体验效果。为让工作坊的40多名学生都能有机会体验学习，教师王飞龙采用5人小班授课的方式，保证每名学生都能有一台VR设备边学边练。这样原本一周一次的课程变成了一周8次，工作量翻了好几倍。经过短短一年的实践课程，学生团队迅速成长，团队完成的 VR 火灾逃生、VR 手套、VR 电梯等应用项目在各类竞赛中频频获奖。

以师德师风建设提升育人本领：在创新创业学院，"课程思政"建设不断反哺师德师风建设。学院制定了《创新创业学院关于建立健全师德建设长效机制实施方案》，帮助全院教师梳理教学任务，明确将立德树人思想纳入教学环节，积极开展师德师风大讨论，帮助教师树立起"四个相统一"的师德师风观，营造"为师先立德，授业正教风"的良好氛围。为了将最前沿、最热门的科学知识传授给学生，学院教师自发组成学习小组，利用课余时间开展专题研讨会，互相学习、互相补课、互讲互评，并开设了"深度学习"课程。该课程一开课就吸引了 200 余名学生。教师通过不断丰富课程的思想教育内涵，让学生们感受到时代的脉搏和国家需求，也更加延伸出知识背后的精神力量，课堂上师生热情高涨，探讨式、参与式、实践式、参观式、竞赛式的课堂活力无限，"活""火"的课程和竞赛脱颖而出，更加繁荣了创新创业教育。

案例六：大连海洋大学食品科学与工程学院师德师风优秀典型曲敏——不忘初心，潜心育人

曲敏，1996 年 7 月加入中国共产党，2001 年 4 月成为大连水产学院（现大连海洋大学）教师，现任食品科学与工程学院党总支组织委员、海洋资源开发技术教研室党支部书记、海洋资源开发技术教研室主任，兼任辽宁省食品科学技术学会理事、辽宁省食品质量安全学会理事。

甘于奉献，投身专业建设工作：在人才培养方案制定、教学队伍建设、课程建设、教学资源与条件建设、教学质量保障及教学运行等方面投入大量精力，为学院教学水平及人才培养质量的提升做出较大贡献。为学校及学院拓展并建设了一批大学生创新创业实践基地，为每年超过 60 名学生的实习实训创造了良好条件，为人才培养及学生就业提供了有力支撑，有学生因在技能大赛中取得优异成绩而获得升学或就业机会。

教书育人，推进专业课程思政教学改革：任教以来，先后承担食品化学、食品营养学等专业核心课程的教学任务，为专业人才培养贡献力量。开设中国饮食文化概论、饮食营养与健康等全校公选课，在传承中国饮食文化的同时融入社会主义核心价值观教育，助力学生综合素质提升。积极推进教研室开展专业课程思政教学改革。2019 年 11 月党日活动，组织召开支部扩大会议，为教研室教师讲授"不忘初心、牢记使命主题教育党课——专业课程思政体会"的主题党课，邀请学院已经完成思政教学改革的教师参会，分享专业思政教学改革的经验与体会。

仁爱之心，积极担任班导师：尊重学生个性，理解学生情感，宽容学生缺点与不足，精心引导和培育学生。经过一系列解决复杂问题的工作磨炼，逐渐成长为为学生排忧解难的良师益友。自 2001 年在大连海洋大学参加工作以来，先后担任五届班导师，累计时长达 16 年，指导学生近 150 人，所带班级学生的就业率、考研率一直在学院名列前茅。因创先争优、科研业绩、教书育人及班导师工作等方面表现突出，先后获得张家界市级科技进步一等奖及二等奖，中国商业联合会科学技术全国商业科技进步二等奖，"大连海洋大学辽渔集团合作共建教育基金"优秀教学奖，联合水产奖教学金，"两学一做"优秀班导师，校创先争优优秀共产党员、校三育人先进个人、教书育人先进个人、优秀班导师和最美班导师等多项荣誉。

案例七：安徽理工大学外国语学院师德师风先进典型朱亚青——师德高尚，热爱教育事业

朱亚青，1988 年 7 月毕业于淮南联合大学科技英语专业，同年 10 月参加工作，曾于 1993 年 3 月至 2000 年 3 月在日本学习、工作，2000 年 5 月回国到淮南工业学院外语系担任日语教师。现任安徽理工大学外国语学院日语系主任，主要承担学校本科生和研究生的日语教学工作。她自始至终以认真、严谨的治学态度，勤恳、坚持不懈的精神从事教学工作，一直热爱所从事的教育事业，在教学年度考核中被多次评为优秀，获得校优秀教学质量奖，并且荣获校"师德先进个人"的光荣称号。

学高为师，德高为范： 朱亚青老师经常在课堂课外跟同事、学生们强调"德"是做人的根本。她常说，教师的教学特色就"特"在发现、培养一批有个性的孩子，让他们在教师的帮助下成长为优秀的人才。正所谓"有教无类"，即使是一群很普通的孩子，如果你用欣赏、赏识的眼光去看待，他们就会闪光。哪怕孩子的一点点进步，她都看在眼里，说在嘴上。"严在当严处，爱在细微处。"朱老师在学业上对学生的要求非常严格，但同时也关心学生的生活和思想动态。曾经有学生有段时间成绩下降，期末成绩不理想。朱老师在第一时间进行家访，和该学生谈心，耐心了解学业困难和成绩下降的原因，并主动提出要在周末给他补课，这让学生深受感动。从教十八年来，尽管登上过无数次领奖台，但她最欣喜最欣慰的，始终是每个学生的成长。她多次带领学生参加各种学科竞赛，并取得了不俗的成绩。为了帮助学生在全国大学生日语演讲大赛中取得好成绩，在大赛开始前两三个月，朱老师就一直帮助学生修改演讲稿，不厌其烦地一遍又一遍听学生试讲。比赛的地点离学校很远，朱老师就一路上照顾学生的生活，直至比赛前一天晚上还一直陪学生排练到深夜。

潜心教育教学，提升日语专业建设水平： 在多年的教学中，朱老师一边认真学习先进的教育理论和经验，一边积极参加各种业务培训，不断探索出自己的教育模式。例如：她讲授一门日语语法课，由于语法比较乏味枯燥，为了增强学生的兴趣，她每次上课前都会准备一些能让学生快速融入课堂的热门话题或者小活动。她风趣幽默的教学方式也得到了学生的认可，由于寓教于乐，这门课也取得了很好的效果。在其他日语基础课程的教学中，她注重语音的培养，以句型为中心，听说结合，既培养了学生的语言运用能力，又促进了学生学习积极性，改变以语法讲解为中心的模式，为学生以后的自主学习打下了基础。除了认真完成教育教学工作任务之外，她一直积极开展日语专业学生第二课堂活动，提高学生的思辨能力和语言应用能力。此外，她坚持与同事们分享教育教学工作经验，积极组织教研室各种教学活动，每年上示范课、作主题报告几十次，带动全系教师以积极的态度上好每堂课。在每次的备课会上，为其他教师提升教学效果、改进教学方法献计献策更是成了常规。在日语系全体教师共同努力下，该校日语专业教育指导体系不断完善，2018 届 28 名日语专业本科毕业生中有 6 人考取硕士研究生，录取率高达 25%，与 2017 届相比，录取率提高了 19 个百分点，而且录取院校都是国内专门性的语言类大学，反映出该校日语专业建设的良好态势。

良好家风师风，成就和谐美满家庭： 朱亚青老师与其爱人和睦相处，互敬互爱，共同承担照顾老人和教育孩子的家庭责任。在做好教师、家长的同时，朱亚青老师还积极参加学校及社会各类活动，曾担任十二届、十三届淮南市政协委员，十五届淮南市人大代表，十二届省人大代表。担任政协委员和人大代表期间，她围绕立德树人、人才培养、就业创业、国际交流等高等教育事业建设和发展的重点课题开展各类调研活动，积极撰写提案和议案，较好地履行了委员和代表职能。

案例八：重庆交通大学师德师风先进典型孙世政——潜心教书育人，真心引领学生

机电与车辆工程学院孙世政副教授，潜心耕耘，热衷教学，做学生迈入知识殿堂的引导者；发挥专长，躬行实践，做学生参加学科竞赛的引领者；关爱学生，建言献策，做学生人生规划的指引者。

潜心耕耘，热衷教学： 作为一名教师，他一直活跃在教学工作的前线，他坚信教学是高校教师的首要任务，人才培养是教师的首要职责，在教学过程中，要做学生思想、专业知识的引领者和素质提升的推动者。因此，在教学过程中，他注重培养学生对专业知识的兴趣爱好，引导学生对专业知识的认知。任教至今，他先后主讲了相关专业 6 门专业课和专业基础课，2017 年、2018 年和 2019 年连续 3 年在课堂教学质量网络评价中全校排名前 5%，并先后 5 次荣获重庆交通大学教学质量优秀奖。同时积极参加教学竞赛，在 2017 年荣获川渝高校电工学课程教学竞赛二等奖。任教期间积极探索教育教学方法改革，先后主持市级和校级教育教学改革重点研究项目 2 项。

发挥专长，躬行实践： 他自任教以来长期致力于学生创新创业教育，在指导学生竞赛方面成果尤为突出。近 3 年来以第一指导教师身份指导学生在全国大学生电子设计竞赛、中国智能制造挑战赛、中国"互联网＋"大学生创新创业大赛、全国大学生智能汽车竞赛、中国机器人大赛等诸多高水平赛事中获得省部级以上奖项 27 项，其中全国一等奖 6 项、全国二等奖 4 项、全国三等奖 2 项；指导大学生创新创业训练项目 6 项，其中国家级项目 2 项；在指导学生竞赛方面先后 3 次荣获机器人大赛优秀指导教师。

关爱学生，建言献策： 他自任教以来一直担任电气专业的学业导师，日常生活和学习中注重关心关爱学生，积极引导学生制定自己的人生规划，尤其是大学四年的规划，同时集思广益并结合自身经验，对学生就业和考研给予针对性的建议。他是不少学生的良师益友，学生在学习、生活或工作中遇到什么问题，都爱找他倾诉。当有人问教书育人的秘诀是什么，孙老师真诚地说："和学生们在一起让我感觉心态很年轻，要像朋友般跟学生相处，除了要了解学生喜欢什么，更要了解学生需要什么，才能因材施教，才能更好地激发每个学生的潜力，培养建设中国特色社会主义的优秀人才和事业接班人。"

案例九：东北石油大学教授付光杰——身为世范，为人师表

付光杰是东北石油大学创新创业学院院长，兼任教务处副处长，国家卓越工程师建设计划电气工程及其自动化专业带头人，黑龙江省重点专业电气工程及其自动化专业带头人，黑龙江省实验示范中心"电工电子实验中心"主任。曾获"黑龙江省教学名师""模范教师""巾帼建功标兵""优秀教学管理者""高校教师年度人物"和大庆市"道德模范""十大巾帼名师"等多项荣誉称号。

独特的教学方式： 从事教育工作以来，付光杰累计教授本科生 32 届，指导硕士研究生 82 人和博士研究生 9 人。在教学工作中，数十年如一日坚持教书育人，课前认真备课，精心组织教学内容，课堂上讲究教学方法，采用启发式、研讨式、翻转课堂和反问式等讲授方式，踏踏实实、认认真真上好每一堂课，并将大规模开放在线课程（MOOC）应用于教学中，取得了较好的教学效果。在授课的同时，把育人放在第一位，关心学生，做学生的良师益友，注意帮助学生树立正确的世界观和人生观，培养学生的团队意识和创新精神。

多产的科研成果： 付光杰将科研课题成果引入教学中，引导学生创新，提高学生学习的积极性和钻研探究的精神,将部分学生吸收到自己的科研团队,锻炼了学生的综合应用和开发能力,学生创新效果明显。近五年,指导学生参加国家大学生创新创业项目4项;指导学生获"省大学生光电竞赛"一等奖1项、二等奖2项、三等奖2项;指导学生获"国家电工技术知识技能竞赛"一等奖1项、二等奖1项;指导学生申请专利5项,指导学生发表论文25篇。

榜样的力量:作为十佳教书育人先锋,付光杰给全校青年教师做了"教书育人,师德为先"的报告。作为教学院长,付光杰为全院教师作了"一名大学教师应该具备的素质""为人为师,立德树人"等报告。在她的带动和辐射作用下,全院"牢记教书育人,践行师德师风"氛围浓厚。作为高校教师,付光杰在努力地践行着她自己的人生信条——身为世范,为人师表。

案例十:重庆交通大学经济与管理学院教授许茂增——知行合一,用心点亮智慧之光

许茂增是重庆交通大学经济与管理学院教授、博士生导师,曾任学院院长,也是中国管理科学与工程学会、中国信息经济学会、中国物流学会等学会的常务理事及重庆市人民政府参事。

秉持师者仁心,注重言传身教:许老师从教近40年,累计为本科生、硕士研究生、博士研究生主讲课程20余门,指导本科生论文超过300余人,培养硕博研究生120余人,指导培养了一大批中青年教师;2007年以来4次被评为学校优秀硕士学位论文指导教师,其中1人论文被评为重庆市优秀硕士学位论文;6次被评为优秀本科毕业论文指导教师。许老师特别重视毕业设计,并对学生提出严格要求。他坚持本科毕业设计必须做到理论与实践的结合,每年指导毕业设计,他要求学生至少需要花2个月的时间到单位去调研、访谈,去实际观察。他坚持学术严谨性,针对学生的本科毕业论文撰写,他每年要花大量的时间逐字逐句修改。许老师坚持研究生三种能力的培养,即理论联系实际的能力、问题分析与解决能力和专业结果的表达展示能力。在他的指导下,每位研究生的选题都能充分体现理论与实际的结合。知行合一,许老师真正将教书育人的理念和实践相结合,培养出一批又一批研究生走向全国各地,先后有多位博士和硕士毕业生进入高职和高等院校、政府部门和企事业单位,并各自在岗位上取得佳绩。

创新教育模式,不断追求卓越:许老师始终坚持教师就是要"仰望星空、脚踏实地"。他认为专业教学改革的发展,不在于专业教师获得了多少教学改革项目,而应当是踏踏实实地在专业教学中做出了多少改进,学生获得了多少进步。他认为如果仅仅是做教改项目而不能在教学改革中真正实施与执行,那将是毫无意义的。对于刚刚工作的青年教师,他鼓励他们尽快熟悉教育教学,并且亲自传递教学认识和经验。对于青年教师的教学成绩,他更看重教师在教学实践中做出的成绩。他致力于搭建"应用型人才供应链模式"的人才培养体系,提出了按照"订单"要求培养社会有用之才的理念,并且将这一理念贯彻到教育模式中。他先后负责编制了11项省级专项规划,参与制定了渝新欧国际集装箱班列的商务策划,负责研究编制了中国重庆-东盟商贸物流通道规划和公路集装箱班线开通方案,为重庆交通运输行业与物流发展及对外开放做出了重要贡献。

心系重庆发展,推动学科跨越:作为市政府参事,许茂增经常教导学院的年轻教师,既然选择了重庆,就要心怀重庆,为社会贡献自己的力量。实际上他正是用自己的实际行动诠

释了"心系重庆、服务社会"的工作理念，为学院的年轻教师树立了良好的工作榜样。许茂增老师常常叮嘱年轻一代教师，不仅要有扎实的业务基础，更应培养自己的理想道德情操，行学者之风、做育人之事、利社会发展之实，方为正道。担任经济与管理学院院长时，为学院谋发展不遗余力、殚精竭虑。仅以学院的学科建设和专业建设为例，两者都需要大量时间和精力，但他都亲力亲为、不计得失，只为学院和学科发展。自担任学校首届学科带头人（管理科学与工程学科）以来，许茂增长期担任学科负责人，为学科建设做了大量工作。2004 年"管理科学与工程学科"成为市级重点学科，2011 年"管理科学与工程"成为一级学科博士点，"工商管理"成为一级学科硕士点。

以上十个案例为我们展示了师德师风建设融入思政教育的理念，我们从中也看出，要成为先进集体，不仅要在学科学习中融入思想政治教育，而且要将学科课程、教师、学生这几个方面结合在一起。要在课程中潜移默化地把思政融入教学实践中，老师以身作则，从而更好地教育和培养学生，学生作为受众则需要用心感受与学习。具体到教师身上，首先需要潜身钻研，投身专业建设工作，用合适的方式教学；其次要热心投身于学生教育工作，关心学生生活；最后要严于律己，用高标准来要求自己。

司马光在《资治通鉴》中提到："才者，德之资也；德者，才之帅也。"培养什么样的人、如何培养人是教育要回答的根本问题。要回答好这一问题，就必须落实好立德树人这一根本任务。

师德师风是评价教师队伍素质的第一标准。高校思政课教师是大学生思想政治教育的排头兵，师德师风不仅影响思政课程改革创新的成果，而且直接影响学生的价值取向和人生走向。"教师的示范性和学生的向师性，使学生的行为习惯、思维意识、为人处世等都受到教师潜移默化的影响。"全社会都渴望每一位教师都能有高尚的师德，有精湛的教学技能，并保持纯真善良，带着一颗"修行"之心，永远在路上探索。各类高校要不负党和国家的重托，打造一支可信、可敬、可靠，乐为、敢为、有为的思政课教师队伍，把爱国情、强国志、报国行融入教育事业中，培养一批批勇担中华民族伟大复兴大任的时代新人。

实现中华民族伟大复兴的中国梦，推动中国经济发展和社会进步，关键在人才，基础在教育，根本在教师。我们要全面深化新时代教师队伍建设改革，大力弘扬尊师风尚，加强师德师风建设，提升教师队伍素质，提高教师地位待遇，使教师这个神圣的职业更具吸引力和成长前景。广大教师要自觉将自身理想抱负融入中华民族伟大复兴中国梦的事业中，自觉增强立德树人、教书育人的荣誉感和责任感，奋力推进教育建设，努力谱写新时代教育工作者的新篇章。

第七章 课程思政与工程伦理教育

7.1 工程伦理概述

7.1.1 工程伦理的概念

工程是指利用科学研究、实践经验所获得的自然科学基础知识，有效开发、利用自然的物质和能量，创造出具有使用价值、能够为人类带来经济利益的产品的活动。如建筑工程、水利工程、生物工程、环境工程、生态工程等等。

工程活动是人类开发、利用和改造客观世界的过程，必然涉及人类与自然、社会的多向反馈。将自然资源与实际产品联系起来的就是工程师，工程师在整个工程活动过程中扮演着重要的角色，一项工程的实现、质量的好坏、对社会环境的影响等都与工程师密不可分，这就对工程师的伦理提出了很高的要求。

工程伦理，又称工程师伦理，指工程技术人员在工程的设计和建设以及工程运转和维护等工程活动中的道德原则和行为规范。

案例分析
【事故概况】

"8·12天津滨海新区爆炸事故"是一起特别重大生产安全事故。2015年8月12日23时30分左右，位于天津市滨海新区天津港的瑞海公司危险品仓库发生火灾爆炸事故。经调查，最先起火的是位于吉运二道95号的瑞海公司危险品仓库运抵区，该运抵区主要用于集装箱货物的运抵和保管监管。硝化棉装箱过程中存在野蛮操作问题，出现包装破损、硝化棉散落等情况。起火原因为集装箱内硝化棉湿润剂（水或者酒精）散失，出现局部干燥，在高温环境作用下（据调查，事发当天最高气温超过36℃），分解反应加速，产生大量热量。加之集装箱散热条件差，致使热量不断积聚，硝化棉温度持续升高，达到其自燃温度，发生自燃。硝化棉的局部自燃发展成大面积燃烧，进而引燃临近的多种化学品，特别是硝酸铵，随着温度的上升，硝酸铵分解加快，发生了第一次爆炸，并进一步引燃装有硝酸钾、硝酸钙、甲醇钠、金属镁、金属钙、硅钙、硫化钠等氧化剂、易燃固体和腐蚀品的集装箱。火势的蔓延及第一波爆炸冲击波的影响引发了第二次更剧烈的爆炸。事故现场出现六个大火点及数十个小火点。事故发生后，党中央、国务院、天津市政府高度重视，启动重大安全事故应急预案，调集消防人员、爆炸处置人员、专业生化人员、医疗人员进行现场灭火或救助工作，明火于 14 日 16 时 40 分被扑灭。组建环境、化学领域专家团队进行环境污染事故监测及跟踪处理处置，保障人民生命健康安全。

【事故损失】

此次爆炸事故共造成 165 人遇难（其中参与救援处置的公安现役消防人员 24 人、天津港消防人员 75 人、公安民警 11 人，事故企业、周边企业员工和居民 55 人）、8 人失踪（其中天津港消防人员 5 人，周边企业员工、天津港消防人员家属 3 人），798 人受伤（伤情重及较重的伤员 58 人、轻伤员 740 人），304 幢建筑物（其中办公楼宇、厂房及仓库等单位建筑 73 幢，居民 1 类住宅 91 幢、2 类住宅 129 幢、居民公寓 11 幢）、12428 辆商品汽车、7533 个集装箱受损，已核定的直接经济损失 68.66 亿元。

【对生态环境的影响】

经调查确定，事故现场至少有 129 种化学物质发生爆炸或泄漏扩散。同时，爆炸还引起了周边建筑物、车辆、焦炭等的燃烧。本次事故残留的化学品和产生的二次污染物超过一百种，对局部地区的大气环境、水环境和土壤环境造成了不同程度的污染。

大气环境污染方面，监测数据表明，从事故发生到 9 月 12 日之前，事故中心区空气中的二氧化硫、氰化氢、硫化氢、氨气浓度超过国家标准 1～4 倍，12 日之后达到国家标准要求。

水环境污染方面，监测数据表明，本次事故对中心区周边 2.3 公里范围内的水体造成了污染，主要污染物为氰化物。事故现场散落的化学品以及爆炸产生的二次污染物随消防用水、洗消水和雨水形成的地表径流汇至地表积水区，大部分进入周边地下管网，造成水体污染；事故中心区外局部 30 米以上地下水受到污染；本次事故未对天津渤海湾海洋环境造成影响。

土壤污染方面，监测数据表明，本次事故主要造成事故中心区土壤污染，主要污染物为氰化物和砷。

本次事故的发生，是化工生产史上的一个警钟。事故发生的主要原因是违规存放硝酸铵，违规混存、超高堆码危险化学品，违规拆箱、搬运、装卸，企业安全生产责任意识不强，对员工培训不到位；地方政府和有关监管部门存在执法不严、监管不力等问题；个别社会中介机构弄虚作假，违法违规进行安全以及环境影响审查、评审和验收工作等；整个项目涉及的个别工程师没有履行好自己的职业伦理责任，违规违法进行安全评价和环境影响评价，忽视日常的监管，忽视了作为工程师"应将公众的安全、健康和福祉放在首位"的伦理原则。这一系列原因最终导致了这一严重事故的发生。

7.1.2　工程中的伦理问题

（1）工程中的职业伦理

工程师是整个工程项目的主要承担者和监督者，依据工程或者产品的设计、施工、监理、制造等规范，把控工程或产品的质量和进度，践行职业伦理。工程实践过程中涉及众多工程伦理问题。从工程的整个生命周期来看，工程中的职业伦理问题包括：项目方案论证阶段是否充分考虑了对周围环境的影响；概念设计阶段是否考虑了产品的实用性；研究阶段是否尊重实验数据，是否存在篡改问题；材料进场阶段是否有专人进行质量、规格的检验；生产建设过程中是否提供了安全的环境并告知工人潜在危险；验收阶段是否严格按照标准进行，是否存在收受贿赂降低验收标准问题；产品使用和维护阶段，是否定期维护且告知客户存在的风险；是否做好了产品回收再利用的准备。马丁等对工程活动过程中不同阶段的伦理问题进行了研究，表明工程师的伦理责任存在于工程或产品的整个生命周期中。

作为企业的一分子，工程师还承担着对企业、经理、同行、工人、用户的伦理责任。工程师是否应该从企业长远发展的角度出发设计产品，即使牺牲短期的、可观的利益？如果企业损害了公众的利益，工程师是否应该检举？当企业竞争对手高薪聘请时，是否应该放弃对企业的忠诚度承诺？当经理为了追求企业利润的最大化，降低产品质量标准，提高顾客使用风险时，工程师是否应该坚定地指出？当同行竞争项目建设或产品研发权时，工程师是否存在贿赂行为？在与同行竞争性合作的过程中，是打击、报复、诋毁还是公平、公正地对待？当一线工人依据实践经验，对产品研发提出改进意见时，工程师是否积极吸纳？产品的设计是否充分考虑用户使用的舒适度、便捷程度、安全性？

（2）工程中的社会伦理

随着工程技术的发展，工程规模不断扩大，复杂性逐渐提高，一项工程的实施对于社会生活的影响是不可忽视的。工程作为有组织、有计划的社会活动，涉及各个领域、各种社会群体，直接或间接影响着公众的利益。在工程实践中，工程师应将公众的利益放在首位。1963年，美国土木工程师协会将伦理规范的第一条基本标准修改为"工程师在履行他们的职责时，应将公众的安全、健康和福利放在首要位置"。

工程师作为特殊的社会群体，具有丰富的专业知识和娴熟的专业技能，熟悉专业领域法律法规，比普通大众更清楚工程活动对于社会的影响，因此有责任、有义务告知公众项目可能存在的风险及后果，尊重公众的知情权，让公众在"知情同意"的情况下做出最理性的选择。

（3）工程中的环境伦理

工程师在论证项目方案时，是否考虑了该项目对生态环境的影响？工程师在设计产品时，是否考虑了使用可再生资源或能源，是否考虑了产品的可回收再利用？工程师在工程建设过程中，是否考虑了污水、固体废物、扬尘对环境的污染？工程中的环境伦理问题与我们所构建的资源节约型、环境友好型社会息息相关。

7.1.3　工程师的伦理原则

工程师作为工程技术产品的设计者、监督者、实施者以及使用者，是推动社会技术进步、财富积累、人与自然和谐发展的重要力量。工程师的工作便利了人类的生产生活，拓展了人类的生存空间，同时也引发了一系列社会问题和生态环境问题，引起人类的反思和警醒。

工程师作为社会的一分子，在技术设计、产品研发和制造过程中，一些外部和内部因素会干扰其判断和选择。外部因素包括政治、经济、文化、道德和法律；内部因素即工程师个人的伦理价值取向。伦理价值取向是影响工程师行为动机和行为选择的主要、重要因素，直接影响到工程的立项、造价、质量、进度，影响工程产品的质量和用户的满意度，直接或间接影响到每个社会个体。

二战期间原子弹、核武器、生化武器的使用，给人类社会带来深重的灾难。自二战之后，世界各国开始重视伦理规范的建立健全和完善，用以规范和约束工程师的实践活动。随着实践经验的积累，几乎各行业协会都建立了相应的工程师伦理规范，虽然规范千差万别，但都出于"善"的本心，目的都是指导工程实践活动，促进人与自然的和谐发展。基于各行业工程师伦理规范建立的目的，总结出四条工程师基本伦理原则，即工程造福人类原则、人性化原则、环境保护原则和民主参与原则。

(1) 工程造福人类原则

工程造福人类原则是工程师的首要伦理原则，是指导工程师进行工程实践的基本原则之一。工程造福人类原则体现在两个方面，一是安全原则，二是公平公正原则。

安全原则，即工程技术产品的发明创造以保障人的生命安全为基本前提。随着工程规模的扩大、工程复杂程度的增加以及技术不确定性的提高，工程活动的安全隐患以及安全风险系数也逐渐增加，一旦发生事故，将造成不可估量的后果。挑战者号航天飞机灾难以及切尔诺贝利核电站核泄漏事故等等，都深刻诠释了工程活动中忽视人的生命安全所带来的惨痛教训。

公平公正原则，即在工程活动中，工程师应将公众的安全、健康和福祉放在首位，合理分配工程活动中产生的利益，实现工程风险共同分担。任何一项工程活动，都必然涉及公众利益、企业利益和工程师个人利益，当三者出现矛盾冲突时，有些工程师会牺牲公众利益，换取企业和个人利益的最大化。这种价值取向逐渐导致了社会环境的恶化、社会贫富差距的增大以及不同利益群体之间的矛盾。工程师作为掌握专业知识和专业技能的人群，作为对工程活动最有评价权利的人群，有责任、有义务坚持公平公正原则，维护公众利益，谋求公众福利的最大值。

(2) 人性化原则

工程师是工程技术产品的发明者和创造者，同时也是工程技术产品的使用者。任何一项工程技术产品的发明创造，都是为人类服务的，都需要遵循人性化原则。

人性化原则是指在工程技术产品的设计创造过程中，从用户的角度出发，追求技术或产品与人的和谐共处。主要体现在两个方面：一是技术或产品能够适应人体生理结构，满足人类使用需要和心理需求，激发人的潜能，创造活跃的、积极向上的气氛；二是充分考虑用户的使用感受，注重工程技术产品的安全性、实用性、便捷程度、易操作性等等。

(3) 环境保护原则

工程是利用自然资源进行再创造的过程，工程师在工程技术产品实践活动中，必须遵循环境保护原则，致力于实现可持续发展，否则可能会产生严重的环境污染事故，如比利时的马斯河谷烟雾事件、美国的洛杉矶光化学烟雾事件、日本的水俣病事件和"痛痛病"事件等等。环境保护原则体现在两个方面：一是节约资源和能源，推动技术的创新发展，提高资源的利用率，降低能源的消耗，同时在设计时考虑可循环利用资源和能源的使用，注重产品的可循环利用、可回收、可降解；二是减少污染物的排放，使用清洁能源，创新污染治理技术，实行污染物源头治理和末端治理双管齐下。

(4) 民主参与原则

工程技术产品最终的使用者、受益者和风险承担者是社会大众。工程师虽然具有丰富的专业知识、技能和经验，更了解工程的背景、技术性能和社会影响，但是随着工程复杂性、不确定性的增加，工程所产生的风险也是难以预见、不可忽视的。作为风险的主要承担者，社会公众有权利主动参与到工程技术产品的发明创造过程中，从而促使政府和有关部门做出最有利于社会发展和生态环境保护的决策。

遵循民主参与原则，工程师需要做到三个方面：一是普及专业基础知识，教化社会大众；二是将工程技术产品潜在的风险和后果告知公众；三是鼓励公众参与到工程技术产品的设计、研发、使用过程中，并提供相应的参与途径。

案例分析

【事故概况】

切尔诺贝利核泄漏事故，是历史上最严重的核事故。该事故发生在苏联时期乌克兰境内的普里皮亚季市。1986 年 4 月 25 日，切尔诺贝利核电站原定关闭 4 号反应堆进行定期维修，测试反应堆涡轮发电机的能力。由于实验开始时间的延迟，反应堆控制员违反操作规定，过快降低能量水平，导致反应堆内环境极不稳定，反应速率加快，反应堆产量急升，于 26 日发生蒸汽大爆炸。放射性物质随爆炸溢出，带有放射性的飘尘污染了苏联西部地区、东欧地区、北欧的斯堪的纳维亚半岛等区域。事故发生后，政府建立了钢筋混凝土石棺围墙，对 4 号机组进行隔离，防止辐射的扩散，但该方法不是永久安全的做法。石棺围墙受风雨侵蚀，一旦坍塌，放射性物质会继续外溢；而且水渗入反应堆内，成为有放射性的废水，外泄之后后果不堪设想。

【事故损失】

据当时官方公布，切尔诺贝利核泄漏事故造成 31 人死亡，237 人受到严重的放射性损伤，附近 13 万居民紧急疏散，放射性污染影响远及 2000km，直接经济损失约 35 亿美元，事故造成的间接损失及潜在的危害难以计算。在未来的 10～20 年间，由于放射性物质的远期影响，上万人会失去生命或患重病，被放射线影响而导致胎儿畸形的事件时有发生。乌克兰、白俄罗斯、俄罗斯受放射性飘尘污染最为严重，据估计约有 70％的放射性物质落在白俄罗斯的土地。

【对生态环境的影响】

美国 2013 年一项研究表明，切尔诺贝利核事故对当地的树木造成了持续不利的影响。美国南卡罗来纳大学等多家机构的联合研究显示，由于长期暴露在辐射中，切尔诺贝利地区许多树木都出现了十分反常的形态，这是因为树木的基因发生了突变，影响了树木的生长、繁殖和存活率等。还有研究发现，事故发生后幸存下来的树木，尤其是树龄相对较短的树木，越来越难以承受干旱等环境压力。

【对人类的影响】

该事故对人体健康最主要的影响来自放射性物质"碘-131"。有人担心 30 多年前的锶-90 和铯-137 还会造成土壤污染。而且，植物、昆虫和真菌以及最表层的土壤会吸收铯-137。

核飘尘的清理工作是一项艰巨的任务。核飘尘几乎无孔不入。核辐射对乌克兰地区数万平方公里的肥沃良田都造成了污染。乌克兰共有 250 多万人因此身患各种疾病，其中包括 47.3 多万名儿童。据专家估计，完全消除这场浩劫对自然环境的影响至少需要 800 年，而持续的核辐射危险将持续 10 万年。

这场人类发展历史上严重的安全事故，值得人类警醒。反应堆控制员的操作失误，像多米诺骨牌一样，引发了一系列的健康、安全、环境问题。核能作为一种清洁能源，被很多国家和地区用来发电，其经济效益是可观的。然而，核发展所带来的一些问题也是值得反思的。除切尔诺贝利核泄漏事故之外，日本福岛核电站也多次发生泄漏事件，其后果也是惨痛的。如果我们的工程师能够严格按照规定操作，时刻绷紧安全的弦，认真履行工作职责，将公众的安全、健康和福祉放在首位，也许很多安全事故就可以避免。

7.1.4 工程师应具备的伦理素质

(1) 培养工程伦理意识

工程伦理意识是工程师承担伦理责任的思想前提。工程伦理意识是后天培养而成的，是工程师在长期的工程实践活动中，逐渐树立起来的工程伦理价值观念、道德行为准则。工程伦理问题存在于工程的整个活动过程中，只有具备了一定的工程伦理意识，才能影响工程师的伦理价值取向，激发工程师的伦理动机，促使工程师做出相应的伦理行为，自觉承担工程伦理责任。

(2) 掌握工程伦理基本规范

工程伦理基本规范是工程师解决工程伦理问题的理论基础。几乎各行各业都建立了相应的工程伦理规范，为工程师的工程活动提供了制度约束和行为指南。工程伦理基本规范是动态的，会随着实践经验的积累和技术的发展不断丰富。作为一名负责任的工程师，应熟练掌握、充分理解行业工程伦理规范，系统、全面学习工程伦理知识，以工程伦理规范和工程伦理原则为行为准绳，做出合理的工程伦理判断和价值取向，内化于心，外化于行。

(3) 提高工程伦理决策能力

工程伦理决策能力取决于工程师解决具体工程伦理问题的方法和手段。工程涵盖自然、社会与人的复杂关系，工程师仅仅具备工程伦理意识和掌握工程伦理规范，并不能解决具体的工程伦理问题，还需要提高工程伦理决策能力。

工程伦理决策，即面对具体的、特定的工程伦理问题，工程师选择相应的工程伦理规范和原则，全面、深入、系统分析，平衡伦理和利益，做出最合理的价值判断和选择。工程伦理决策的科学性和合理性，与工程师的伦理决策素质息息相关。提高工程伦理决策能力，可从掌握工程伦理决策的方法和提高处理工程伦理问题的能力两方面入手。

工程伦理决策方法有1990年芝加哥工程伦理教育会议上提出的七步法决策模式、美国哈里斯的划界法、德国伦克的有限次序原则等。

【案例分析】

松花江水污染事件是一起企业生产安全事故造成的重大水污染事件。2005年11月13日，中石油吉林石化分公司双苯厂硝基苯精制岗位操作人员违反操作规程，导致硝基苯精馏塔发生爆炸，并引发其他装置、设施连续爆炸。该事件造成8人死亡，60人受伤，直接经济损失达6908万元，影响沿岸大、中城市数百万人口饮用水安全。由于重视力度不够，应急措施不到位，泄漏的危险化学品没有被及时拦截、收集，消防灭火排水没有被正确处理，大约有5000立方米的消防灭火排水（含约100吨苯类物质）流入松花江，造成了江水严重污染。

爆炸导致松花江江面上产生一条长达80公里的污染带，主要污染物为苯和硝基苯。污染带顺江而下，流入黑龙江省。黑龙江省沿江城市大部分饮用水来自松花江，特别是哈尔滨90％的饮用水由松花江供给。该污染带进入哈尔滨市之后，该市经历长达五天的停水，给广大居民的生活造成严重影响。

在党中央和国务院正确领导下，经过哈尔滨市政府的努力，启动供水停水期间水质安全保障应急方案，在污染峰到来之前，制定了动员储水、补充水源、减少用水的策略，保障了沿江受影响人民的饮用水安全，同时做到停水不缺水、停水不停热、停水不停气，保证人民群众生产生活的有序开展；启动环境污染治理应急预案，组织环保、水利、化工专家参与污染防控，加强水质监控，严密监视污染带转移和污染物降解情况；为保障俄罗斯饮用水安全，启动抚远水道引流筑堰工程，经过各方努力，奋战 5 天之后，筑堰 400 米，成功将污染带拦截在境内。

2005 年 12 月 19 日，水质监测断面显示，硝基苯监测首次达标。

分析该事故原因，主要包括：吉林石化分公司安全生产管理重视力度不够，生产环节存在漏洞，对员工安全生产操作监管不力，环境污染应急预案缺失，对环境污染事件的敏感度和重视度不够；个别政府及有关管理部门对重大环境污染事件重视不够、估计不足，未能及时采取措施防范污染的扩大。

该事件是由爆炸事故引起的，如果岗位操作人员能够严格按照规范操作，践行职业伦理，相信就不会有爆炸事件的发生；如果该工厂的环境经理在平时的工作中，能够担负起环境伦理责任，始终牢记"将公众的安全、健康和福祉放在首位"的原则，制定环境污染事件应急预案并定期组织演练，事故发生后及时做好消防废水、泄漏物料的处理处置，就不会发生水污染事件。这一事件应成为每个环境经理的经验教训，时刻提醒在工作中对可能发生的环境事件保持高度的警惕性，对已发生的环境污染事件进行审慎、快速、有效的处理处置，防止污染的扩大。

7.2　工程中的环境伦理责任

7.2.1　工程与环境的关系

工程是人类利用在长期社会实践中掌握的自然科学知识和研究成果，对自然界的资源进行开发、利用，生产出具有使用价值的物质产品的活动。该活动涉及工程系统与环境系统的双向互动，工程系统与环境系统互相依存。从工程活动的整个进展流程考虑，工程系统与环境系统之间的关系主要表现在两个方面：

① 工程系统作为输入端。在运行过程中，环境系统为工程系统的运行提供必要的自然资源和能量供应，是工程系统运行的物质基础。整个工程活动进展中，工程系统都与环境系统密不可分。工程活动涉及对自然资源的开发利用，过度的、粗放型、低利用率的开发方式会造成资源、能源的浪费。

② 工程系统作为输出端。工程系统输出的产物主要是工程技术或产品，此外，还包括排放进入自然界的废水、废气、废渣等，环境系统成为消化、吸收上述物质的主要场所。当上述物质超过当地的环境承载力时，就会造成严重的环境污染事件，损害公众的利益。

工程系统与环境系统之间存在物质、信息与能量交换互动的过程，该过程是良性循环还是恶性循环很大程度上取决于工程师的环境伦理责任。

案例分析

【案例背景】

你大学刚毕业，刚应聘进入某冶炼厂，成为一名环境安全检查员。你的部门经理是临时兼任的,对环境方面了解不多。你工作的冶炼厂紧邻稻田,在某次例行检查中你发现,由于管道螺栓松动,有一小股废水未经处理直接排入了稻田中。你做好现场记录,及时处理了事故,拧紧了螺栓,防止了废水进一步外排。你把该事件紧急上报给部门经理,经理表示,少量的废水泄漏不用担心,而且废水排入稻田,被稻田里的水稀释,根本不会有人发现。经理暗示你,这件事情只有你和他知道,如果上报公司领导或者让农户知道后,这件事情会很棘手。你是一名新入职的环境安全检查员,经理告诉你说,如果把此事件说出去,首先把你辞退。你该怎么办?

【讨论分析】

这一困境基于部门经理的要挟和侥幸心理。你是一名新入职的环境安全检查员,职业道德要求你必须上报、公开该泄漏事件;你的专业知识告诉你,冶炼厂废水中含有重金属镉,排入稻田后,富集作用会使得水稻中镉含量超标,被人类食用后,会引发严重的身体健康问题。虽然你不确定水稻受污染的程度,经理也一再保证废水稀释后不会对人体产生影响,但是你知道必须阻止这一事件的发生。可是,你是部门的一名新员工,如果因揭发领导的行为被辞退的话,以后可能很难在本行业立足。对于你来说,直接公开此事可能不是一个很好的办法,并且不要试图独自去解决这个问题。主动和领导沟通,避免不必要的冲突,尽量说服领导可能效果会更好。

【建议措施】

你应该写一份详细的调查报告提交给部门经理,私下里与部门经理沟通,向部门经理表明自己正是出于对公司、对领导负责任的态度才建议向政府监管部门报告此事,让他感觉到你的真诚。同时,从专业的角度向部门经理说明水稻对镉具有富集作用,镉超标会给人体带来哪些健康风险;向其说明市场监管部门和食品安全监管部门对稻米的重金属含量检测力度很大,一旦被污染稻田生产的重金属超标大米被检查出来,会追踪到冶炼厂,待政府部门介入,事情可能会更加棘手。如果部门经理还是固执己见,继续抱有侥幸心理,你可以建议部门经理与你一起去找他的上级领导,通过合适的渠道和方式将调查报告递交给更高一级的领导,向领导说明事件的危害和应该采取的措施,鼓起勇气争取领导的支持。

7.2.2 工程师环境伦理责任的重要性

工程是自然资源的人工化,在与自然进行物质、能量和信息交换的过程中,会对生态环境造成一定程度的干扰和影响。有学者提出,"生态问题的产生,从根本上说是人类实践造成的,或者说是源于自然界的人工化。人类利用自然,是造成生态破坏的主要根源,人类创造人工物则是污染环境的主要根源"。工程技术或者产品同时又是人类生产、生活不可或缺的,已成为人类的主要生产方式和生活方式。工程技术产品对人类生活的必要性与对生态环境的破坏成为一对矛盾,该矛盾的平衡和解决需要工程师发挥个人的智慧,担负起工程环境伦理责任。

美国学者维西林曾指出,工程师是直接涉及环境保护的,是唯一具备潜在的环境危害的知识并能唤起公众注意的职业权威性的人,对环境负有特殊的责任。与其他主要与人打交道的职业不同,工程师是一种特殊的职业群体,主要与自然环境接触,开发、利用自然资源生产具有使用价值的产品。对于工程技术或产品对自然环境产生的影响,工程师了解得更为全面和深刻;同时,工程师对自然环境的作用比一般人更直接、更广泛、更强烈。这都要求工程师对自然环境的保护负有更大的伦理责任。

案例分析

【案例背景】

你是某环境咨询公司的环境顾问，当前你的任务之一是对某大型公司进行合规性审查。通过现场调查走访及审查生产排污记录，你发现该工厂排放的污染物超过了许可标准。然而，该公司提交给监管部门的报告显示，工厂排放量在允许范围之内。工厂经理将你约到办公室，详细介绍了工厂的情况以及目前遇到的困难。你了解到，该工厂位于城市下风向，是本底值超标区域。目前所制定的污染物排放标准并没有考虑工厂的实际情况，即使该工厂不排放污染物，当地的环境质量也不可能达标。该工厂效益不好，设备落后，目前经营状况下没有足够的资金用于除污设备的更新或者购买排放权。该工厂是当地的重要企业，是当地主要的经济来源之一，为当地提供了超过1000个就业机会。一旦你递交了超标准排放的报告，该公司必然面临大额罚款，工厂很可能倒闭。工厂经理恳求你保守秘密，保住当地人的饭碗，而且向你承诺，这件事情只有你们两个人知道。你该怎么办？

【讨论分析】

作为一名环境顾问，在对客户环境行为进行合规性审查时，不得不面临经济发展与环境保护的伦理问题。通过与工厂经理的沟通，你已经了解到该工厂对于当地居民就业的重要性，也知道该工厂并不是影响当地空气质量的主要原因。作为一名负责任的环境顾问，你应该设法帮助工厂经理，同时你应该诚实守信、坚持自己的工作原则，始终将公众的安全利益放在首位，不能保守工厂经理的秘密。虽然该工厂的超标排放行为不是造成本地环境空气质量不达标的主要原因，但工厂的超标排放也会影响公众的身体健康。你应该避免独自处理，应将该工厂的实际情况报告给你公司的上层领导，获得领导的支持。同时向工厂经理表示你对他关爱公司员工的认同，但应从法律和职业角度出发，说服他遵守法律，尽可能寻求政府和有关部门的支持和帮助；建议工厂经理向环境监管部门反映目前制定的排放标准对处于本底值超标区域工厂的影响。同时，对整个事件给工人及其他相关利益者带来的影响保持关注。

【建议措施】

首先，将工厂的实际情况了解清楚，写一份详细的调查报告递交给领导，并主动找领导汇报工作。其次，安排一次你和领导与该客户管理层的会议，详细汇报目前掌握的工厂的实际情况并提出可能的建议。建议工厂主动向环境监管部门坦白超标排放这一行为，同时寻求申请新的许可排放指标，如果你了解控制工厂污染物排放的经济性方法，可提供给对方让其参考。建议工厂律师联系当地的环境监管部门，详细说明工厂位置的特殊性及对当地就业的贡献，妥善沟通，直至问题解决。如果以上办法均不能奏效，建议该工厂采取正确的行动：更新生产设备和除污设备，或者妥善安置工人。

7.2.3　工程师的环境伦理责任

(1) 工程活动遵循自然规律的责任

自然规律是指自然界物质固有的、本质的、稳定的联系，通常不以人的意志为转移。自然规律包括物理、化学、力学规律等，随着认知水平的提升和认知范围的扩大，人类逐渐认识到，自然规律也包括生态规律和环境规律。物理、化学、力学等规律具有"力量型""征服型""去人化"的特征，生态规律和环境规律则是"亲近自然""聆听自然"的。与物理、化学和力学规律的直接性、外显性、强烈性不同，生态规律和环境规律对工程的影响是间接、隐蔽而长远的，同时也是缓慢的。以往工程师在工程活动中，仅仅依赖物理、化学和力学规律，忽视生态规律和环境规律，对生态环境造成干扰和破坏，打破了自然界的生态平衡。

工程本质上具有合自然规律性。工程师在对工程活动的考量中，应该增加"合人的目的性"，在常规物理、化学、力学规律的基础上，纳入生态规律和环境规律，遵循自然的生态规律，把自然环境作为伦理关怀的对象，并上升到工程环境伦理的高度，在工程活动的整个过程中，秉持可持续发展的理念，担负起工程师的环境伦理责任。

（2）工程活动节约资源的责任

工程是自然资源的人工化过程，工程的产生必然建立在一定的物质基础之上。物质性是工程的基本属性之一。长期以来，工程师群体中形成了机械的自然观，否定自然界的内在价值，认为可以依据人类的意愿随意对自然物质加以改造和利用。工程师在这种伦理价值观的指导下，肆意开发、征服、改造自然，造成大量自然资源的浪费、环境的恶化、能源的短缺等，既危害当代人的生存发展，又损害子孙后代的利益。

自然资源是稀缺、有限而且珍贵的，很多自然资源的形成要经过几百万年甚至上亿年，开发成本也是巨大的，同时很多自然资源也是不可再生、不可循环利用的。工程师要充分认识到自然资源的珍贵，把自然环境作为伦理关怀的对象，在工程建设中，尽可能使用可循环再生资源和清洁能源，创新科技发展，提高资源的利用率，减少资源和能源的浪费，减缓资源和能源消耗的速度，担负起工程师的环境伦理责任。

（3）工程活动减少生态环境破坏的责任

工程的产生或报废过程必然会产生一些附属产品，如废气、废水、固体废物等，自然环境是这些附属产品的归宿和处理场所。自然环境具有一定的自我净化和自我恢复功能，对于排放到其中的少量污染物，能通过稀释、扩散、微生物降解等作用降低其浓度。如果污染物的浓度过高，超过环境的自净能力和环境承载力，就会破坏生态平衡，造成严重的生态环境污染事件。

工程师作为工程活动的主要承担者，对于工程存在的生态环境问题具有预防和治理的责任，这种责任"以未来为导向，是预防性的、关爱性的责任"。哈里斯曾指出，工程师是道德上负责任的主体，作为职业人员，工程师应该去维护环境的完整性。工程师应该立足于工程项目，结合自然环境的实际情况，以"人与环境和谐发展"为原则，应用新技术手段或者严格的监管措施，减少工程活动中污染物质的排放，减少对生态环境的破坏。

案例分析

【案例背景】

你是一名有着丰富工作经验的环境影响评价工程师，现有一新项目处于可行性研究阶段，项目内容为在某偏远地区新建一个钢铁厂。该地区生态环境良好，生物种类繁多，有很多珍贵甚至是濒危的动植物。你负责该项目的环境影响评价工作，通过实地踏勘、初步调查及计算发现，该钢铁厂的建设对当地生态环境的影响较大，特别是会损害濒危动植物栖息地，影响当地的水环境质量。该项目距离居民区较远，对人体健康的影响相对较小。项目开发商通过多种渠道了解到，你目前得出的环境影响评价结论可能不支持该项目的开发建设。开发商私下里向你表示，该项目对人体健康影响较小，不会有潜在安全隐患，并承诺，如果环境影响评价报告通过，项目得以顺利开工建设，将给你部分资金作为报酬。你该怎么办？

【讨论分析】

上述案例中的情况，开发商以经济利益为上，往往不惜一切代价推动项目的建设开工。作为一名环境影响评价工程师，你了解自己的工作职责和所担负的环境伦理责任，以及对生态环境负有的保护职责。你知道该项目虽然对人体健康的直接影响较小，但是钢铁厂排放污染物对当地水质的影响会间接影响周围人群的健康。特别是该项目的开发会对生态环境造成不可逆的影响，破坏生物的生存环境，有可能导致濒危动植物的灭绝，降低生物多样性，影响生态平衡。一旦环境破坏，恢复环境的成本更加高昂。你需要坚持自己的职业立场，原则性问题不可触及。

【建议措施】

首先，你应该秉持自己的职业修养，向开发商表明自己的工作原则，会严格按照我国《环境影响评价法》规定，坚持"客观、公开、公正"的原则，如实编写该项目环境影响评价报告，承担环境伦理责任。其次，向开发商说明项目可行性研究阶段环境影响评价工作的重要性，如果不考虑生态环境影响，项目草率建设开工造成的生态环境破坏将是不可逆的，会间接影响人类的生存。如果不客观评价项目建设产生的环境影响，后期生态环境问题一旦暴露，生态环境损害责任终身追究制度下每个人都将付出沉重的代价。最后，抵制住开发商的利益诱惑，坚决拒绝，并向开发商表明，自己会在实地调查和数据分析的基础上，客观评价该项目可能造成的环境影响。

7.3　工程师践行环境伦理责任的方法

7.3.1　强化全过程管理

工程项目的整个过程中均存在环境伦理问题，践行工程师环境伦理责任可采取强化全过程管理的方法，严格各阶段即项目前期、实施阶段以及运维使用阶段对环境的影响分析及污染物排放标准。

（1）项目前期

项目方案论证、可行性研究阶段，工程师应充分调研项目所在地的生态环境状况、周边建设开发情况，结合我国相关法律法规，对项目建设实施后可能造成的环境影响进行分析、预测和评估，并提出预防和减轻环境污染的措施和建议。同时做好项目的跟踪监测工作。项目设计阶段，工程师应从生态学视角出发，秉持可持续发展理念，遵循自然发展规律，设计节能环保建筑和可拆卸、可降解、可循环利用的产品，设计时尽可能使用可再生资源和清洁能源。

（2）项目实施阶段

项目实施阶段，工程师应坚持生态伦理原则，推行绿色施工，严格落实监管制度，对于不遵循环境保护原则的行为及时予以制止；做好绿色环保材料进场验收工作，严格把关质量和规格；监督施工单位在工程活动中善待、敬畏自然，遵循自然发展规律，保障设计师设计的绿色产品和建筑保质保量完成，实现人与自然和谐发展。以建筑类项目施工为例，全面推行绿色施工可采取以下措施：提高装配式建筑在新建筑中的比例；严格执行扬尘"八个百分之百"标准，实现工地喷淋、洒水抑尘设施"全覆盖"，提升城市道路机械化清扫率，实现城市裸地和物料堆场全部遮盖，降低扬尘；施工过程中做好现有植被的保护工作，尽量减少对生态环境的破坏；对已经发生的环境污染事件，在征求专家意见的基础上及时进行修复。

（3）项目运维使用阶段

项目运维使用阶段，按照使用说明和操作规程，合理使用产品，做好产品的维护工作；告知使用人产品潜在的环境风险，尊重用户的知情权；监督产品的回收和再利用。

案例分析

【案例背景】

你是某造纸公司的环境经理，造纸过程产生的废水通常处理合格之后排放进入当地的一条小河。常规测定排放废水水质，保证废水水质的达标是你的责任所在。某天，你的员工刚按照要求采集了总排放口的水样，生产经理就打来电话告知你，你的员工采集水样时，工况不稳定，采集的水样"代表性"不强，要求你放弃前一次采集的样品，重新采集。你该怎么办？

【讨论分析】

作为一名环境经理，职业的敏感性让你意识到生产经理提及的工况不稳定，可能会导致处理后的废水中污染物超标。工厂的废水会排放进入当地的小河，如果废水水质超标，会影响水体质量，严重的话会导致鱼类死亡，渗透进入地下水层还会影响饮用水安全。你有责任保护公众健康安全，你应该采取符合环境法规的措施。根据规定，需定期取样和分析废水水质，如果水样分析显示污染物含量超过了许可标准，需要立即报告当地的环境监管部门，采取进一步的应急措施，并限期进行整改，以达到合规排放的要求。

【建议措施】

首先，你应该向生产经理解释，既然现在工况正常了，重新采集水样是合理的，但是之前采集的水样也需要进行分析和上报。其次，你应该派员工重新采集工厂排放废水的样品，并马上分析前后两次水样的水质情况。

如果两次水样均符合排放标准，做好记录即可。如果第二次水样符合排放标准，第一次水样存在严重超标问题，你需要马上准备一份报告递交给工厂经理。报告应详细说明超标的具体污染物种类、污染水平、可能造成的危害、超标的原因、开始的时间、持续的时间、工况不稳定的频率等等，同时给出可能的解决办法。

你应该积极主动找工厂经理面谈，详细汇报该事件，坚持表明应该向政府有关部门公开第一次水样的水质信息，并帮助工厂经理确定要采取的整改措施和可能面临的政府监管和责任追究。准备一份给政府有关部门的报告，详细描述污染物超标种类和水平、超标原因，并提出整改措施。同时，建议工厂经理与政府监管部门联系，进一步确定该事件对环境造成的影响，并与监管部门确定处理方案，承诺今后不再发生类似事件。建议工厂经理安装在线监测设备，该设备应能够实时监测造纸厂排放废水的水质情况，如果存在超标情况会立刻发出警报，或者自动关闭废水排放系统，防止污染进一步扩大。

7.3.2 推动技术创新

生态环境问题，归根结底，需要借助科学技术手段予以解决。技术创新可以为保护生态环境提供理论和物质依据。传统的粗放型、低水平的开发和利用方式，不但消耗大量资源，而且污染物排放量大，能源转化率低，造成资源的浪费和环境的破坏。没有自主知识产权的企业往往所获得的利润低，用于治理生产所造成的生态环境污染的经费更是捉襟见肘。如此容易造成恶性循环，造成资源、能源的浪费和环境的破坏。

"一种技术在具有经济和文化价值的同时，如果不具有最好的环境效应，那么它就不应该被当作好的技术。"工程师在技术创新中，应秉承"对自然负责"的信念，承担环境伦理责任。技术创新，能够开发和研究新的可替代的、可再生的、可循环利用的资源或清洁能源；能够实现对现有资源的深度加工，挖掘资源的潜力；能够推动产能的进一步优化，提升技术水平和产品的技术含量，提高原材料的使用效率，增加产品的附加值；能够节约资源，促进资源的循环利用；能够改变经济增长方式，使其由粗放型向节约型发展；能够减少污染物的排放，降低企业运行成本，提高企业利润；能够调整企业的技术价值取向，从经济利益至上向追求生态环境价值转变，从而促进人与自然的和谐发展。

案例分析

【案例背景】

你是一名新入职的员工，在领导的安排下，你现在负责 A 公司下属分公司的环境审计工作。该公司是与你们建立了长期合作关系的大客户，主要从事化工产品的生产和销售。你进行现场审计时，发现该公司的工厂管理混乱，工厂污水处理设施陈旧且处理后的废水不达标，同时存在未处理废水泄漏问题。工厂负责人多次暗示你，他们公司是你们的大客户，每年的审计情况均是这样，但是审计结果都是合格。同时承诺审计结束后，一定整改问题，彻底解决目前存在的环境污染问题。出于职业忠诚度考虑，你仍然在审计报告中如实记录了问题，该报告尚未递交给政府有关管理部门。该公司领导联系了你的上司，要求如果不修改报告，就取消与你们公司的所有业务，这对于你们公司来说是一项很大的损失。上司联系你，要求你修改审计报告，否则将由其他人负责这项审计工作。言外之意是你将丢掉这份工作，而且如果其他人接手这项工作，审计报告一定能通过。你该怎么办？

【讨论分析】

你的职业道德素养告诉你，应该坚持事实真相。化工厂的违规排放以及废水泄漏会影响水质和土壤质量，影响公众健康安全；作为环境审计人员，你应该对自己的审计行为负责，如实填写审计报告，保障公众健康安全。你应该避免单干，应尽量取得领导的支持，有必要的话可以向上司的领导反映问题。

如果公司上层仍旧坚持修改审计报告，而你打算举报这一情况，要做好充分的心理准备。在目前缺少对工程师投诉举报违法行为的保护制度的条件下，这一行为可能会对你造成很大的影响。你可能马上失去工作，而且有可能无法在该行业立足。

【建议措施】

首先，你应该准备一份详细的审计调查报告，递交给上级领导，与领导积极沟通，详细说明工厂存在的问题及其可能带来的严重后果。从法律法规角度说明公司和相关工作人员在该事件中的责任和义务。沟通过程中应注意态度不要太强硬，要让领导感觉到你是出于职业的考量，出于对公司和工作负责的态度。同时可以向领导透露一下，工厂的其他工作人员也了解违规排放废水及未处理废水泄漏事件。如果对工厂不满的员工揭发这一情况，待环境监管部门介入，采取法律行动，该工厂和个人承担的责任和面临的风险会更加重大。如果上级领导仍然坚持修改审计报告，不要与领导争执，表明自己的态度和观点即可。你可以准备一份详细的报告，尝试向公司上层反映情况，向领导介绍清楚存在的法律风险及可能带来的严重后果。如果公司上层意见统一、要求修改审计报告的话，建议你放弃并主动退出该项目。

7.3.3 实施绿色工程

绿色工程，指通过测量和技术控制，创造高效的技术流程，获得环保型产品和系统的过程，旨在实现对资源的节约，减少对环境的负面影响。

绿色工程追求可持续发展，是生态文明建设的主要内容。绿色工程主要包括污染预防、污染修复、环境监测、绿色产品和产业生态化等。

（1）污染预防

污染预防是一种以预防为主的污染防治策略，即将污染物的治理环节前置，在源头减少污染物的产生量，变革传统的末端治理方式。我国推行的污染物排放总量控制制度、清洁生产、企业安装脱硫脱硝除污设备以及污水处理设备等都属于污染预防措施。污染预防可以从源头削减污染物的排放，控制手段更为有效。企业生产中应注重污染预防技术的使用，在环境保护与经济发展中寻求最佳的平衡点，促进企业的可持续发展。

（2）污染修复

人类活动排放的污染物所造成的生态破坏是当前主要的社会问题之一，污染修复是绿色工程的重要内容。

污染修复主要包括两个方面：一是污染治理，针对污染的具体情况，及时采取措施控制污染的扩散和蔓延，同时综合考虑物理、化学等修复手段的适用性、经济因素、修复时间等等，采取相应的有效措施进行污染治理；二是生态恢复，污染治理完成之后，在被污染地引入当地物种库中的适宜植物，营造先锋植物群落，不断优化生物群落组成和结构，重建生态平衡。

污染修复与污染预防应有机结合，才能发挥更好的生态环境保护作用。

（3）环境监测

环境监测是利用物理、化学、生物学等技术和方法，对排放到环境中的污染物进行连续的、长时间的监测和测定，并依据相关的环境标准或者行业标准，判断环境质量好坏的活动。

环境监测是评价绿色工程实施情况的重要手段和方法，监测结果应客观反映实际情况，指导绿色工程的建设和发展。

（4）绿色产品和产业生态化

随着人们对人类与自然和生态环境相互关系认识的逐渐深入，人类的观念逐渐发生转变。消费观念上，由传统的奢靡消费观念转变为绿色消费观念，进而出现了绿色产品和产业生态化等新兴事物和概念。无论是绿色产品还是产业生态化，都是在传统产品或产业的基础上，融入了生态环境理念，由单纯追求经济利益转变为追求人与自然的和谐发展。

绿色产品包括绿色建筑、绿色交通、绿色时尚、绿色食品、绿色工业品等，绿色产品兼顾能源消耗少、污染物排放少、易回收处理和再利用、健康安全和质量好等特点，较之一般产品，绿色产品要求更为严格，制作工序更复杂，生产成本更高，也是更环保、健康的产品。

产业生态化，即依据生态经济学原理，将生态、经济规律融入传统产业的经营管理，提高资源利用效率、减少环境污染、增加经济效益的过程。清洁生产、循环经济、低碳经济是产业生态化的几种主要途径。产业生态化能够实现高效率、低能耗、无污染、经济增长与环境保护协调发展，是绿色工程的重要内容之一，也是符合生态规律的产业发展方向。

案例分析

【案例背景】

你是 A 制药厂的经理，制药厂经济不景气，面临着裁员以减少支出的局面。公司接到一笔大订单，可以从中获得丰厚的利润。该订单时间紧、数量大，以你们公司的生产能力，机器必须 24 小时运转，否则公司会面临违约风险，使公司处于更加不利的经营局面。在订单还剩十分之一任务量时，你突然接到工厂环境部经理 B 的紧急电话，B 告知你，他们在例行检查中发现，在生产该批订单药品过程中，有一种有毒有害化学溶剂发生了细小而连续的泄漏事件，溶剂泄漏后进入了附近的水域，很可能造成严重的环境污染事件，特别是可能影响地下含水层。环境部经理 B 强调，必须高度重视该泄漏事件，采取应急措施，阻止溶剂继续泄漏，或者收集泄漏溶剂并妥善处理。你紧急召集生产部经理 C 和环境部经理 B 召开会议，深入探讨该情况的处理办法，特别需要讨论如何在不推迟订单合约期限的情况下，处理好该环境泄漏事件。

【讨论分析】

作为一家面临生产困境的工厂的工程经理，在该事件中，你承担着生产与安全的双重责任。是承担可能导致生产线停产、订单延期交付、违约的风险，并建议向政府监管部门报告这个事故？还是存在侥幸心理，觉得泄漏液体进入附近水体不会直接影响人体健康，等订单交付之后再考虑上报修复？

作为工程经理的你，应该承担起生产与安全的双重责任。你应该向环境部经理详细了解泄漏事件及其可能产生的严重后果，以及目前可采取的阻止溶剂进一步泄漏和收集、处理泄漏溶剂的方案。该事件应该成为一次经验教训，你应该深刻反思，在工厂的管理中，哪些环节存在漏洞。你应该客观、公平、公正地处理生产部经理、环境部经理及工厂的其他相关人员，让大家都意识到安全生产的重要性，学习并严格遵守环境法律法规。应做好生产设备的定期维护、除污设施的定期检查等，因为这些是保证机器正常运转、生产顺利、订单按时完成的基础。

【建议措施】

首先，立即要求生产部经理与环境部经理合作，立即安装并运行危险废物收集装置，收集泄漏的有毒有害化学溶剂，防止对周边环境造成进一步的污染。收集的危险废物应妥善保存和处置，要贴上"危险废物"的标签，这些具体及相关的工作由环境部经理去实施完成即可。在可以阻止进一步泄漏、收集并处理泄漏的危险废物的条件下，可继续进行生产，但要严格监控泄漏的发生。

其次，要求环境部经理立即写一份详细的调查报告，调查清楚泄漏发生的时间、原因、污染物种类及浓度等，提交给环境监管部门。全力配合环境监管部门的调查工作，确定泄漏发生的程度，以确定是否需要开展修复工作。同时，公司环境法务人员介入，处理该事件相关的法律事务。

该事件结束后，将该事件作为一起典型生产安全事故，在全公司进行生产安全教育工作。肯定生产部经理、环境部经理在该工作中做出的贡献，同时你应带头与生产部经理、环境部经理一起做出深刻检讨，对该事件中暴露出来的问题进行及时的改进。要求各部门制订详细的部门工作计划，严格落实工作内容及监督监管制度，保证生产的安全和顺利进行。要求全体员工在生产过程中高度重视生产安全和环境保护问题。

第八章　我国大江大河的生态治理实践

8.1　黄河流域的生态治理

8.1.1　黄河七十年岁岁安澜

黄河是中华民族的母亲河，它的主干流经青海、四川、甘肃、宁夏、内蒙古、陕西、山西、河南、山东等九个省份，在中国的版图上画出一个大大的"几"字形，其干流的河道长达 5464 公里，落差高达 4480 米，流域面积为 75.2 万平方公里，是中国仅次于长江的第二大河。此外，由于黄河流域土地肥沃、雨量充沛，非常适宜耕种，并且物产丰富，中国古代多个朝代在黄河流域建立都城，这使得黄河流域成为中华民族的经济、文化和政治中心，黄河成为中华民族文明的摇篮。

黄河在给中华民族带来无穷福祉的同时，也潜藏着巨大的危害。黄河是世界上公认的最难治理的河流之一，从公元前 602 年黄河第一次改道至新中国成立前的 2500 多年里，黄河共经历了 26 次改道，1500 余次决堤，其中人为决口有 12 次，可谓"三年两决堤，百年一改道"。

抗日战争时期，国民党军队为阻止日军西侵，决定执行黄河决堤计划，炸开黄河花园口以阻挡日军的行军。此次黄河决堤共造成了 89 万人死亡，1200 万人受灾，390 万人流离失所。花园口决堤事件也成为中国抗战史上与文夕大火、重庆防空洞惨案并称的三大惨案之一。

从新中国成立之初，我国就正式开始了黄河生态治理的漫长道路。在过去这七十多年里我们不断调整黄河生态治理举措，不断改善黄河生态治理体系。我国建设了大量的水文站、水量站和雨量站等基础设施，从未间断对黄河的水文考察、雨量探查等基础探测工作，以便更加了解黄河，使我们能够对治黄战略及时做出调整和改善。在生态治理方面，我们致力于治理黄河中的大量泥沙，构筑水库和堤坝等防洪措施，在泄洪排沙的同时还能利用黄河所蕴藏的极大的水力资源。我们对黄河的治理也从最开始对黄河的试探，到之后的稳扎稳打、步步为营，发展为如今科学化、制度化的黄河生态治理。我们对黄河生态治理的重心也从最开始的"节节蓄水、分段拦沙"逐步转变为"上拦下排、两岸分滞"。经过党带领人民多年的不懈奋斗，黄河流域的生态也逐渐好转，从最初的"有害河"变成如今的"有利河"。

8.1.2　黄河流域的生态环境保护

黄河流域是我国重要的生态屏障、重要的经济带，同时还是我国打赢脱贫攻坚战的重要区域，对我国发展具有重大意义。我国对黄河生态环境的治理是直接关乎黄河流域人民生活的大事，更是实现中华民族伟大复兴的重要一环，事关中华民族未来千秋万代。

新中国成立之初，党中央高度重视黄河生态治理问题，毛主席提出了"要把黄河的事办好"的伟大号召，强调了黄河生态环境治理任务之困难与艰巨，为我国最初对黄河生态治理的探索指明了方向。此外，周恩来总理多次亲自指导黄河的生态治理工作，并组织编制了《关于根治黄河水害和开发黄河水利的综合规划》。从此，我国正式开始了全面、科学的探索黄河的伟大征程。

改革开放后，中国经济飞速发展，在大力解放社会生产力和实现经济快速增长的同时，随之而来的黄河生态保护与经济发展之间的矛盾日益凸显，党中央对此高度重视，并于1983年将"环境保护"确定为我国的基本国策，黄河生态环境得到了进一步的改善。

党的十八大以来，生态文明建设被纳入中国特色社会主义事业"五位一体"总体布局，我国开辟了"绿水青山就是金山银山"的生态优先绿色发展新路径，党中央着眼于生态文明建设，协调统一黄河流域的生态环境保护与生态文明建设，全面规划生态文明建设，科学治理黄河流域的生态环境，明确了"节水优先、空间均衡、系统治理、两手发力"的治水思路，使得黄河流域的生态环境保护理念进一步深入人心。

随着党带领人民常年来对黄河生态环境的治理和保护，黄河流域水土流失问题的处理已经取得了很大的成效，黄河流域的生态环境不断改善，黄河上游的水源涵养能力得到进一步提升，黄河水污染的治理也取得很好的效果，黄河水内的生物多样性明显增加。经过七十多年的探索，由于党和人民的不断努力、不断进步，敢于尝试、敢为人先的精神，我国对黄河流域的生态环境保护已经步入科学化、制度化、标准化的新时代，黄河生态环境保护已经取得了显著成效。

此外，党和国家对黄河的生态环境保护还具有多方面深远意义。保护黄河的生态环境在文化方面能够增强中华儿女的文化自信，有助于黄河文化的保护和传承；在政治方面能够保障黄河长治久安，改善人民群众生活，彰显中国共产党执政为民的使命宗旨和政治本色；在生态方面能够修复生态环境，保障民生；在社会方面能够维护社会稳定，促进民族团结，解决黄河流域贫困问题，打赢脱贫攻坚战；在经济方面能够促进黄河流域发展创新水平，推动全流域绿色发展与高质量发展。

时至今日，黄河经过了七十余载安澜，但党和国家对黄河生态治理的工作从未有半分放松，仍然高度重视黄河的生态治理工作。2019年9月，习近平总书记首次提出将"黄河流域生态保护和高质量发展"作为国家战略，明确了未来黄河生态环境保护的发展方向，我国的黄河生态治理工作也将在以习近平同志为核心的党中央的带领下踏上新的征途。

2021年12月20日，《黄河保护法（草案）》首次提请十三届全国人大常委会第三十二次会议审议。草案聚焦黄河流域突出问题，围绕规划与管控、生态保护与修复、水资源节约集约利用、水沙调控与防洪安全、污染防治、高质量发展、黄河文化保护传承弘扬、保障与监督等规定了相应的制度措施。即将出台的《中华人民共和国黄河保护法》，将是一部推动黄河流域生态保护和高质量发展的法律，也将成为我国继《中华人民共和国长江保护法》之后制定的又一部流域法律。

8.1.3　黄河流域高质量发展

党的十八大以来，习近平总书记围绕"什么是高质量发展、如何实现高质量发展"这一新时代经济社会发展主题展开探索，强调要贯彻新发展理念，构建新发展格局。党的十九大明确了我国经济发展已经由高速增长阶段转向高质量发展阶段。随着中国特色社会主义进入新时代，黄河流域的高质量发展受到党和国家的高度重视。习近平总书记提出把黄河流域生态保护和高质量发展作为重大国家战略，发出了"让黄河成为造福人民的幸福河"的伟大号召，强调了治理黄河，重在保护，要在治理。习近平总书记为未来黄河流域的生态保护与高质量发展描绘了一张崭新的蓝图，黄河的治理保护工作从此也打开了崭新的局面，同时标志着推动黄河流域的高质量发展进入了崭新的阶段，体现了党和国家对于黄河生态保护与高质量发展的决心。保护好黄河流域生态环境，促进沿黄地区经济高质量发展，是中国在新发展阶段贯彻新发展理念、形成新发展格局、实现新发展目标的必然要求。

随着我国黄河流域生态保护与促进黄河流域高质量发展进入新阶段，我们对黄河流域高质量发展的探索也面临一系列问题。

一是黄河流域生态环境脆弱。黄河流域的水资源比较短缺，水土流失问题仍然严重，再加上经济社会飞速发展、人口急剧增加等一系列问题造成黄河流域的负担增加，导致了黄河流域的生态环境非常脆弱。

二是黄河流域文化创新薄弱。如今黄河流域文化创新不足也成为制约黄河流域高质量发展的一个重要因素。黄河流域虽然有着几千年的文化积淀，但随着时代的变迁以及社会的高速发展，黄河流域的文化传承也需要与时俱进、创新发展。

三是黄河流域绿色发展水平仍需提高。绿色发展要解决好人与自然和谐共生的问题，处理好环境保护与经济发展之间的矛盾，绿色发展是中国生态文明建设的必然要求，也是黄河流域高质量发展的必经之路。对黄河流域的过度开发，会进一步加重黄河流域水资源短缺、水污染、水土流失等一系列问题，使得黄河流域的绿色发展水平难以进一步提高。

新时代黄河流域的高质量发展要从生态保护、文化创新以及绿色发展等三个方面入手，同时加强黄河流域治理的法治化，加快构建黄河流域生态法治体系，促进协调发展。党和国家以习近平生态文明思想作为指导，严格贯彻落实"两山"理念，推动黄河流域的高质量发展，严格贯彻执行习近平生态文明思想，坚持人与自然和谐共生的基本方略，重视和解决黄河流域高质量发展面临的困难，注重文化创新，完善制度建设，推动黄河流域高质量发展，实现黄河流域的经济繁荣和长治久安。

8.1.4　黄河文化保护和传承

文化是一个国家、一个民族的灵魂。黄河是中华文明的重要组成部分，是中华民族的根和魂。黄河流域经过漫长的发展，诞生了许多优秀的传统文化，为中华民族留下了许多宝贵的遗产。我们要注重黄河文化的保护与传承，遵循习近平总书记的指示，深入挖掘黄河文化蕴含的时代价值，延续历史文脉，讲好"黄河故事"，坚定文化自信，为实现中华民族伟大复兴的中国梦凝聚精神力量。

保护传承黄河文化要了解黄河文化的历史内涵。黄河流域文化发展从古至今留下许多宝贵财富，我们要深入了解黄河流域孕育的物质文化、制度文化以及精神文化，把握好黄河流域文化发展的历史内涵，确定未来黄河流域文化保护与传承的发展方向。

保护传承黄河文化要清楚黄河文化的当代价值。文化自信是一个国家、一个民族发展中最基本、最深沉、最持久的力量,坚定文化自信是事关国运兴衰、事关文化安全、事关民族精神独立性的大问题。黄河文化是中华文化的一部分,保护和传承黄河文化是坚定文化自信的重要组成部分,对黄河文化的保护和传承能够帮助我们正确认识黄河文化的根源,坚定中华民族的文化自信,激励中国人民对中华民族的认同感和归属感。

保护传承黄河文化要掌握黄河文化未来的发展方向。如今已经进入科技创新时代,黄河文化的保护与传承也离不开创新发展,我们要借助科技手段来创新黄河文化的保护与传承,运用互联网手段与思维来帮助黄河文化扩散出来,生动起来,创新黄河流域文化内容表达方式,提高黄河流域文化保护与传承质量,赋予黄河文化新的魅力。

毛主席曾面对黄河感叹:"你们可以藐视一切,但是不能藐视黄河。藐视黄河,就是藐视我们这个民族。"黄河已经深深地同我们的国家与民族联系在了一起,黄河文化的保护和传承是落实黄河生态环境保护与高质量发展的重要内容,讲好"黄河故事"、保护和传承好黄河文化具有重要的理论价值和现实意义。党和国家努力推动黄河流域文化的保护与传承,促进了黄河流域经济社会的高质量发展,筑牢中华民族共同体意识,坚定中华民族文化自信,使得中华文化的影响力不断提高。

黄河孕育了中华文化,哺育了一代代的中华儿女,如今已经进入新时代,黄河也将续写新的篇章。"黄河宁,天下平",在党和国家的带领下,经过几代人的努力奋斗,黄河七十年岁岁安澜,中华民族也必将实现伟大复兴。

8.2 长江流域的生态治理

8.2.1 长江流域的生态环境保护

由于人类活动和全球气候变化影响,长江流域部分区域水资源短缺、水污染加剧、水生态受损、水土流失严重等问题依然突出,部分地区水资源、水环境和水生态承载能力与经济社会发展需求不协调,成为影响可持续发展的重要制约因素。为了加强长江流域生态环境保护和修复,保障生态安全,十三届全国人大常委会第二十四次会议审议通过了《中华人民共和国长江保护法》并于 2021 年 3 月 1 日起正式施行,这也是我国的第一部流域法,长江流域的生态保护终于有了专门的法律。

长江干流全长约 6300 公里,流经全国 11 个省级行政区,流域面积约 180 万平方公里。长江流域也是我国水量最丰富的流域,水资源总量 9755 亿立方米,约占全国河流径流总量的 36%。尽管拥有丰富的水资源,但由于时空分布不均、利用方式粗放以及用水浪费等,长江流域仍存在局部地区缺水的现象。为了保护长江水资源,有关部门实施了跨流域跨区域调水、水库调配管理、强化水资源高效利用、完善节约用水标准及监测管理等一系列综合措施。例如"引江济汉"工程,从长江干流的荆州段龙洲垸引水至汉江潜江段的高石碑,年平均输水 37 亿立方米,用于解决因"南水北调"中线工程从汉江上游丹江口调水而导致的中下游水量减少的问题。该工程不仅能保障沿线的农业灌溉以及防洪抗旱工作,而且能改善周边生态,保持生物物种数量,避免"水华"现象的发生,等等。除了平衡水资源的分布,节约水资源则是亘古不变的保护方式。农业一直是长江流域的第一用水大户，2020年农业用水量981.77亿立方米，占总用水量的50.2%，而目前流域的灌溉系数普遍低于全国0.542的平均值，更是远低于发达国家的0.7左右的灌溉系数，为了实施国家农业节水行动，加快灌区续建配套与现代化改造变得十分必要。如今湖北最大的漳河水库灌区逐步实现了水资源调配的信息化和智能化管理，利用众多的测、视、控一体化设备，不仅实现了24小时自动监测农业用水情况，还可对每一条渠道、每一片农田精准监控，调阅历史记录，对用水需求做出最迅速、最准确的判断，自动生成多种调度方案。

保障充足的水资源是生态可持续的前提，而安全可靠无污染的水源则是和谐发展的关键。饮用水水源是为城镇居民以及公共服务部门提供用水的取水地，水源地水质的好坏关系着每一个城镇的健康发展以及千千万万居民的身体健康。截至2015年底，长江流域片内共56个水源地列入了国家重要饮用水水源地名录，其中就有"南水北调"中线工程的取水地——丹江口水库。为了保证取水地水质，丹江口水库周边沿岸被划归建立了国家森林公园，第一大核心区的规划总面积达到了13973.33公顷，水域面积4663.33公顷，森林面积9310公顷。整个公园山水相依，环境优美，森林植被及野生动物种类丰富，皂荚、银杏、翠柏、槐、柳等相互掩映；红腹锦鸡、鹿、林麝、水獭、金雕、野猪等保护动物和谐共存。丹江口水库以完善的配套以及强有力的管护措施，建立起了牢固的生态屏障，保障了水源地水质的安全达标。针对入河排污的问题，生态环境部2019年2月15日在重庆启动了长江入河排污口排查整治专项行动，计划通过两年左右时间，摸清楚排污口位置、数量、排放物质以及来源等四项内容，为从根本上改善长江生态环境质量创造条件。无锡则建立了三级排查模式，一级航测疑似排污口，二级人工现场巡查隐藏排污口，三级动用高科技攻坚重点工业园区。除坚决取缔和整改一批不合格排污口外，还对发现的排污口进行分类建档、编码登记并竖立标识牌，以此规范、管控太湖入河污染物。

在大力治理污染之外，进行生态环境修复，建设长江流域绿色生态走廊则是更高要求的生态保护。长江沿线政府相关部门通过退耕还林、退垸还湖、人工造林等手段开展生态系统和生物多样性保护和修复，优化长江经济带生态屏障网格体系。曾经一曲《洪湖水浪打浪》唱遍全国，歌中形象展现了洪湖飞鸟成群、鱼肥虾美的优美环境，但21世纪初，洪湖由于过度围垦和养殖，湖面大幅收缩，水体富营养化，生物种群急剧减少，生态遭到严重破坏。2018年7月，政府确定3年内完成19.9万亩围垸退垸还湖的工作目标，通过拆围、退垸还湖、还湿、渔民上岸等生态修复措施，目前，洪湖38.6万亩天然湿地已经全面恢复，并建设了50米宽的滨岸带供鸟类栖息，游客打卡。"鱼米之乡"的洪湖如凤凰涅槃般浴火重生，优美的环境再现。目前洪湖是中国生态系统保存较好、水质唯一整体达到二类标准的大型淡水湖泊。

8.2.2 长江的水生生物保护

长江是世界上水生生物多样性最为丰富的河流之一，而且拥有独特的生态系统，分布有4300多种水生生物，其中170多种为长江所特有，是维护我国生态安全的重要屏障。然而过去长期以来，受水域污染、过度捕捞、拦河筑坝、挖沙采石等影响，长江水生生物的生存环境日趋恶化，生物多样性指数持续下降，"四大家鱼"资源量比20世纪80年代减少了90%以上；珍稀特有物种资源全面衰退，白鱀豚、白鲟、长江鲥鱼等物种已多年未见，中华鲟、长江鲟、长江江豚等极度濒危。

为了加强长江水生生物的保护工作，国务院办公厅在 2018 年 9 月 26 日专门发布了《关于加强长江水生生物保护工作的意见》（2018 年 10 月 15 日起实行），其中就要求实施珍稀物种的拯救行动。例如最为大众所熟知的"微笑天使"长江江豚，自古就在长江中繁衍生息，历史文献中也常常出现文人墨客对它的描述，"江豚吹浪立，沙鸟得鱼闲""石燕拂云晴亦雨，江豚吹浪夜还风"等诗句形象地表现了江豚顶风喷水的游水特点。然而长江江豚目前仅 1000 头左右，种群数量还不及大熊猫，不仅是我国国家一级保护动物，也是长江中现存的唯一哺乳动物。为了保护长江江豚，扩大其种群数量，我国先后在湖北石首、洪湖和安徽铜陵江段建立了 3 个江豚国家级自然保护区，同时在南京、镇江以及洞庭湖、鄱阳湖分别建立了省市级保护区，不仅就地保护，而且根据实际情况进行了迁地保护以及人工饲养的努力。对于更为濒危的中华鲟，则建设了一批接力保种基地，通过人工技术条件满足中华鲟江海洄游习性需求。而对于长江鲟则采取了亲本放归和幼鱼规模化放流方式，补充野生资源，推动实现长江鲟野生种群重建和恢复。

除了对濒危物种的保护以外，"禁捕"则是有效缓解长江水生生物资源衰退危机的关键之举。2019 年 1 月 6 日，农业农村部、财政部和人力资源社会保障部三部门联合印发《长江流域重点水域禁捕和建立补偿制度实施方案》（以下简称《方案》），《方案》要求，今后长江水生生物保护区全面禁止生产性捕捞，长江干流和重要支流将实施"十年禁捕"，其他水域也要求分类分阶段推进禁捕工作。2021 年 1 月 1 日零时起，长江流域重点水域十年禁渔全面启动，沿江各省市主动出击，宣传引导的同时签署联合执法合作协议，严厉打击非法捕捞行为，自此开启了保护长江水生生物事业的历史性一幕。四川省就在"禁捕"之后的 7个月内组织了 2000 余名"护渔员"，配合渔政执法人员查办 3151 件各类涉渔案件；湖北省也提前完成 16818 艘退捕渔船的建档立卡，17462 艘涉鱼的"三无"船舶回收拆解任务；江西是长江流域禁捕水域最广、禁捕岸线最长、退捕渔船渔民最多的省份，但政策执行成效明显，基本完成了退捕渔船 100% 回收处置、退捕渔民 100% 离水上岸，转产安置退捕渔民5.1 万人。据初步监测，实施禁捕后的鄱阳湖区的渔业资源已经开始出现改善。例如长江中的刀鲚由于是一种长距离溯河洄游型鱼类，在自海入江繁殖洄游过程中所遭受的捕捞压力非常大，对鄱阳湖"禁捕"前后长江刀鲚的监测采样调查结果显示，禁渔后（2019—2020 年）的溯河洄游型刀鲚单位捕捞渔获量比禁渔之前（2014—2018 年）增长了约 82 倍，长江刀鲚数量恢复效果明显，这表明长江禁渔战略已初见成效。

8.2.3　长江流域高质量发展

长江是中华民族的生命河，也是中华民族发展的重要支撑，为此，中共中央在 2016 年9 月正式印发了《长江经济带发展规划纲要》（简称《纲要》）。《纲要》确立了长江经济带"一轴、两翼、三极、多点"的发展新格局，其中"一轴"是以长江黄金水道为依托，发挥上海、武汉、重庆的核心作用，"两翼"分别指沪瑞和沪蓉南北两大运输通道，"三极"指的是长江三角洲、长江中游和成渝三个城市群，"多点"是指发挥三大城市群以外地级城市的支撑作用。规划的战略定位坚持生态优先、绿色发展，共抓大保护，不搞大开发；建立生态环境硬约束机制，设定禁止开发的岸线、河段、区域、产业，强化日常监测和问责；激发沿江各省市保护生态环境的内在动力，走出一条绿色低碳循环发展的道路。

长江作为世界上运量最大、运输最繁忙的河道，素有"黄金水道"之称，在大力推动长江经济带发展战略下，对长江航道实施重大整治，解决长江水道存在的瓶颈制约，挖掘长江干线航运能力，促进上下游区域协同发展具有极其重要的作用。2018 年 5 月，长江南京以下 12.5 米深水航道整治工程全线贯通并正式投入运行，可满足 5 万吨级集装箱船双向通航以及兼顾 10 万吨级散货船减载通航。长江中游的湖北也提出了长江航道整治的"645 工程"，2021 年 3 月，武汉至安庆段 6 米水深航道已全线贯通，可保证万吨级巨轮常年由海入江直达武汉，此举可大幅降低船舶转载或亏载等产生的运输成本，预计在运营期内将为沿江区域贡献 GDP 约 458 亿元，综合经济效益可达 2767 亿元。长江上游的朝天门至涪陵河航道的整治工程也已开工，完工后 5000 吨级货船不再受限于长江枯水季，可常年抵达重庆。优质的黄金水道便捷地沟通长江经济带各节点，促进全流域产业的统筹规划，强化区域间的合作和联动，形成衔接有序的资源配置和产业布局。

产业布局的科学性是长江经济带水资源保护有效性的基础与前提，是解决水资源利用矛盾突出、水环境污染加重、水生态破坏风险加剧等问题的重要手段。

长江经济带的绿色发展面临的突出问题就是"重化工围江"的现象：长江沿岸石油化工、钢铁、有色金属和制药、造纸企业密布，化工园区、危化码头沿江密集布局。为了降低化工企业，特别是高耗能、高污染的水污染密集型工业园区对长江生态安全的威胁，江苏省政府办公厅下发了《江苏省化工行业整治提升方案（征求意见稿）》，要求大幅压减沿长江干支流两侧 1 公里范围内、环境敏感区域、城镇人口密集区、化工园区外、规模以下等化工生产企业，要求到 2022 年全省化工生产企业不超过 1000 家。数据显示，截至 2017 年一季度，江苏省共有化工生产企业 6884 家，而到 2018 年江苏省就关停了 2600 多家环保不达标、安全隐患大的化工企业。湖北省也采取了类似的铁腕护江手段，自 2018 年以来陆续对沿江 1 公里范围内全部 118 家化工企业进行了"关改搬转"，促进化工企业安全环保达标升级，通过技术、产品和工艺的更新，与智能制造、绿色制造相结合，实现转型升级，最终高档次化工产品占比超过了 30%，极大提升了产品的附加值。

健全全流域生态补偿机制、协调各方利益是有效解决流域生态保护问题的重要手段。2021 年 9 月 1 日财政部表示中央财政将进一步完善资金支持政策，重点支持地方在长江干流和重要支流建立横向生态保护补偿机制。横向生态保护补偿机制主要方式是通过流域上下游地方政府之间的协商谈判实现利益互补，从而协调和平衡生态保护地区和生态受益地区之间的利益关系，充分调动生态保护积极性。全国首个跨省流域生态补偿机制是安徽、浙江两省推进的新安江流域上下游横向生态补偿。此外，云南、贵州和四川三省以"共同决定＋条例"的方式，开启共同立法保护赤水河之路，使赤水河成为全国首例 3 个省份共同建立横向生态保护补偿机制的流域。

8.2.4 长江文化保护和传承

长江文化是中华民族各族人民共同创造的灿烂文化，既有作为中华文化的共性，又有作为中华大地上地域文化的特性。早在新石器时代，位于长江上游山川隔阻的巴蜀地区就出现了震惊世界的三星堆文化，长江中游的荆楚地区也出现了兼收并蓄的屈家岭文化遗址，而长江下游则是富甲天下的吴越良渚文化。在数千年的岁月中，位于天府之国的巴蜀，为长江文化注入质朴厚重、厚德载物的品格；以湖湘为中心的荆楚，塑造了长江文化自强不息、革故鼎新的价值取向；地处下游的吴越以其人性勤巧、自古富庶锻造了长江文化儒雅文秀、崇德明理的品格。在漫长的历史进程和持续的文化交流中，长江流域各民族构建起了共同的精神家园，形成了谁也离不开谁的命运共同体，共同挺起中华文明的脊梁。

在以乡土观念为重的中国古代社会，一直都存在着"流放"这一严厉的惩处措施，而到唐宋时期，针对官员的"贬谪"行政处罚制度被广泛地采用和实施，生存条件恶劣且远离中原政治中心的西南山区以及岭南地区便成了理想的官员流放地。长江及其支流水系不仅为这些士大夫们提供了便利的水路旅行条件，沿途奇秀瑰丽的自然风光更是为这些失意之人提供了寄情山水、抒发苦闷的精神依托，留下了大量的诗歌作品；特别是其中流传至今的千古佳作，客观上又为我国的名山大川增添了丰富的人文景观和历史文化，更为后人留下了一笔宝贵的文化遗产。

其中最早的代表人物非屈原莫属。身为楚国贤臣，却遭贵族排挤而被放逐，屈原在长江各条支流和湖泊中漂泊辗转，"长太息以掩涕兮，哀民生之多艰"，直到国都陷落的那一刻，便再也压抑不住内心痛苦和悲愤，纵身跃入汨罗江。从此每年农历的五月初五，人们吃粽子、赛龙舟，隆重纪念这位爱国诗人。"诗圣"杜甫告别成都的茅屋后，也曾沿长江东下继续愁苦潦倒、寄人篱下的生活。在停留夔州期间，杜甫面对三峡的奇峰峭壁、风凄猿啸哀的自然环境，爆发出了惊人的诗歌创作能量，留下了大量高艺术水准的诗歌。其中的《登高》更是被后人称赞为"杜集七言律诗第一"，描绘瞿塘峡秋色的"无边落木萧萧下，不尽长江滚滚来"更是成为千古名句，妇孺皆知。豪放不羁的"诗仙"李白二十四岁便仗剑辞亲出三峡，"山随平野尽，江入大荒流"；然而之后却被贬夜郎再上三峡，郁闷难熬，"三朝又三暮，不觉鬓成丝"；幸而在白帝城遇大赦，毫不掩饰兴奋之情继而"千里江陵一日还"！李白瑰奇俊逸的华章秀句，为三峡增添了光彩。以"香山居士"自居的白居易被贬九江，在浔阳口闻舟中夜弹琵琶，"大弦嘈嘈如急雨，小弦切切如私语。嘈嘈切切错杂弹，大珠小珠落玉盘"，一曲听罢不禁泪湿青衫，长江岸边偶遇，竟也同是天涯沦落人。谪居黄州的苏东坡与友人泛舟赤壁江渚，面对着友人"哀吾生之须臾，羡长江之无穷"的感叹，超然物外的苏东坡顺手解疑释惑："江上之清风"有声，"山间之明月"有色，天地无私，取之不尽，用之不竭！而长江也滚滚东逝，淘尽千古风流人物，谱成一曲《念奴娇》，成就了苏东坡文学创作的巅峰。

长江有赤壁，赤壁分文武。"文赤壁"自然是上文中提到的大文豪苏东坡笔下的"乱石穿空，惊涛拍岸，卷起千堆雪"，而"武赤壁"则确确实实是当年的三国古战场。曹军二十万南下屯兵乌林与孙刘联军隔长江对峙，在上演了"蒋干盗书""草船借箭""周瑜打黄盖""孔明借东风"一幕幕序曲后，最终曹军的铁索战船在一片烈焰冲天中化为灰烬，"横槊赋诗"的曹操败走华容道，长江边上的这场赤壁大战确立了魏蜀吴三国鼎立的局面。战火纷飞的年代，长江自古天堑，左右着战争走向、王朝兴衰。元朝末年发生在长江中游的鄱阳湖大战，被誉为中世纪世界最大规模的水上战役，在这场战役中，朱元璋以 20 万兵力击败陈友谅 65 万大军，成为统一江南的关键一仗，继而为建立明王朝奠定了基础。

长江是中华民族的代表性符号和中华文明的标志性象征。因此，保护弘扬长江文化，充分发挥文化和旅游产业在长江经济带建设中的引领作用，对提升文化自信、促进文化繁荣、助力民族复兴具有非常重要的现实意义。2021 年 12 月 15 日，"最美风景在路上"系列大型线上直播——"聚焦长江，高峰对话"文化和旅游创新发展论坛暨长江文化高层论坛在国内各大平台线上开幕。专家学者共话长江文化保护传承弘扬，共谋长江经济带高质量发展。

8.3 松花江流域的生态治理

8.3.1 松花江的生态环境保护

松花江流域是我国七大流域之一，跨 3 个省（区），分别为吉林省、黑龙江省和内蒙古自治区。其中，黑龙江省在流域内所占面积最大，占流域面积的 1/2。

松花江有两个源头：北源为嫩江，发源于大兴安岭支脉伊勒呼里山中段南侧的南瓮河源地；南源发源于长白山主峰上的长白山天池。两个源头分头下行至吉林省松原市的三岔河附近汇合后，称为松花江干流。干流向东流至黑龙江省同江市附近，由右岸汇入中俄界河黑龙江，全长 939 公里。松花江全长以北源计算为 2309 公里，以南源计算为 1956 公里。

松花江流域生态系统类型主要为林地和耕地，其余依次为湿地、草地和人工表面。近年来，流域生态系统变化的主要特点为湿地面积持续萎缩，耕地面积持续增加，人工表面面积持续扩展。流域内湿地-耕地相互转化、耕地-人工表面的转化较为剧烈。流域生态系统质量总体处于低水平。从整个流域来看，生态系统质量不高，且不稳定，年际变化逐渐加大。从生态系统类型来看，除总面积较小的灌木生态系统维持较好的生态系统质量外，森林、草地、湿地、农田与荒漠的生态系统质量都不高。近年来森林和灌木生态系统的质量有所提高，而草地、湿地、农田与荒漠生态系统质量均发生退化。

针对松花江流域人类干扰加剧、湿地退化、水资源短缺、水污染严重等一系列突出问题，迫切需要采取有效措施，提升流域科学管理水平，改善流域生态环境，恢复生态系统服务功能，保障松花江流域的可持续发展。

应加强流域生态系统的科学管理和合理调控，注重不同类型生态系统的数量、质量及空间搭配，形成合理的流域生态系统格局，其中，稳定耕地数量，恢复嫩江流域的湿地，并提高西流松花江子流域上、中游森林数量和质量是工作重点。西流松花江上游、嫩江中下游部分区域及松花江干流东部山区森林、草地植被数量或质量的下降严重限制其水源涵养及水土保持功能，建议减少或停止重点区域尤其是保护区周边的森林采伐，防止保护区成为"孤岛"，加强森林管理与抚育。实施湿地补水工程，恢复湿地生境和功能。调整和改造原有的排水工程，根据河流中下游地区的具体情况，实施对下游河道的补水，重建河流纵向的生态廊道。

大力开展节约用水，调整和完善水资源总量和分区控制管理机制，确定区域地下水允许开采量和削减量。对流域地下水取水量高的农区，应调整农业种植结构，发展特色农业以减少农作物用水量，节约农业用水。对严重超采区，应利用调水等工程措施，进行地下水人工回灌。发展生态安全型农业，合理使用农药化肥，提高有效利用率。根据当地的纳污能力，合理规划禽畜养殖规模，适当开发行业新技术和新产品以减少污染排放，并实行农牧结合资源化利用禽畜粪便。采取在适当位置建设深沟等工程措施防止大型灌区农田退水造成水土流失和水体污染。因地制宜地采取有效措施对水旱等在内的自然灾害予以防范和补救，争取把损失降到最低。通过科学手段和技术进行生态恢复，改善区域生态环境。对于水灾，可通过事前建设水利工程加以防范，并加强其日常管护；对于旱灾，可建设农田灌溉工程加以补救。同时要辅以科学合理的管理措施，积极应对自然灾害。

针对松花江流域工业企业特点，引进重要污染行业的污水处理先进技术，并注重清洁生产技术，提高减排能力，降低污染物排放量。注重生活污水收集管网建设和污水处理工程以及工业污水的分散治理，加强城市污水厂的建设进度，提高中水回用量，提高水资源利用率。加大环境治理投入，提升水体的污染治理技术，做好防渗、防漏等措施，并集中修复已被破坏的水体环境。

注重水污染的风险管理与应急机制建设。建立污染风险监测等级制度，对潜在污染风险敏感程度较高的区域进行重点监测，并制订应急预案，确保落实。全流域统筹发展，并充分利用区位优势培育发展各具特色的城市产业体系。合理调控区域内的资源分配，促进城镇化水平的全面提高。完善流域管理体制，建立健全流域综合管理的相关制度，并制订运作细则，明确责任、义务和权利范围。完善区域和部门协调制度，明确群体和个人权责，强化生态环境主管部门的执法手段。综合运用各种行政处罚手段，加大违法成本。加大宣传和教育力度，提高全民水资源及水环境保护意识，促进流域健康发展。

8.3.2　松花江流域的水能利用

松花江流域由于边缘为山地，中央是平原，其水文特征受地形影响明显，而且流域气温低，因此在水文上有特殊之处：一是河流一年的冰冻期一般超过150天，向北逐渐延长到180天；二是气温低，蒸发弱，径流的消耗减少，流量相对增加，微弱的蒸发也促进了沼泽的产生，越靠北越显著；三是流域内的山地和平原突然相接增加了河床的纵坡，而且流域水量丰富，提供了丰富的水力资源；四是松花江径流主要靠降水补给，因而径流与降水量的年内分配相吻合，季节变化显著。

松花江流域水资源总量丰富，具有明显的区域性和季节性特点。由于季节、丰水期和枯水期影响，松花江最大流量和最小流量相差较大。松花江水位的季节变化受降水、支流汇入和水库调节等多种因素的影响和制约，且变化明显。受气候的影响，松花江流域冰封期持续时间较长，一般从每年10月中旬至11月下旬期间开始封冻，到次年的3月中旬至4月中旬解冻，长达5个月，河流封冻期间径流主要靠地下水补给。4月下旬，河道结冰开始融化，地表融雪径流汇入提高水位，但一般只有3～5日。流域汛期一般在6—9月，径流量占年径流量的60%～80%。松花江多年平均水资源总量为961亿立方米，其中地表水资源量818亿立方米，地下水资源量143亿立方米。

尽管流域水资源总量丰富，但是松花江流域布局不协调，水资源短缺。黑龙江省由于水源污染、用水量大而集中，部分城市也存在水资源短缺问题。从整个流域看，吉林省和黑龙江省的大城市水资源缺口较大。另外，流域内部分区域严重的水环境问题也使本不太富裕的水资源量捉襟见肘，供需矛盾更加突出。水资源供需矛盾已严重制约流域经济社会的可持续发展。随着社会经济的进一步发展，人口的增加，城市化进程的加快，如果不积极采取有效措施，未来水资源的供需矛盾将更加尖锐。

截至2021年底，松花江流域已建的装机容量在1万千瓦以上的水电站共10座，其中黑龙江省3座，吉林省3座，内蒙古自治区1座。这些以防洪与水资源利用为目的的水利工程，包括水库、闸坝和水电站等，在防洪、灌溉供水等方面发挥了巨大作用，有效降低了流域内洪涝灾害发生的概率，使地表水资源得到了有效利用，但是这些水利工程修建后引起径流变化，直接改变了河流水系间的联系性，并对中游平原地区河流流量产生直接影响，加上水污染，导致河流水环境发生变化。另外，目前松花江流域水资源开发利用程度还不够，目前利用率只达到 29.9%，缺少可调蓄水量的水库工程。除西流松花江子流域外，其余地区的径流利用还处于自然状态，水资源开发利用的潜力还很大。

8.3.3 松花江流域高质量发展

松花江流域是我国煤炭、石油、化工、汽车、铁路客货车的重要生产基地，重工业发达，综合交通设施密集，是我国重要的农业、林业和畜牧业基地，也是我国重要的商品粮基地。松花江同时还是一条国际河流，与俄罗斯边境水系联系密切，经俄罗斯远东地区入海，是"龙江丝路带"、东北"水上丝绸之路"以及"一带一路"的重要通道和出海口，是关系到国计民生的重要河流。鉴于松花江流域的重要作用与地位，需协同推动松花江流域生态保护和高质量发展，将松花江流域打造成我国生态文明建设与流域绿色协调发展的重要引领区。

首先，从生态功能看，松花江有丰富的自然资源，林业资源丰富，林区面积广阔，流域内森林资源和草原资源都很丰富。流域内得天独厚的自然条件为大量动物的生存和繁衍提供了栖息地，主要野生动物包括大型哺乳动物、啮齿类、两栖爬行类、鸟类和鱼类。松花江流域矿产资源丰富，种类多，分布广，储藏量大，多种矿产资源储量位居全国前列，特别是煤、铁、石油等在全国具有重要地位。此外，松花江流域水力资源丰富，生态价值极为重要。近年来，尽管由于国家积极实行环保措施，流域内森林面积没有减少，但是森林质量下降，导致部分区域水土流失严重，水源涵养、水土保持等生态系统服务功能降低，随着经济和社会发展，用水平衡和水污染问题日益凸显，流域的生态屏障价值更加突出，流域生态环境成为区域经济社会发展的重要约束。

其次，从经济功能看，松花江流域涉及内蒙古、吉林、黑龙江等省（区），流域内有哈尔滨等重要城市、大庆油田等能源基地、松嫩平原和三江平原等粮食主产区。流域内有我国重要的商品粮基地和木材、矿产产地，在工农业生产中均占重要地位。吉林省、黑龙江省较大的工业城市大多位于松花江或其支流沿岸，因此松花江流域具有十分重要的战略意义和经济意义。

松花江流域生态保护和高质量发展需让创新成为第一动力，坚持生态优先、绿色发展，通过更大力度地建设自贸区、开放平台，构建全流域的开放型经济体系，推动松花江沿线各省区发挥比较优势，实现共同富裕。

具体来看，推动流域高质量发展应重点关注以下三方面问题。

一是创新驱动。创新是引领区域发展的第一动力。沿松花江省区高质量发展的重要一环仍是改革创新，特别是随着新一轮技术革命的推进，大数据、物联网、云计算等新一代信息技术的广泛应用，对创新链条也产生了极大的影响，东北地区的创新潜力有望被激发出来。

二是科学用水。如何实现"以水而定、量水而行"，如何实现生态水、工业水、城乡用水在上中下游间的平衡，如何用市场化的办法管理好、用好宝贵的水资源，这是松花江流域解决水资源约束必须面对的问题。

三是协同发展。区域协同、省与省的协同、城市群之间的协同已经成为经济高质量发展的重要政策载体。松花江流域各省区应作为有机整体，利用好松花江通道、通用航空的便捷性，尤其是通过互联网、物联网等新型基础设施建设区域性的物流枢纽，用好消费升级重要窗口期，把流域生态资源转换为生态资产，变成旅游、医药、绿色食品、特色工业等生态资本和产品，全流域建成统一开放大市场，推动高质量协同发展。

近年来，流域在我国区域经济发展中作为重要带状经济区地位日益重要。通过推动松花江流域生态保护和高质量发展，积极探索流域治理和高质量协同发展之路，为流域保护和治理、区域经济协调发展提供可复制、可推广的成功经验。具体途径有以下几个方面。

首先，探索建立流域主体功能区实施机制。流域是我国主体功能区战略落实的重要载体之一。在松花江流域高质量发展过程中，落实主体功能区战略是关键一环。对于松花江流域，长白山等生态功能重要的地区，以创造更多生态产品为核心功能；东北平原等粮食主产区则是发展现代农业。这些地区应以生态环境指标和农业发展指标作为核心甚至是评价指标，突出区域定位和功能，给地方政府以明确信号。逐步建立差异化生态绩效考核机制，作为转移支付的重要依据，发挥其激励约束作用。同时，对于优化开发区域，通过探索建立产业、人口和生态环境等清晰标准，推动部分产业向重点开发地区转移，实现产业布局与主体功能相匹配，更加有效落实主体功能区战略。

其次，探索建立流域上下游责任共担及利益共享机制。一是构建更加合理多元的财政转移支付体系。从生态产品和生态服务的公共物品属性看，多元的财政转移支付方式是必要的，不同类型的公共物品应由不同层级的政府主体提供，这是财政转移支付的重要依据。可以在松花江流域部分省区试点试验，推动建立多元化的财政转移支付体系，发挥地方的创新精神和积极性，形成中央政府与地方政府、各级地方政府之间更清晰的权责体系。二是试点横向税收分成制度。随着沿江省区间跨行政区的经济活动强度越来越大，只靠行政协商但不建立完备的利益分享机制，上下游协作的政策效果将大打折扣。如果双方都为这一投资提供公共服务，需要在税收方面进行一些合理的规定。可先在流域上下游有代表性的省区试点，形成成功经验后逐步推广，最终建立适应全国统一大市场建设的横向分税制。

最后，探索建立流域综合治理机制。流域是典型的山水林田湖草沙有机生命体，无论是流域保护、治理，还是流域产业布局和城市规模建设等，都需坚持生态系统的整体性原则，统筹规划和实施。在松花江流域探索试验如何将山水林田湖草沙作为有机整体进行综合治理和施策，恢复流域生态功能，维护流域生态平衡，对我国流域治理和生态环境修复等都有重要借鉴意义。

在流域综合治理过程中，流域管理体制是治理取得实效的重要制度保障。水资源管理涉及部门众多，分头管理是水资源管理的老大难问题。机构改革进一步明晰了水资源管理部门职能，但水资源和流域经济的特点决定了其多部门管理的特性和必要性，特别是对于松花江流域，水资源保障能力较弱，需要把水资源作为松花江流域经济社会发展最大的刚性约束，以此为共识和基础，加强各职能部门的协商合作，实现松花江水资源管理目标。同时，充分发挥市场机制作用，通过完善松花江水价形成机制和加强水权管理等，提升全流域水资源利用效率，提高水资源承载能力。

8.3.4　松花江流域的人文传承

松花江流域的人文传承就是传承地域历史文化和民族文化，深入挖掘文化潜力，提升人文空间品质，增强松花江沿岸文化吸引力。松花江流域文明具有鲜明的地域特色和悠久的历史，如"柳条边绿色生态文化""打牲乌拉贡品文化""长白山区域鹰猎、渔猎、采摘、行帮文化""松辽平原的耕作文化""赏乌绫制度与明清之际东北亚丝绸之路"等。松花江流域文明的资源丰富性、地域广袤性和文化遗存多样性，对于深入挖掘和应用历史文化遗存、建设当代生态文明发展模式都具有非常重大的现实意义。

现在松花江流域对文化的传承保护与传播工作有待加强。流域文化存在与自然景观结合不足、学术专业性参与度不高、有形的地域文化与无形的地域文化结合不够等问题。东北地区一些传承至今的文化景观未能与周围的自然环境协调、统一起来，整体效应不佳。一些地方缺乏具有浓郁地域文化特点的建筑、道路、公园、雕塑，在一定程度上淡化了地域文化氛围。许多地方传承至今的地域文化景观多数为静态的陈列和展览，保护和宣传有待加强。总体来说，目前东北地域文化缺少现代化的设施和互动型的项目，需要更多让市民亲身参与、互动体验地域文化的场所，防止弱化地域文化的影响力和寓教于乐的功能。同时，以实物存在的、比较具体的遗迹或遗物的有形地域文化，没有和学术思想、风俗习惯、典章节庆、民间艺术、历史传说等比较抽象、相对模糊的无形文化形成良好的结合。一些地方在发展地域文化时，片面重视有形的地域文化，而对无形的地域文化重视不够。

为保护松花江流域文化，传承历史价值，各级政府必须意识到流域文化建设的重要性、紧迫性和艰巨性。加大对水文化建设的资金扶持力度，提高文化建设的各项工作服务水平，在充分调查研究和论证的基础之上，保证松花江流域文化的价值得到提升。另外，政府对于现有年久失修的基础设施，应加强维修和日常保养，保证这些建筑物永久地成为流域文化的组成部分；建设更多的现代化设施，与历史和民间文化结合，打造松花江流域的文化景观带。

8.4　海河流域的生态治理

8.4.1　海河流域的河流污染控制

海河流域地处我国北方，位于东经 112°～120°北纬 35°～43°，流域覆盖京、津、冀等八省（市、区）。海河流经 20 多座大中型城市，该流域属于我国经济发达地区。海河全长1090 公里（以卫河为源），流域总面积 26.6 万平方公里，多年平均年降水量为 548 毫米，多年平均水资源总量为 419.42 亿立方米，地表水人均占有量 224 立方米，是我国水资源最贫乏的地区之一。海河流域包括海河和滦河两大水系，其中海河水系包括北运河、潮白河、蓟运河、永定河、大清河、漳卫河、子牙河等七条河流，均在天津流入渤海；滦河水系和徒骇河、马颊河、冀东沿海诸河独流入海。

随着工农业生产的快速发展和人民生活水平的不断提高，流域的水资源如果过度开发利用会严重危害生态环境，造成河湖干涸、湿地萎缩、水体污染、生物多样性减少等。环境保护部、国家发展改革委、水利部于 2017 年 10 月联合印发的《重点流域水污染防治规划（2016—2020 年）》中指出：

明确流域污染防治重点方向。海河流域要狠抓北京、天津、廊坊、保定、沧州、邯郸、新乡、鹤壁、德州、聊城等城市黑臭水体治理，加大造纸、焦化、印染、皮革等产业结构和布局调整力度，提高工业集聚区污染治理和风险防控水平，大幅减少潮白河、北运河、大清河（白洋淀）、卫运河、徒骇河、马颊河等水系污染负荷，强化跨省界水体治理；加强河北污水管网建设，推进北京、天津、河北等省份污泥处理处置设施建设。突出节水和再生水利用，高效配置生活、生产和生态用水，运用综合措施加大白洋淀、衡水湖、永定河等重要河湖的生态保护与修复力度；保障密云水库、于桥水库、岳城水库、岗黄水库、西大洋水库、王快水库、朱庄水库、桃林口水库、潘家口-大黑汀水库等水源地水质安全。

强化重点战略区水环境保护。京津冀区域作为海河流域污染防治的关键区域,要打破行政区域限制,加强顶层设计,持续提升水污染治理、水资源管理、水生态保护和修复水平。开展华北地下水超采区综合治理,大力提高用水效率,推进节水型社会建设,大力推动非常规水资源开发利用,将再生水纳入水资源统一配置,逐步提高沿海钢铁、重化工等企业海水淡化及海水利用比例。以跨界河流为重点,强化辖区内水质达标管理,推进上下游联防联控、联动治污,着力解决跨界水污染纠纷,大幅减少丧失使用功能的水体,推进京津冀"六河五湖"等重要河湖和湿地生态保护与修复,实现区域经济社会发展和生态环境保护建设协同推进。

着力消除重污染水体。以水质劣于Ⅴ类的优先控制单元为重点,落实治污责任,加大整治力度,大幅削减单元污染负荷,加强生态流量保障工程建设和运行管理,科学安排闸坝下泄水量,维持河湖基本生态用水需求,确保断面水质达标。白洋淀流域要综合采取入淀河流治理、村镇环境综合整治、生态保护和修复以及必要的调水等措施,保证生态水量和生态水位,逐步恢复生态功能。

8.4.2 海河流域的地下水保护

20 世纪 70 年代以来,地下水长期超采对海河流域生态环境造成了极大影响。超采产生了地面沉降、地下水水位下降、漏斗面积扩大、水量减少,机井报废、海水入侵、地面裂缝等对海河流域地下饮用水造成了污染。污染类型包括原生水质污染和次生水质污染,主要污染物为硝酸盐、氟化物、氯化物、挥发酚、铁、锰等。海河流域的水质除山区较好外,其他平原河流水质常年为劣Ⅴ类。

2000 年以来,国家和地方出台了加强地下水管理和保护的一系列措施。通过完善地下水管理的经济、法律、行政管理等方面的措施,平原区的地下水水位呈现稳定或上升的趋势。为了保证海河流域水资源的可持续利用和社会经济的稳定发展,对于海河流域地下水恢复与保护采取了以下措施。

一是加强超采区治理,保证超采范围不再扩大。例如:利用人工和自然回灌技术对地下水水位进行补充;进行水源置换,随着南水北调工程和引黄工程等外调水工程的建设通水,海河流域的地下水供水量在一定程度上被置换出来。

二是建立海河流域地下水监测系统,用于监测地下水水位、水量、水质等,以确定能否开采。

三是加大节水宣传力度,提高水资源的利用效率,可减少对地下水的开发。

四是对高污染企业进行转型或关停,能减少地表水对地下水的污染。

五是减少高耗水农作物的种植,减轻灌溉压力,从而能减少地下水的开采。

8.4.3 海河流域的湿地资源保护

湿地具有独特的生态调节系统,有"地球之肾"的美称,它能保护生物多样性,调节径流,改善水质,调节气候,提供食物、工业原料和旅游资源等。海河流域湿地分为五类:滨海、河流、沼泽、库塘、湖泊。该流域湿地资源丰富,具有重要的保护价值。其中,滨海湿地是海洋生态系统与陆地生态系统的交汇复合之地,具有生物资源多样化等特点,同时也是生态系统较为脆弱和敏感的地带,是海河流域湿地重要保护对象。

位于天津市东北部的七里海湿地,自然风光绚丽多姿,为天津市区、滨海新区营造了一个幽静、秀美的周边环境，对绿化、净化、美化环境起着重要的作用。2020 年 3 月 6 日，七里海湿地被国家林业和草原局列入国家重要湿地名录。

据专家测算，七里海湿地的大片芦苇每天释放出大量负氧离子。七里海湿地空气中负氧离子含量每立方厘米达 2500 个，比大城市中心区高出几十倍。负氧离子具有镇静祛痛、降低血压、消除疲劳等多重功效，被称为"自然保健医生""空气中的维生素"。七里海具有大面积的芦苇、香蒲等植物，具有净化水质、消除水污染的特殊功能。七里海对天津东北部地区蓄洪、滞洪也具有重要作用。另外，七里海的大面积天然湿地，为野生动植物提供了良好的生存繁衍环境，是宝贵的生物物种基因库和生物多样性重要发源地。

随着经济社会的发展，七里海湿地部分区域被当地渔民发展为人工鱼塘，渔民收获了经济效益，鱼塘面积也开始逐渐扩张。到 2010 年，靠近西海东部的潮白新河大部分区域和东海西部的大部分区域已经形成大规模的鱼塘养殖，导致了芦苇田被破坏，植被量降低。七里海湿地周边区域的农业用地范围也在不断扩大，严重的人为破坏使湿地的生态系统遭到严重影响。

为了遏制七里海湿地生态系统不断恶化，开始对湿地进行生态修复。由于近些年降水量少，上游河道断流，内部水系淤积，进行了渠道疏通和生态补水，使水文条件得到了改善，促进了与外界水循环的物质交换，使水质得到了有效改善。生态补水解决了缺水地区湿地萎缩、野生动植物生态环境丧失、生态环境恶化等问题。2017 年湿地核心区域实施封闭管理，开始对湿地的核心区域进行生态修复。对西海北淮淀村、东海北淮村、乐善村以及其他芦苇严重退化地带进行了人工补种，并且对七里海湿地芦苇主要分布地区进行了芦苇更新复壮，生态补水后有利于植物的生长。为了丰富七里海湿地生物多样性，在湿地的浅水区种植水生植物，种植面积达 1.06 平方公里。七里海湿地在生态环境改善方面，改造和新建了很多项目，利用现有堤埝新建生境岛 18 处，改造现有两处生境岛，使大岛变为若干小岛，形成大面积浅滩，给鸟类营造更多栖息地。湿地得到更好的保护离不开当地政府和群众的不断努力以及国家发布并实施的与湿地保护有关的法律法规。另外开发湿地资源要因地制宜，合理发展，禁止一切不利于保护湿地生态系统的人为活动（如挖沙取土、狩猎、毒杀鸟类等）。只有人与自然和谐相处，我们的生活环境才会变得更加美好。

8.4.4 海河流域高质量发展

党的十八大以来，京津冀协同发展、高质量高标准建设雄安新区等国家重大发展战略相继在海河流域落地，对流域水安全保障提出了更高的新要求。水利部"三对标、一规划"专项行动总结大会上强调，要坚持以"节水优先、空间均衡、系统治理、两手发力"的治水思路为指导，推动新阶段水利工作高质量发展，全面建设社会主义现代化国家安全的水资源。党的十九届五中全会指出，"十四五"时期是我国全面建设社会主义现代化国家新征程的第一个五年，海河流域水利工作要坚定不移地贯彻创新、协调、绿色、开放、共享的发展理念。尽快解决海河流域水资源水质差、水生态环境脆弱、防旱抗洪体系薄弱等问题，大力推进高质量发展海河流域水安全保障工作，我们必须从国家政治安全、经济安全、粮食安全、发展安全的角度思考问题。

"十四五"时期，科学谋划海河流域水安全保障总体布局，需要关注以下几方面。

第一，构建水资源配置格局，通过引黄工程、引滦工程和大中型水库等其他水源的联通，构建东西互补、南北互惠、多源共保的格局，以调节丰水期和枯水期水资源的配置，提高流域水资源供水保障能力。

第二，构建绿色水生态发展格局，突出治理山水林田湖草沙系统，优先保障河湖生态水量，推进地下水动态平衡，因河制宜、因地制宜、分区施策建设贯穿东西、连通南北的绿色河流生态廊道，保护河湖健康，构建河湖文化，实现人与河湖和谐发展。

第三，加强防洪减灾工程措施，加强流域防洪薄弱环节，坚持以防为主。首先，加快推进蓄滞洪区建设，确保蓄滞洪区遇流域大洪水能分担泄洪和蓄水的任务。其次，修编水灾害防御方案、预案，根据防洪工程、经济社会发展现状和防洪预演中暴露的问题，细化并完善各河系防御灾害的方案，编制联合调度方案，提高方案的科学性、指导性与可操作性，提升对特大灾害的综合应对能力。最后，强化洪水风险管控水平，检查防洪能力，排查风险隐患，加强防灾减灾科普知识宣传，提高社会对洪涝灾害风险的防范意识。

第四，推进数字化海河建设，打造水利一体化监测系统。随着数字化经济的不断发展，建设云平台、数据资源库、应用服务平台，打造海河流域数据中心成为大势所趋。构建以实时数据以及数字模拟为核心的海河数字平台，构建具有模拟水灾害功能的防御预警系统，以及水资源调控与水资源管理系统，并将其应用于水安全领域，以实现智能化解决海河流域资源配置与调配。以数字流域、监测体系、高速信息网络和智能应用系统为基础，搭建海河流域调度控制中心、各级调度控制分中心、水工程控制室，形成从流域机构至基层管理单位多级联动的流域指挥调度控制网，为流域各级管理单位的业务协同、调度管理提供高效保障。

第五，推进经济与水文和谐发展。海河流域随着经济的快速发展，水资源短缺与生态环境日益恶化问题不断突出，为了解决这一问题，建议加强流域污染项目的审批制度，做到经济效益大但重污染的项目不审批，通过环评技术评估的轻污染项目能够配备环保设备的给予审批，有污染的小作坊、小工厂予以整改，如未整改则予以关停处理。为保障海河流域人民的健康以及社会经济的可持续发展，取得两者的平衡，公众仍需加强节水和生态保护的意识，政府应加强宣传力度。人与自然和谐共生是发展现代化的要求，是习近平生态文明思想的核心。

"十四五"时期是向第二个百年奋斗目标进军的第一个五年。我们要破除传统发展思路和路径，用当代经济发展的思路建设现代化海河流域。在新时代，必须深入学习贯彻习总书记有关治水的重要论述精神，围绕"补充水利工程短板，加强水利行业监管"的水利发展总基调，以"节约优先，自然恢复"为目标，强化水资源管理，构建生态文明体系，解决水资源短缺问题，推动流域经济更高质量、更高效益的绿色发展。

第九章 生态环境保护的责任担当

中国面对生态环境问题的挑战，始终以人民为中心，将环境保护作为基本国策，持续推进生态环境保护，从新中国成立后的爱国卫生运动促进中国卫生事业发展、保护国民健康，到 1972 年参加联合国人类环境会议提出中国环境保护方案，1973 年开始定期召开全国环境保护会议，制定生态环境保护政策、制度和措施，积极推进末端治理、总量控制、清洁生产、循环经济，2007 年提出建设生态文明，并逐步融入经济建设、政治建设、文化建设、社会建设各方面和全过程，优化国土空间发展格局，全面促进资源节约，加大自然生态系统和环境保护力度，全面推进生态文明建设，建设美丽中国，促进中华民族永续发展，构建人类命运共同体，应对人类社会面临的巨大变革挑战，这一切都表现出中国作为发展中大国的勇气决心和责任担当。本章通过简单回顾中国生态环境保护的发展历程，系统梳理中国生态环境保护的综合防治实践、"一带一路"的绿色发展实践，介绍应对气候变化的中国方案，管中窥豹，以展现中华民族和中国人民追求可持续未来的努力和信心。

9.1 中国生态环境保护的发展历程

9.1.1 中国生态环境保护萌芽

20 世纪 70 年代，我国的环境保护理念从无到有，环境保护工作逐步开展。1973 年国务院召开第一次全国环境保护会议，审议通过《关于保护和改善环境的若干规定（试行草案）》，提出"全面规划、合理布局，综合利用、化害为利，依靠群众、大家动手，保护环境、造福人民"的环境保护工作 32 字方针。1978 年，《中华人民共和国宪法》规定："国家保护环境和自然资源，防治污染和其他公害。"1983 年召开第二次全国环境保护会议，把环境保护确立为基本国策，制定了"经济建设、城乡建设、环境建设，同步规划、同步实施、同步发展，实现经济效益、社会效益和环境效益相统一"的总方针、总政策，明确了"预防为主、防治结合""谁污染、谁治理""强化环境管理"的环境保护三大政策。

9.1.2　中国生态环境保护快速发展

（1）《环境保护法》的实施

1979 年通过《中华人民共和国环境保护法（试行）》，1989 年通过《中华人民共和国环境保护法》并施行。1989 年召开第三次全国环境保护会议，提出"向环境污染宣战"，积极推行环境保护目标责任制、城市环境综合整治定量考核制、排放污染物许可证制、污染集中控制制度、限期治理制度、环境影响评价制度、"三同时"制度、排污收费制度等八项环境管理制度。1992 年国家确立可持续发展战略，发布《中国关于环境与发展问题的十大对策》，1994 年制定并实施《中国 21 世纪议程》。1996 年召开第四次全国环境保护会议，提出保护环境是实施可持续发展战略的关键，保护环境的实质是保护生产力，发布《国务院关于环境保护若干问题的决定》，把实施主要污染物排放总量控制计划和跨世纪绿色工程规划作为改善环境质量的两大重要举措，全面开展"三河"（淮河、海河、辽河）、"三湖"（太湖、滇池、巢湖）污染防治，"两控区"（酸雨污染控制区和二氧化硫污染控制区）大气污染防治，"一市"（北京市）、"一海"（渤海）污染防治（简称"33211"工程）。

（2）坚持发展与保护并重

2002 年第五次全国环境保护会议提出，要把环境保护工作摆上同发展生产力同样重要的位置，按照经济规律发展环保事业，走市场化和产业化的路子。2006 年第六次全国环境保护大会明确提出加快实现"三个转变"：从重经济增长轻环境保护转变为保护环境与经济增长并重，从环境保护滞后于经济发展转变为环境保护和经济发展同步推进，从主要用行政办法保护环境转变为综合运用法律、经济、技术和必要的行政办法解决环境问题。2011 年第七次全国环境保护大会上指出，坚持在发展中保护、在保护中发展，积极探索代价小、效益好、排放低、可持续的环境保护新道路，把主要污染物减排作为经济社会发展的约束性指标，完善环境法制和经济政策，强化重点流域区域污染防治，提高环境执法监管能力，积极开展国际环境交流与合作。

（3）严格实施总量控制制度

为推动环境污染防治和环境保护战略的实施，中国政府明确提出国家以及各地区污染物排放总量控制目标，并推进实施和效果评估考核，以控制国家污染物排放总量。

"九五"期间，提出到 2000 年力争使环境污染和生态破坏加剧的趋势得到基本控制，部分城市和地区的环境质量有所改善。制定《"九五"期间全国主要污染物排放总量控制计划》，确定重点污染控制的地区和流域为总量控制对象，包括酸雨控制区和二氧化硫控制区，淮河、海河、辽河流域，太湖、滇池、巢湖流域；明确烟尘、工业粉尘、二氧化硫、化学需氧量、石油类、氰化物、砷、汞、铅、镉、六价铬和工业固体废物排放量为总量控制指标。

"十五"期间，提出全国二氧化硫排放量控制在 1800 万吨，尘（烟尘和工业粉尘）排放量控制在 2000 万吨，化学需氧量排放量控制在 1300 万吨，氨氮排放量控制在 165 万吨，工业固体废物排放量控制在 2900 万吨，其中危险废物得到安全贮存或处置。

"十一五"期间，提出对化学需氧量、二氧化硫两种主要污染物实行排放总量控制计划管理，在国家确定的水污染防治重点流域、海域专项规划中，还要控制氨氮（总氮）、总磷等污染物的排放总量；加快和强化城市污水处理设施建设与运行管理，减少化学需氧量排放总量，强化现役及新建燃煤电厂脱硫设施建设与运行监管，减少二氧化硫排放总量。

"十二五"期间，提出对化学需氧量、氨氮、二氧化硫、氮氧化物四种主要污染物实施排放总量控制。《"十二五"节能减排综合性工作方案》提出，2015年，全国化学需氧量和二氧化硫排放总量分别控制在2347.6万吨、2086.4万吨，比2010年的2551.7万吨、2267.8万吨分别下降8%；全国氨氮和氮氧化物排放总量分别控制在238.0万吨、2046.2万吨，比2010年的264.4万吨、2273.6万吨分别下降10%。

"十三五"期间，提出对化学需氧量、氨氮、二氧化硫、氮氧化物四种主要污染物实施排放总量控制，重点地区重点行业挥发性有机物、重点地区总氮、重点地区总磷三类区域性污染物排放总量减少。到2020年，全国万元国内生产总值能耗要比2015年下降15%，能源消费总量要控制在50亿吨标准煤以内。全国化学需氧量、氨氮、二氧化硫、氮氧化物排放总量分别控制在2001万吨、207万吨、1580万吨、1574万吨以内，比2015年分别下降10%、10%、15%、15%。全国挥发性有机物排放总量比2015年下降10%以上。

9.1.3　中国生态文明理念的提出

2007年10月，党的十七大报告首次提出建设生态文明。中国提出生态文明理念，创建生态文明思想理论体系和制度体系，建立先行示范区与试验区，落实各省市县区生态文明实践，推进中国绿色发展方式，逐步实现美丽中国建设目标。

从习近平生态文明建设系列论述可以提炼出以下四大核心理念：生态兴则文明兴、生态衰则文明衰，人与自然和谐共生的新生态自然观；绿水青山就是金山银山，保护环境就是保护生产力的新经济发展观；山水林田湖草是一个生命共同体的新系统观；环境就是民生，人民群众对美好生活的需求就是我们的奋斗目标的新民生政绩观。

党的十七大报告提出，要"建设生态文明，基本形成节约能源资源和保护生态环境的产业结构、增长方式、消费模式"。党的十八大报告明确提出"把生态文明建设放在突出地位，融入经济建设、政治建设、文化建设、社会建设各方面和全过程，努力建设美丽中国，实现中华民族永续发展"，最终"推动形成人与自然和谐发展现代化建设新格局"。一是落实优化国土空间开发格局，遵循人口、资源、环境均衡，经济、社会、生态三者共赢的发展原则，合理控制能源资源开发，优化能源资源效益，提升能源资源利用效率。合理布局人类活动空间，为自然生态留出发展空间，为子孙后代保留优美宜居的生存环境。合理规划城市、农村和自然的功能格局，构建良好人居环境、绿色农业环境和可持续生态环境。二是全面促进资源节约，重点加强对人类赖以生存的水资源、土地及大气环境的保护。优先发展节能低碳产业和开发新能源、可再生能源的技术和产业，建设节约型城市、海绵城市和无废城市。重点发展循环经济和绿色农业，注重在生产、流通和消费过程中的节能减排行为。三是加大自然生态系统和环境保护力度，落实生态修复和生态保护工程，积极促进土地荒漠化、水土流失等问题的综合治理工作。提倡加强水利建设，完善防灾减灾工作体系，构建基于互联网+大数据的监测监督平台。协助全世界共同应对和解决气候变暖、海平面上升等危害全人类的危机。四是加强生态文明制度建设，把资源消耗、环境损害和生态效益纳入经济发展评价体系，依据生态文明建设要求完善目标考核、评价标准和奖惩机制的确立。全面落实生态补偿制度，不放过任何破坏生态环境的行为，加强环境监管，实施生态环境保护责任追究制度和环境损害赔偿制度，为实现生态文明建设目标而努力。

党的十九大报告指出，"建设生态文明是中华民族永续发展的千年大计。必须树立和践行绿水青山就是金山银山的理念，坚持节约资源和保护环境的基本国策，像对待生命一样对待生态环境"，"既要创造更多物质财富和精神财富以满足人民日益增长的美好生活需要，也要提供更多优质生态产品以满足人民日益增长的优美生态环境需要","加强对生态文明建设的总体设计和组织领导,设立国有自然资源资产管理和自然生态监管机构,完善生态环境管理制度,统一行使全民所有自然资源资产所有者职责,统一行使所有国土空间用途管制和生态保护修复职责,统一行使监管城乡各类污染排放和行政执法职责。构建国土空间开发保护制度,完善主体功能区配套政策,建立以国家公园为主体的自然保护地体系。坚决制止和惩处破坏生态环境行为"。

《生态文明体制改革总体方案》提出建设四梁八柱:到 2020 年,构建起由自然资源资产产权制度、国土空间开发保护制度、空间规划体系、资源总量管理和全面节约制度、资源有偿使用和生态补偿制度、环境治理体系、环境治理和生态保护市场体系、生态文明绩效评价考核和责任追究制度等八项制度构成的产权清晰、多元参与、激励约束并重、系统完整的生态文明制度体系,推进生态文明领域国家治理体系和治理能力现代化,努力走向社会主义生态文明新时代。

2018 年,全国生态环境保护大会提出,加快构建生态文明体系,加快建立健全以生态价值观念为准则的生态文化体系,以产业生态化和生态产业化为主体的生态经济体系,以改善生态环境质量为核心的目标责任体系,以治理体系和治理能力现代化为保障的生态文明制度体系,以生态系统良性循环和环境风险有效防控为重点的生态安全体系。

党和国家一直致力于推动生态文明建设实践。从 2017 年开始分别制定在福建、江西、贵州和海南四地建设国家生态文明试验区的实施方案,创建省级生态文明先行示范区、国家级生态文明试验区、国家级生态文明示范市县。

9.2 中国生态环境保护的综合防治实践

9.2.1 中国环境污染末端治理实践

(1) 城市污水处理的实践

自改革开放以来,中国进入了快速发展时期。伴随着经济的快速发展和城市化,城市污水的数量急剧增加,并且由于越来越多的工业废水进入下水道,废水的组成变得越来越复杂。废水排放量的增加加剧了环境污染,直接威胁到城镇居民用水和粮食安全,迫切需要控制水污染。为了应对这一挑战,中国开始建设更集中的污水处理厂和补充设施。截至 2018 年底,中国已建成 5000 多家市政污水处理厂,日处理能力将近 2 亿立方米,污水处理率已达到90%以上。这不仅在一定程度上减轻了政府治理水污染的财政负担,而且提高了废水处理设施的建设和运行效率。表 9-1 列出了中国城市污水处理行业发展史上的里程碑式污水处理厂。

表 9-1 中国城市污水处理行业发展史上的里程碑式污水处理厂

运营年份	城市污水处理厂名称	处理量/(m³/d)	地位和意义
1986	天津纪庄子污水处理厂一期	260000	中国首家实施活性污泥工艺的大型污水处理厂
1993	北京高碑店污水处理厂一期	500000	中国首家 50 万立方米规模的污水处理厂
1991	邯郸市东污水处理厂	100000	首家采用三槽氧化沟工艺的工厂

运营年份	城市污水处理厂名称	处理量/(m³/d)	地位和意义
2000	大连马栏河污水处理厂	120000	首家采用 BIOSTYR(曝气生物滤池)工艺的水厂
2001	上海桃浦污水处理厂	60000	首家采用 SBR(序批式活性污泥法)工艺的水厂
2002	上海石洞口污水处理厂	400000	第一个 Unitank(一体化活性污泥法)工艺城市污水处理厂
2008	无锡市芦村污水处理厂	300000	第一家执行一级 A 标准的水厂;第一家采用大型 IFAS/MBBR(生物膜-活性污泥组合工艺/生物移动床反应器)系统的水厂
2016	北京槐房再生水厂	600000	中国最大的再生水厂

(2) 电子垃圾治理实践

过去一段时间,贵屿镇电子废物拆解行业陷入"污染—整治—反弹—再整治—再反弹"的循环,几乎家家户户都加入了电子废物拆解行业,拆解单位和从业人员的数量庞大,拆解单位规模小、数量大且过于分散,统一监管困难,贵屿镇环保基础设施处理能力不足。当地政府采取"疏堵结合"的方式对"散乱污"进行综合整治。通过"疏"建设一个循环经济产业园区,配套环保处理设施,将所有电子废物拆解户搬迁入园,便于统一监管,推动行业绿色发展;"堵",就是对电子废物污染行为坚决治理。

为了落实"堵",以区联合工作组、贵屿环保分局、环保执法队为主要力量,区、镇、村工作组全力配合,从严、从快打击各种环境污染行为,包括彻底清除"三酸"非法购销,杜绝非法酸洗、露天酸浴以及危险化学品提取贵金属等高风险、高污染拆解行为;彻底拆除冲天炉、高炉、煤炭炉等各种焚烧设施,消除煤炉加热拆解、露天焚烧、高压煲焚烧、高炉焚烧、烧烤电路板、危险废物简易填埋等行为;建立环境污染举报制度;组织跨地区联合执法,严防非法拆解电子废物等环境违法行为向周边村镇扩散。

贵屿镇党委政府将环境监管列入日常管理工作重点任务,全面落实环境监管网格化管理机制,将环保监管任务细化分解到各村(居),层层传递压力,压实工作责任,结合区工作组、设卡组、贵屿环保分局、环保执法队、区镇驻村工作组的联动,切实加强巡查、监管、打击,防止污染行为的反弹;加强对辖区内运载废旧电器货物车辆的检查,持续实施废旧电器货物集中交易制度,坚决从源头、运输环节上加强监管。2012—2015 年共取缔 2469 家电子废物拆解户,拆除了 3245 套排气烟囱和集气罩。

根据《废弃电器电子产品回收处理管理条例》、《废弃电器电子产品综合利用行业准入条件》(征求意见稿)和《废塑料加工利用污染防治管理规定》等文件精神,制定《贵屿镇电子废物拆解处理行业整治要求》,设定资源再生利用率、能源使用、工艺与装备、废物来源和去向、污染防治、职业安全与卫生等标准与要求,指导贵屿镇电子废物拆解处理行业实施综合整治。

建设贵屿循环经济产业园区,根据贵屿镇电子废物集中处理场建设进度,分期分批迁入集中处理场进行集中拆解。

于 2013 年启动贵屿循环经济产业园区建设,建设废旧家电整机拆解厂、工业污水处理厂、危废转运站、湿法冶炼厂、火法冶炼厂、废弃机电产品集中交易装卸场、集中拆解楼(包括塑料造粒区)、废塑料清洗中心等项目,根据《汕头市贵屿地区电子废物污染综合整治方案》《贵屿地区电子废物污染综合整治验收细则》规定，园区于 2015 年底建成，引导拆解户以行业类型、亲缘关系、地缘关系为基础组建成 29 家公司进驻园区生产，推动个体经营向集体经营、公司化经营转变。推动园区信息化管理平台建设，实现园区物料入园、园中周转以及出园的详细信息和数据的全过程信息化管理。

2016—2018 年，园区内电子拆解类企业主要包括手工拆解、塑料造粒、烤板三大类，共有企业 80 家，从业人员约 3500 人，年完成产值分别为 10.35 亿元、17.5 亿元、14.65 亿元。贵屿循环经济产业园区已成为广东省乃至全国的电器拆解特色产业的集聚地，成为广东省循环化改造试点单位、城市矿产示范基地，为全省乃至全国废弃电器电子产品资源化利用提供了样板。

经过一系列专项整治措施，贵屿生态环境大有改观。北港河上游军寮断面至下游潮港桥断面水质从整治前的酸性环境改善为中性环境，北港河主河道水质铅、砷、镉、铜、镍和汞的含量均达到Ⅲ类地表水的标准；空气环境中常规指标和重金属镉、铅、砷、汞及其化合物等指标均达到《环境空气质量标准》年平均浓度的二级标准，北林村作为贵屿镇废旧电器电子火法拆解的集中区域，2018 年空气中铅和铜浓度较 2012 年分别下降 70.07％和 75.75％。

（3）长江船舶污染物协同治理实践

湖北省交通厅和宜昌市交通局历经两年联合打造了长江首个船舶污染物协同治理信息系统，并已于 2019 年 11 月在三峡河段正式上线。该船舶污染物协同治理信息系统基于云服务、互联网移动应用和大数据分析技术，可实现船、港、岸等节点的无缝对接。过往船舶进入三峡河段，可通过手机软件查看周边污染物接收船实时情况，并根据距离远近和服务评价选择接收船舶上门收取污染物。接收船点对点接收完船舶污染物后，在线提交污染物转运上岸需求并确认转运时间，由岸上转运单位到接收转运码头现场接收，并最终转运至后方专业企业进行无害化处理。通过在线全天候监控，污染物处置情况从"朦胧不清"转变为"纤毫毕现"，交通、生态环境、住建等部门也从"分兵把守"转为"集团作战"。

9.2.2 中国环境保护综合防治实践

（1）成都市水环境综合整治案例

成都市实施府南河综合整治和沙河综合整治工程，对岷江、沱江流域成都段的水环境进行综合整治，明显改善城市水环境。通过整治，城区水域功能区水质达标率为 100％，市内无劣Ⅴ类水体；集中式饮用水水源的水质达标率保持在 96％以上；单位 GDP 水耗逐年降低，保持在全国平均水平以下；工业废水排放达标率在 95％以上；新建项目环境影响评价和"三同时"制度执行率达到 100％。

① 各方协作搭建水环境综合整治网络。2002 年以来，成都市通过电视、报刊等多种形式和手段，大力宣传综合整治水环境，组织开展"纪念'4·22'地球日暨'绿色成都'全民环境教育"系列活动、绿色学校创建活动、"绿色城市"万人社会问卷调查活动，提高政府、企业和民众对水环境综合治理的认识，增强了社会公众的环境危机感、紧迫感和责任感，形成了广泛参与、关爱环境的良好局面。

通过定期进行综合整治水环境专项调研，开展岷江、沱江水系和成都南河、府河、沙河以及主要支流的污染现状调查，掌握岷江、沱江水系成都段河道污染现状，确定"成都上游新鲜水源少、城区生活污水还未全部处理、地表径流污染物多、养殖污染严重、工业废水还有部分未达标"等为河道污染原因。

制定《关于岷江水污染治理的规划建议》《成都市饮用水保护区划分规定》《成都市中心城区水环境综合整治规划》，明确岷江、沱江等各河段水环境综合整治目标。树立经营城市理念，创新水污染治理市场化运作的新模式，通过委托投资等手段，募集民间资金，解决资金短缺的瓶颈，加快城市污水管网和雨污分流、中水回用工程建设步伐。

成立水污染整治工程办公室，召开水环境综合整治会议，市委、人大、政府、政协和各区（市）县、市级30多个有关部门主要领导以及部分企业单位法定代表人等全面参与，落实"环保首问责任制"、"一把手"环境保护目标责任制考核办法，形成了齐抓共管水环境综合整治工作的格局。

② 扼源控点实现水环境面貌的大改变。整治重点工业污染源。按照《四川省人民政府关于对岷江、沱江、嘉陵江流域食品、化工、印染、制革及再生纸行业重点污染源进行清理整顿和限期治理的紧急通知》的要求，对岷江、沱江成都段的府河、江安河、毗河、蒲阳河、新津南河以及凤凰河、沙河七条河域的重点水污染企业开展整治水污染源行动，依法关闭、停产治理超标排污企业。

严格监控达标排放的工业污染源。加强对达标排放单位的日常监督管理，特别是重点工业企业，依法对擅自停运环保治理设施造成污染物超标排放的单位进行严肃查处，突出动态监控和管理。

整治畜禽养殖污染源。对三环路以内的畜禽养殖场（户）进行专项清理。市政府下发《关于认真贯彻执行国家环境保护总局〈畜禽养殖污染防治管理办法〉的通知》，拟定《畜禽养殖污染防治管理办法》，采取"关停并转""关小扶大""发展规模养殖，集中污染治理"等措施，把关停、搬迁养殖场工作纳入了乡（镇）的目标任务，全市共拆除、关闭和搬迁养殖场167个。

从严控制新增污染源。严格按照《中华人民共和国水污染防治法》《中华人民共和国环境影响评价法》，加强对新建大型工业企业重污染源的管理，严格进行新建度假村、农家乐等餐饮娱乐企业的审批，从严控制新增污染源，遏制了水环境恶化的趋势。

保护饮用水水源。成立城市饮用水水源污染事故应急处理领导小组，按照《四川省饮用水水源保护管理条例》，对全市25处集中式饮用水水源保护区实行严格管理，在城市的不同方位采取不同措施，切实排除污染源。

③ 面线兼治推动水环境基础设施建设。树立生态建设、生态保护的理念，从中心城区开始，分片建设，分段整治，连片成面，连点成线，面线结合，坚持城市基础设施建设与水环境污染防治设施同步规划、同步建设、协调发展。

加速实施雨污分流工程。针对雨污分流、污水截流与污水处理厂建设不匹配的问题，市政府安排专项补助资金，各区投入专项资金，建设雨污分流、污水截流工程。加快污水、垃圾处理设施建设。随着城市生活污水和垃圾产量逐渐增多，市政府加强了污水处理厂和垃圾处理场的建设，为全面整治水污染打下了良好基础。多方开拓环境水源，通过造水入城、引水入城、调水入城，增加城市生态环境用水。积极开展中小河道综合整治。

（2）天津六大措施推进大气污染治理案例

2015年，天津市委、市政府将大气污染防治作为"美丽天津·一号工程"的首要任务和京津冀协同发展国家重大战略的重要内容，不断加大治理力度，主要采取了六项措施，即依靠制度创新实现标本兼治，依靠执法执纪落实治污责任，依靠结构调整控制污染增量，依靠工程措施削减污染存量，依靠区域联动防控污染传输，依靠应急响应降低污染峰值。

天津市相继出台新法规、新政策、新标准、新方法，运用综合手段倒逼治污减排。修订实施了《天津市大气污染防治条例》，印发相关配套制度，制定发布《工业炉窑大气污染物排放标准》等四项地方标准和建筑工地、拆迁工地、堆场等六项扬尘防治技术规范。在2014年大幅度提高 SO_2 等四种污染物排污费征收标准的基础上，2015年5月起，实施扬尘排污收费制度，提高烟粉尘排污收费标准，并将开征挥发性有机物排污费，差别化收费，奖优罚劣；通过"以奖代补""以奖促治"等方式，加大政府投入，强化大气污染防治资金支持力度。2015年对占全市燃煤量95％以上的71家废气排放企业全部实现在线监测，对超标排放企业从严处罚；对全市建筑工地、拆迁工地和各类堆场扬尘实施视频监控全天候全覆盖，并配备监测设施实行24小时动态监测。市委、市政府组织三个轮次的全市污染防治大检查，并与重污染天气应急同步进行，直接点名、直接问责，狠抓治污进度、压实治污责任；市环保局由局处级干部带队全年累计派出294人（次）组成20个区县工作组，采取驻点的方式，在对全市各区县大气污染防治工作进行指导服务的同时，24小时监督巡查，以点带面，确保区县治污措施落实到位。

牢牢压实治污的政府属地责任、部门监管责任和企业主体责任，突出考核问责实效。市委、市政府印发实施《天津市清新空气行动考核和责任追究办法（试行）》，严格落实党政同责；对区县环境空气质量实行月排名通报，市政府先后约谈了工作不力的四个区县主要负责人。分部门印发实施自由裁量权、按日计罚等20个《天津市大气污染防治条例》执法配套文件，环保部门和各相关部门联合执法、密切配合，与公检法无缝衔接，持续形成严厉打击环境违法行为的高压态势。

为深入推进污染治理，天津市针对现阶段产业结构和能源结构问题仍然是造成区域污染物排放量大主因的现状，进一步加快产业结构和能源结构调整步伐。2015年，天津市在提前一年完成国家"十二五"淘汰落后产能任务的基础上，关停淘汰落后污染企业222家，二产比重由2014年的49.4％进一步下降至47.1％，三产比重由2014年的49.3％上升至51.8％；在全市划定高污染燃料禁燃区，关停中心城区最后3套煤电机组，改燃关停燃煤锅炉338座634台，全年削减燃煤500万吨。通过转方式、调结构、抓"治本"，全市大气污染物排放强度稳步下降，保障了环境空气质量的持续改善，特别是 SO_2 浓度由2013年的 $59\mu g/m^3$ 下降至 $29\mu g/m^3$。

在现有污染物存量依然巨大的情况下，天津市突出重点，扎实推进"五控"治理，一批重点工程提前完成。控煤方面，2015年全年更换先进灶具86万套，全市116万吨散煤全部实现清洁化替代，提前一年完成全市散煤治理任务；全市22套30万千瓦及以上煤电机组中，21套完成清洁化改造，2200万吨电煤达到燃气排放标准。控尘方面，严格落实施工工地围挡、苫盖、车辆冲洗、地面硬化和土方湿法作业"五个百分之百"扬尘控制标准；对全市1.8万块131平方公里裸露地面采取绿化、硬化、苫盖等措施逐一治理；利用卫星遥感和无人机等手段强化秸秆禁烧，秸秆综合利用率提高至95％以上。控车方面，2015年6月底提前半年全部淘汰全市29万辆黄标车，全面实施国五机动车汽柴油和国五机动车排放标准；建成港口岸电箱42座，天津港132台大型集装箱场桥全部完成"油改电"。控工业污染方面，全市60套石化生产装置全面完成了挥发性有机物在线检测和修复，实施重点工业企业脱硫、脱硝和挥发性有机物治理22项、钢铁联合企业烟粉尘无组织排放深度治理15项。控新建项目方面，全年未审批新建燃煤发电或自备燃煤电站项目；对新、改、扩建项目所需的二氧化硫、氮氧化物、烟粉尘和挥发性有机物等污染物排放总量严格落实倍量替代。通过力度空前的工程减排措施，狠抓治标，2015 年全市大气污染物排放总量持续下降，$PM_{2.5}$ 浓度由 2013 年的 $96\mu g/m^3$ 下降至 $70\mu g/m^3$。

同时，紧密围绕区域联防联控，强化区域协同治理，削减区域间污染传输。

天津市与京津冀及周边 7 省区市建立了重污染预警会商平台，在重大活动空气质量保障和遇极端不利气象条件期间，每日开展空气质量实时联合视频会商，同步采取应急减排措施，减缓区域空气污染积累程度。强化区域协同治理，与河北省沧州市和唐山市分别签订联防联控合作协议，支持资金 4 亿元，用于燃煤设施和散煤治理，并为两地大气污染治理提供技术援助，实现区域空气质量共同改善。此外，天津市还重点加强全市各区县间的协同治理，通过在区县间开展交叉互查和互比互学互看，找差距、学经验、促改善。

此外，天津市将污染天气预警应急作为加快改善空气质量的重要抓手，最大限度地削减不利气象条件下污染浓度峰值。修订《天津市重污染天气应急预案》，降低了应急启动门槛，加严了应急响应措施；突出强化空气质量预警预报，依据预测结果，果断启动应急措施，对区县、部门应急响应情况一日一通报，并向社会公开，确保落实。在不利气象条件应对方面，逐日、逐周、逐月对全市环境空气质量分析研判，遇 AQI（空气质量指数）大于 150 时，在重点区域、重点企业、重点工地启动"五个一"保障方案，实施限排、停工等临时应急减排措施，对重点污染源专人盯守，降低污染影响。在针对性减排措施方面，结合不同时期污染物变化趋势特征，分析成因，采取针对性应对措施，有效降低对综合指数的影响。2015 年 5 月，根据夏季臭氧浓度偏高的特点，印发实施《关于加强夏季臭氧污染防治工作的紧急通知》，采取 10 项针对性措施，实现臭氧年均浓度同比下降 9.6%；2015 年 9 月，针对冬季大气污染防治工作的严峻形势，印发实施《关于加强今冬明春大气污染防治工作的紧急通知》，明确了 8 个方面 21 条具体措施。

9.3 "一带一路"的绿色发展实践

中国深化共建"一带一路"，持续推进南南合作，利用中国-联合国和平与发展基金、南南合作援助基金等，为相关国家落实 2030 年可持续发展议程提供力所能及帮助。

9.3.1 "一带一路"的绿色发展理念

2016 年 6 月 22 日，习近平主席在乌兹别克斯坦最高会议立法院演讲时强调，要"着力深化环保合作，践行绿色发展理念，加大生态环境保护力度，携手打造'绿色丝绸之路'"。《"十三五"生态环境保护规划》中设置了"推进'一带一路'绿色化建设"专门章节，提出加强中俄、中哈以及中国-东盟、上海合作组织等现有多双边合作机制，积极开展澜沧江-湄公河环境合作，开展全方位、多渠道的对话交流活动，加强与沿线国家环境官员、学者、青年的交流和合作，开展生态环保公益活动，实施绿色丝路使者计划，分享中国生态文明、绿色发展理念与实践经验。建立健全绿色投资与绿色贸易管理制度体系，落实对外投资合作环境保护指南。开展环保产业技术合作园区及示范基地建设，推动环保产业走出去。树立中国铁路、电力、汽车、通信、新能源、钢铁等优质产能绿色品牌。推进"一带一路"沿线省（区、市）产业结构升级与创新升级，推动绿色产业链延伸；开展重点战略和关键项目环境评估，提高生态环境风险防范与应对能力。编制实施国内"一带一路"沿线区域生态环保规划。统筹规划未来五年"一带一路"生态环保总体工作。

2017年5月14日，习近平主席在"一带一路"国际合作高峰论坛开幕式发表主旨演讲，提出要"践行绿色发展的新理念，倡导绿色、低碳、循环、可持续的生产生活方式，加强生态环保合作，建设生态文明，共同实现2030年可持续发展目标"，"设立生态环保大数据服务平台，倡议建立'一带一路'绿色发展国际联盟，并为相关国家应对气候变化提供援助"。

2019年4月26日，习近平主席出席第二届"一带一路"国际合作高峰论坛开幕式，并发表题为《齐心开创共建"一带一路"美好未来》的主旨演讲，强调共建"一带一路"为世界各国发展提供了新机遇，也为中国开放发展开辟了新天地。面向未来，我们要秉持共商共建共享原则，坚持开放、绿色、廉洁理念，努力实现高标准、惠民生、可持续目标，推动共建"一带一路"沿着高质量发展方向不断前进。

9.3.2 "一带一路"建设

(1) "一带一路"绿色发展指导意见和规划

自"一带一路"倡议提出以来，"一带一路"建设进展迅速，一批重大工程和国际产能合作项目落地。在生态环保合作领域，中国积极与沿线国家深化多双边对话、交流与合作，强化生态环境信息支撑服务，推动环境标准、技术和产业合作，取得积极进展和良好成效。

为进一步推动"一带一路"绿色发展，2017年4月，环境保护部、外交部、国家发展改革委、商务部联合发布了《关于推进绿色"一带一路"建设的指导意见》（以下简称《指导意见》）。《指导意见》提出，用3至5年时间，建成务实高效的生态环保合作交流体系、支撑与服务平台和产业技术合作基地，制定落实一系列生态环境风险防范政策和措施；用5至10年时间，建成较为完善的生态环保服务、支撑、保障体系，实施一批重要生态环保项目，并取得良好效果。

2017年5月，为加强生态环保合作，发挥生态环保在"一带一路"建设中的服务、支撑和保障作用，共建绿色"一带一路"，环境保护部编制并发布《"一带一路"生态环境保护合作规划》（以下简称《规划》）。《规划》明确指出，生态环保合作是绿色"一带一路"建设的根本要求，是实现区域经济绿色转型的重要途径，也是落实2030年可持续发展议程的重要举措。规划提出，到2025年，要夯实生态环保合作基础，进一步完善生态环保合作平台建设；制定落实一系列生态环保合作支持政策；在铁路、电力等重点领域树立一批优质产能绿色品牌；一批绿色金融工具应用于投资贸易项目；建成一批环保产业合作示范基地、环境技术交流与转移基地、技术示范推广基地和科技园区，形成生态环保合作良好格局。到2030年，全面提升生态环保合作水平，深入拓展在环境污染治理、生态保护、核与辐射安全、生态环保科技创新等重点领域合作，使绿色"一带一路"建设惠及沿线国家，生态环保服务、支撑、保障能力全面提升，将"一带一路"建设成为绿色、繁荣与友谊之路。

(2) 践行"一带一路"绿色发展理念

在推进"一带一路"绿色发展的过程中，中国与"一带一路"共建国家和地区围绕促进绿色发展开展多领域合作。通过健全合作机制，扩大合作范围，中国与共建国家和国际组织签署超过50份双边、多边生态环境合作文件。推进平台建设，启动"一带一路"绿色供应链平台，成立澜沧江-湄公河环境合作中心，与柬埔寨环境部共同建立中柬环境合作中心，在肯尼亚和老挝分别筹建中非环境合作中心和中老环境合作办公室。深入政策沟通，不断深化共识，举办"一带一路"生态环保国际高层对话等系列主题交流活动，在中国-东盟、上海合作组织、澜沧江-湄公河等合作机制下，每年举办 20 余次论坛和研讨会，积极与共建国家和地区交流讨论。开展绿色发展务实合作，实施绿色丝路使者计划、环境管理对外援助培训和应对气候变化南南合作培训，在深圳设立"一带一路"环境技术交流与转移中心等。

① 编制沿线重点国家生态环境状况报告。中国-东盟（上海合作组织）环境保护合作中心在已有工作基础上，开展沿线重点国家生态环境状况基础信息收集和研究，编制"一带一路"沿线重点国家生态环境状况报告，发布《"一带一路"生态环境蓝皮书——沿线重点国家生态环境状况报告》（2015）。通过 26 个沿线主要国家的国家生态环境状况报告，包括俄罗斯、哈萨克斯坦、白俄罗斯、蒙古、印度、巴基斯坦、柬埔寨、印度尼西亚、缅甸、马来西亚、新加坡、泰国、土耳其等国家，全面分析各国家和地区环境管理政策制度，水环境、大气环境、固体废物、土壤污染、核污染和环境国际合作等相关信息，积极构建"一带一路"沿线国家生态环保信息库，为绿色"一带一路"建设提供基础信息服务。

② 推动上海合作组织环保信息共享平台建设。上海合作组织环保信息共享平台建设旨在推动实现上合组织各国之间环保信息的互联、互通，为区域合作提供环保公共产品，为绿色"一带一路"建设提供信息支撑和能力保障。

平台计划分三个阶段实施建设：第一阶段（2014—2017 年），以上海合作组织成员国为主体，通过与上海合作组织各成员国之间的磋商，推动建立国家联络点、形成工作机制，建成环境信息发布平台；第二阶段（2017—2020 年），逐渐涵盖观察员国和对话伙伴国及其他合作伙伴，实现上海合作组织区域环保信息共享，为区域环境合作和各国环境保护提供支持；第三阶段（2020 年及以后），建成运转良好的区域环境信息共享平台。截至 2016 年 5 月，项目一期建设已经完成内部验收，各项任务进展包括：完成上合组织环保信息共享平台网站中、英、俄三个版本的开发；完成中亚环境遥感监测系统的设计开发和伊犁河流域境内典型地区遥感影像数据的采集、预处理和监测范围内的专题信息提取；完成跨国界水体环境综合管理决策支持系统设计、开发和业务数据的优化整理工作等。项目二期将在一期工作的基础上，完善信息采集和录入，并针对典型区域的典型环境问题，开展焦点和专题问题研究，为绿色"一带一路"建设提供有效支持。

③ 生态环保大数据服务平台建设。"一带一路"生态环保大数据服务平台旨在借助"互联网＋"、大数据、卫星遥感等信息技术，整理中国和沿线国家的生态环境状况以及环境保护政策、法规、标准、技术和产业发展等相关信息，分享生态文明与绿色发展的理念与实践，搭建政策对话与交流平台、决策支持平台、科学研究平台和能力建设平台，为沿线国家开展生态环保合作提供信息支撑，服务绿色"一带一路"建设。"一带一路"生态环保大数据服务平台网站是平台建设的首个成果，由生态环境部指导、生态环境部中国-东盟环境保护合作中心/中国-上海合作组织环境保护合作中心建设。

④ 全球生态环境遥感监测"一带一路"生态环境状况。为满足全球生态环境治理、应对气候变化和实现可持续发展等需求，分享我国生态文明建设成果和经验，科学技术部按照"部门协同、内外结合、成果集成、数据共享、国际合作"的基本思路，于 2012 年启动了"全球生态环境遥感监测年度报告"工作。该项开创性的工作充分发挥科技引领作用，持续产出了一系列的专题报告和数据集产品，推动了国产卫星数据共享和应用，促进了我国全球综合监测和分析能力的提升，为全球生态环境治理提供了有价值的公共产品，扩大了我国参

与地球观测组织（GEO）及国际地球观测事务的影响力。

截至 2021 年 12 月，已连续十次发布全球生态环境遥感监测年度报告。《全球生态环境遥感监测 2015 年度报告》专设"一带一路"生态环境状况专题，选定"一带一路"生态环境状况和全球大宗粮油作物生产形势两个专题开展监测分析，就陆域 7 大区域、6 大经济走廊及 26 个重要节点城市的生态环境基本特征、土地利用程度、约束性因素等进行了系统分析，生成了监测区域陆域与海域现势性较强的土地覆盖、植被生长状态、农情、海洋环境等方面的 31 个生态环境遥感专题数据产品。这些成果为"一带一路"倡议的实施规划方案制定提供了现势性和基础性的生态环境信息，可作为"一带一路"倡议实施过程中的生态环境动态监测评估的基准。2021 年 12 月 20 日，《全球生态环境遥感监测 2021 年度报告》正式发布。报告阐释了欧亚大陆草原生态环境改善及草畜平衡的状况，评估了近十年全球及中国粮食生产及安全形势，客观反映了自 2015 年联合国提出 2030 年可持续发展目标以来全球在生态环境治理和实现零饥饿等方面所做的努力。

"全球生态环境遥感监测年度报告"是一项长期性工作，在总结过往工作成果的基础上，应进一步面向联合国可持续发展目标和我国"共谋全球生态文明建设""深度参与全球环境治理"的愿景，落实关于"十四五"规划和二〇三五远景目标的精神，坚持需求导向，加强协同创新，持续深化合作，为构建人类命运共同体、共建美好地球贡献中国智慧和方案。

9.4　应对气候变化的中国方案

中国坚持绿水青山就是金山银山理念，打响蓝天、碧水、净土"三大战役"，统筹山水林田湖草沙系统治理取得显著成效。实施积极应对气候变化国家战略，推进减缓、适应气候变化各项行动，加快发展方式绿色转型，坚定落实气候变化《巴黎协定》，积极参与全球气候治理，提高国家自主贡献力度。2015 底到 2020 年，森林覆盖率从 21.66% 提高至 23.04%，森林蓄积量由 151 亿立方米提高到 175 亿立方米，全国地级及以上城市优良天数比率升至 87%，主要污染物排放总量减少目标超额完成，水生态环境保护取得积极进展，碳强度累计下降 18.8%，清洁能源占比增至 24.3%，光伏和风能的装机容量、发电量居世界首位，2020 年碳强度比 2005 年下降约 48.4%，超额完成应对气候变化相关目标。

9.4.1　全球应对气候变化挑战

全球气候变化给世界带来巨大挑战，改变了地球物理化学过程，威胁人类生命健康，甚至是生存安全。全球各国积极应对气候变化，1979 年第一届世界气候大会就将气候变化列为国际社会关注的问题。1988 年，在世界气象组织（WMO）和联合国环境规划署（UNEP）的组织下，政府间气候变化专门委员会（IPCC）成立。1990 年到 2021 年，IPCC 共做出六次评估报告，这些报告成为应对气候国际谈判、国际框架公约以及各国制定应对气候变化国家方案的基础和指南。1992 年联合国环境与发展大会（即里约地球峰会）上，154 个国家签署了《联合国气候变化框架公约》（UNFCCC），目标是将大气中温室气体浓度稳定在防止发生由人类活动引起的、危险的气候变化水平上。《联合国气候变化框架公约》为各国提供了基本应对气候变化的合作框架，是后续各公约框架发展、国际谈判的基础。1997 年《联合国气候变化框架公约》第 3 次缔约方大会通过具有法律约束力的《京都议定书》，规定发达国家设立强制减排目标，建立旨在减排温室气体的国际排放贸易机制、联合履行机制和清洁发展机制三个灵活合作机制。之后又陆续召开巴厘大会、哥本哈根气候大会、德班气候大会、多哈气候大会、华沙气候大会、利马气候大会，协商各国履约责任和任务。2015 年，巴黎气候大会上各国签署《巴黎协定》，世界气候谈判将重点转向谈行动和落实。《巴黎协定》明确指出，各方将加强对气候变化威胁的全球应对，把全球平均气温较工业化前水平升高控制在 2℃ 之内，并为把升温控制在 1.5℃ 之内而努力，全球将尽快实现温室气体排放达峰，21 世纪下半叶实现温室气体净零排放；从 2023 年开始，每 5 年将对全球行动总体进展进行包含减缓行动和资金承诺等比较全面的盘点，以帮助各国提高执行力度、加强国际合作，实现全球应对气候变化长期目标；确立 2020 年后各方将以"自主贡献"的方式参与全球应对气候变化行动的方案，发达国家将继续带头减排，并加强对发展中国家的资金、技术和能力建设支持，帮助发展中国家减缓和适应气候变化。2018 年 4 月，德国波恩气候大会召开，各方围绕公约执行、《巴黎协定》实施细则等重点议题进行谈判和磋商。2019 年 9 月召开气候行动峰会，呼吁各国领导及政要重视对限制全球气温升高的承诺，以应对气候挑战。2019 年 12 月，西班牙马德里《联合国气候变化框架公约》第 25 次缔约方会议上，196 个缔约国承诺将在 2020 年减少二氧化碳排放量，欧洲表达出积极应对态度。2020 年 12 月，联合国气候雄心峰会上，各国根据《巴黎协定》缓解、适应和融资承诺三大支柱做出新的、雄心勃勃的承诺，提出碳中和目标，例如阿根廷（2050）、巴巴多斯（2030）、马尔代夫（2030）、牙买加（2050）、毛里求斯（2070）、尼泊尔（2050）、老挝（2050）、马拉维（2050）。2021 年，各国根据《巴黎协定》讨论制定 2025 年财政融资方案，并将于 2025 年形成新的财政承诺方案。

9.4.2　中国应对气候变化承诺与行动

作为发展中大国，中国积极参与全球应对气候变化行动，参加应对气候变化会议，做出中国承诺。2009 年中国向国际社会宣布：到 2020 年单位国内生产总值二氧化碳排放比 2005 年下降 40%～45%，非化石能源占一次能源消费比重达到 15% 左右，森林面积比 2005 年增加 4000 万公顷，森林蓄积量比 2005 年增加 13 亿立方米。2015 年 6 月，中国提交《强化应对气候变化行动——中国国家自主贡献》，确定到 2030 年的自主行动目标：二氧化碳排放 2030 年左右达到峰值并争取尽早达峰；单位国内生产总值二氧化碳排放比 2005 年下降 60%～65%，非化石能源占一次能源消费比重达到 20% 左右，森林蓄积量比 2005 年增加 45 亿立方米左右。2020 年 9 月，习近平主席在第 75 届联合国大会期间提出将提高国家自主贡献力度，采取更加有力的政策和措施，二氧化碳排放力争于 2030 年前达到峰值，努力争取 2060 年前实现碳中和。中国作为全球率先提出碳中和目标的发展中国家，将对全球各国提升目标、强化行动起到引领性的作用。2020 年 9 月，习近平主席在联合国生物多样性峰会上提出中国将秉持人类命运共同体理念，愿承担与中国发展水平相称的国际责任，提高国家自主贡献力度，采取更加有力的政策和措施，为实现应对气候变化《巴黎协定》确定的目标做出更大努力和贡献。2020 年 11 月，习近平主席在二十国集团领导人利雅得峰会"守护地球"主题边会上提出中国言出必行，将坚定不移落实碳达峰和碳中和目标。2020 年 12 月，在联合国气候雄心峰会上，习近平主席发表《继往开来，开启全球应对气候变化新征程》重要讲话，并承诺：到 2030 年，中国单位国内生产总值二氧化碳排放将比 2005 年下降 65％以上，非化石能源占一次能源消费比重将达到 25％左右，森林蓄积量将比 2005 年增加 60亿立方米，风电、太阳能发电总装机容量将达到 12 亿千瓦以上。

2021 年 10 月，国务院新闻办公室发表《中国应对气候变化的政策与行动》白皮书。白皮书介绍，中国实施积极应对气候变化国家战略。不断提高应对气候变化力度，强化自主贡献目标，加快构建碳达峰碳中和 "1＋N" 政策体系。坚定走绿色低碳发展道路，实施减污降碳协同治理，积极探索低碳发展新模式。加大温室气体排放控制力度，有效控制重点工业行业温室气体排放，推动城乡建设和建筑领域绿色低碳发展，构建绿色低碳交通体系，持续提升生态碳汇能力。充分发挥市场机制作用，持续推进全国碳市场建设，建立温室气体自愿减排交易机制。推进和实施适应气候变化重大战略，持续提升应对气候变化支撑水平。

2021 年 10 月 31 日至 11 月 13 日，《联合国气候变化框架公约》第 26 次缔约方大会在英国格拉斯哥召开。其间，中美两国联合发布《中美关于在 21 世纪 20 年代强化气候行动的格拉斯哥联合宣言》，有效提升了各方合力应对气候变化的信心，积极建设性地推动了大会进程，为弥合各方分歧、扩大共同立场注入了动力。2021 年 11 月 1 日，习近平主席向《联合国气候变化框架公约》第 26 次缔约方大会世界领导人峰会发表书面致辞。习近平主席强调，中国秉持人与自然生命共同体理念，坚持走生态优先、绿色低碳发展道路，加快构建绿色低碳循环发展的经济体系，持续推动产业结构调整，坚决遏制高耗能、高排放项目盲目发展，加快推进能源绿色低碳转型，大力发展可再生能源，规划建设大型风电光伏基地项目。

2021 年，我国加快向碳达峰碳中和目标进发。3 月 15 日，中央财经委员会第九次会议研究了实现碳达峰、碳中和的基本思路和主要举措，明确强调，要坚定不移贯彻新发展理念，坚持系统观念，处理好发展和减排、整体和局部、短期和中长期的关系。5 月 26 日，碳达峰碳中和工作领导小组第一次全体会议召开，会上提出要坚持问题导向，围绕推动产业结构优化、推进能源结构调整、支持绿色低碳技术研发推广、完善绿色低碳政策体系、健全法律法规和标准体系等，研究提出有针对性和可操作性的政策举措。7 月 16 日，全国碳排放权交易市场启动上线交易。10 月 24 日，《中共中央 国务院关于完整准确全面贯彻新发展理念做好碳达峰碳中和工作的意见》发布。2021 年是全国碳排放权交易市场运行以来的第一个履约周期，截至 12 月 31 日，全国碳排放权交易市场第一个履约周期顺利结束，共纳入发电行业重点排放单位 2162 家，年覆盖温室气体排放量约 45 亿吨二氧化碳，累计运行 114个交易日，碳排放配额累计成交量 1.79 亿吨，累计成交额 76.61 亿吨，履约完成率为 99.5％。

参考文献

[1] 杨华.走进古人的生态智慧 [J].农村农业农民（A 版），2012（5）：56-58.

[2] 郭佑.湖州桑基鱼塘：穿越 2500 年的生态农业"活化石"[J].中国生态文明，2016（1）：82-84.

[3] 卜晓军，任保平.中国古代的朴素生态文明思想及其实践 [N].光明日报，2009-06-16（12）.

[4] 左雯雯，陈若松.论古代生态智慧对新时代生态文明建设的启示 [J].衡阳师范学院学报，2021，42（1）：45-52.

[5] 王诗雨.论中国古代"以类合之，天人一也"之生态自然观 [J].学术探索，2021（3）：14-22.

[6] 王源.中国古代文化创新生态简论 [J].人文杂志，2021（1）：59-69.

[7] 黄瑶，吴先伍.从同一到差异：从鲁侯养鸟看人与自然的关系 [J].哈尔滨工业大学学报（社会科学版），2020，22（4）：130-135.

[8] 张雯，李洋.从"经济危机"到"生态危机"：诱因、表现及治理 [J].山西高等学校社会科学学报，2020，32（10）：7-12.

[9] 王雨辰.从"支配自然"向"敬畏自然"回归：对现代性价值体系和工业文明的反思 [J].江汉论坛，2020（9）：11-16.

[10] 王雨辰.构建中国形态的生态文明理论 [J].武汉大学学报（哲学社会科学版），2020，73（6）：15-26.

[11] 谭晓男，徐军.何以理解生态文明：在马克思主义哲学视野下的反思 [J].黑龙江教育（理论与实践），2020（11）：3-4.

[12] 王雨辰.论维系人与自然和谐共生关系的生态道德观：基于新冠肺炎疫情的反思 [J].云梦学刊，2020，41（4）：27-33.

[13] 罗志勇.论习近平生态文明思想的理论特性 [J].观察与思考，2020（10）：36-41.

[14] 李卓.习近平生态文明思想的基本特性及理论价值 [J].邓小平研究，2020（1）：72-79.

[15] 王磊.特性提炼：习近平生态文明建设思想的理论特色论略 [J].理论导刊，2017（11）：41-45.

[16] 王雨辰，汪希贤.论习近平生态文明思想的内在逻辑及当代价值 [J].长白学刊，2018（6）：30-37.

[17] 陈俊.习近平生态文明思想的当代价值、逻辑体系与实践着力点 [J].深圳大学学报（人文社会科学版），2019，36（2）：22-31.

[18] 王雨辰.略论法兰克福学派的马克思主义哲学观 [J].武汉科技大学学报（社会科学版），2020，22（6）：585-594，580.

[19] 徐朝旭，裴士军."绿水青山就是金山银山"理念的深刻内涵和价值观基础：基于中西生态哲学视野 [J].东南学术，2019（3）：17-24.

[20] 刘涵.习近平生态文明思想研究 [D].长沙：湖南师范大学，2019.

[21] 谢璐妍.生态文明建设的"绿色辩证法"[J].人民论坛，2020（29）：72-73.

[22] 张子玉.中国特色生态文明建设实践研究 [D].长春：吉林大学，2016.

[23] 中共中央文献研究室.习近平关于社会主义生态文明建设论述摘编 [M].北京：中央文献出版社，2017.

[24] 贾绍俊.新时代生态文明体制改革的指导思想与正确路向 [J].观察与思考，2020（10）：42-51.

[25] 王雨辰.中国生态主义思潮的理论哲思 [J].人民论坛，2020（27）：130-133.

[26] 金佳斌.习近平提出新时代生态文明建设六大原则 [J].中学生阅读（初中版），2019（S2）：59.

[27] 丁威.习近平生态文明思想六大原则的深刻意蕴与时代价值 [J].理论视野，2019（2）：35-40.

[28] 刘建军.新时代思想政治工作的十大原则：习近平对思想政治工作原则的创新发展 [J].学术界，2018（9）：5-17.

[29] 新华社.为了中华民族永续发展：习近平总书记关心生态文明建设纪实 [N].人民日报，2015-03-10（1）.

[30] 张晓萌.资本主义有反生态的一面 [N].人民日报，2015-03-16（16）.

［31］　吴慧仪.跨国污染转移法律制度研究［D］.北京：中国政法大学，2010.

［32］　孙凯.全球海洋塑料污染问题及治理对策［J］.国家治理，2021（15）：44-48.

［33］　罗明，于恩逸，周研，等.山水林田湖草生态保护修复试点工程布局及技术策略［J］.生态学报，2019，39（23）：8692-8701.

［34］　江必新.用最严格制度、最严密法治保护生态环境［J］.环境保护，2020，48（S1）：50-56.

［35］　岩佐茂.环境的思想［M］.韩立新，张桂权，刘荣华，译.北京：中央编译出版社，1997.

［36］　林白鹏，减旭恒.消费经济大辞典［M］.北京：经济科学出版社，2000.

［37］　许进杰.生态消费：21世纪人类消费行为发展的新定位［J］.北方论丛，2007（6）：73-77.

［38］　唐代盛.可持续消费初探［D］.成都：西南财经大学，2002.

［39］　李桂梅.可持续发展与适度消费的伦理思考［J］.求索，2001（1）：78-81.

［40］　DE JONGE J，VAN TRIJP H，GODDARD E et al. Consumer confidence in the safety of food in Canada and the Netherlands：The validation of a generic framework［J］. Food Quality and Preference，2008（19）：439-451.

［41］　黄志斌，赵定涛.试论未来的生态消费模式［J］.预测，1994（3）：32-34.

［42］　汪铭芳.绿色消费的哲学思考［D］.福州：福建师范大学，2006.

［43］　中国共产党第十六届中央委员会.中共中央关于构建社会主义和谐社会若干重大问题的决定［M］.北京：人民出版社，2006.

［44］　中国精神文明建设年鉴编辑委员会.中国精神文明建设年鉴：2017［M］.北京：学习出版社，2019.

［45］　秋石.论社会主义核心价值体系［J］.求是，2006（24）：3-6.

［46］　CRUTZEN P J. Geology of mankind［J］. Nature，2002，415（6867）：23.

［47］　LUMLEY S，ARMSTRONG P. Some of the nineteenth century origins of the sustainability concept［J］. Environment Developmentand Sustainability，2004，6（3）：367-378.

［48］　MAUERHOFER V. 3-D Sustainability：An approach for priority setting in situation of conflicting interests towards a sustainable development［J］. Ecological Economics，2008，64（3）：496-506.

［49］　Sustainable Development Solutions Network，BERTELSMANNS. 2016 SDG Index and Dashboards Report［R］. SDSN，2016.

［50］　Sustainable Development Solutions Network，BERTELSMANNS. 2020 Sustainable Development［R］. SDSN，2020.

［51］　Sustainable Development Solutions Network，BERTELSMANNS. 2021 Sustainable Development［R］. SDSN，2021.

［52］　United Nations Development Program. The Millennium Development Goals Report 2015［R］. New York：United Nations，2015.

［53］　World Wide Fund for Nature. 2020 Living Planet Report［R］. 2020.

［54］　陈文化，周付生，陈晓丽.关于可持续发展内涵的思考［J］.科学技术与辩证法，1999（2）：1-5.

［55］　陈先鹏，方恺，彭建，等.资源环境承载力评估新视角：行星边界框架的源起、发展与展望［J］.自然资源学报，2020，35（3）：513-531.

［56］　崔海伟.中国可持续发展战略的形成与初步实施研究：1992—2002年［D］.北京：中共中央党校，2013.

［57］　国务院.国务院关于同意郴州市建设国家可持续发展议程创新示范区的批复［EB/OL］.（2019-05-14）［2021-03-25］. http：//www. gov. cn/zhengce/content/2019-05/14/content_5391457. htm.

［58］　国务院.国务院关于同意承德市建设国家可持续发展议程创新示范区的批复［EB/OL］.（2019-05-14）［2021-03-25］. http：//www. gov. cn/zhengce/content/2019-05/14/content_5391460. htm.

［59］　国务院.国务院关于同意桂林市建设国家可持续发展议程创新示范区的批复［EB/OL］.（2018-02-24）［2021-03-25］. http：//www. gov. cn/zhengce/content/2018-02/24/content_5268410. htm.

[60] 国务院.国务院关于同意临沧市建设国家可持续发展议程创新示范区的批复 [EB/OL].(2019-05-14) [2021-03-25].http：//www.gov.cn/zhengce/content/2019-05/14/content _ 5391459.htm.

[61] 国务院.国务院关于同意深圳市建设国家可持续发展议程创新示范区的批复 [EB/OL].(2018-02-24) [2021-03-25].http：//www.gov.cn/zhengce/content/2018-02/24/content _ 5268412.htm.

[62] 国务院.国务院关于同意太原市建设国家可持续发展议程创新示范区的批复 [EB/OL].(2018-02-24) [2021-03-25].http：//www.gov.cn/zhengce/content/2018-02/24/content _ 5268404.htm.

[63] 国务院.中国 21 世纪议程：中国 21 世纪人口、环境与发展白皮书 [R].北京：国务院,1994.

[64] 国务院.中国落实 2030 年可持续发展议程创新示范区建设方案 [EB/OL].(2016-12-03) [2021-03-25].http：//www.gov.cn/zhengce/content/2016-12/13/content _ 5147412.htm.

[65] 韩柯子,朱晨歌,王红帅.可持续发展目标的内涵、进程与评估：从全球社会政策治理的视角 [J].中国海洋大学学报（社会科学版）,2018 (6)：72-79.

[66] 胡玉坤.以五大发展理念引领"健康中国战略"的落地生根 [J].人口与发展,2018,24 (1)：6-11.

[67] 黄晶.立于变革风口,重温"绿色经典"：追寻可持续发展历史轨迹 [J].资源再生,2020 (4)：54-58.

[68] 黄晶.从 21 世纪议程到 2030 议程：中国可持续发展战略实施历程回顾 [J].可持续发展经济导刊,2019 (S2)：14-16.

[69] 黄钰乔,丛建辉,王灿.国家可持续发展实验区政策实施效果评价研究 [J].中国环境管理,2020,12 (1)：102-112.

[70] 李天星.国内外可持续发展指标体系研究进展 [J].生态环境学报,2013,22 (6)：1085-1092.

[71] 李小云,于乐荣,唐丽霞.新中国成立后 70 年的反贫困历程及减贫机制 [J].中国农村经济,2019 (10)：2-18.

[72] 李长久.联合国峰会筹谋全球发展 [J].当代世界,2005 (10)：4-6.

[73] 联合国.2016 年可持续发展目标报告 [R].纽约：联合国,2016.

[74] 刘彦随,陈百明.中国可持续发展问题与土地利用/覆被变化研究 [J].地理研究,2002 (3)：324-330.

[75] 刘长杰.可持续发展：各国政府在行动 [J].中国发展观察,2019 (21)：9-11.

[76] 马晓惠.从《寂静的春天》到《我们共同的未来》：可持续发展概念的形成与发展 [J].海洋世界,2012 (6)：22-24.

[77] 秋辛.联合国环境与发展大会召开 [J].世界环境,1992 (3)：2.

[78] 邵超峰,陈思含,高俊丽,等.基于 SDGs 的中国可持续发展评价指标体系设计 [J].中国人口·资源与环境,2021,31 (4)：1-12.

[79] 世界自然基金会.地球生命力报告：设定更高的目标 [R].瑞士格朗：世界自然基金会,2018.

[80] 宋全征,俞继英.可持续发展产生的背景、内涵及其应用 [J].上海体育学院学报,2000,24 (3)：41-47.

[81] 孙新章.联合国可持续发展行动的回顾与展望 [J].中国人口·资源与环境,2012,22 (4)：1-6.

[82] 孙新章.中国参与 2030 年可持续发展议程的战略思考 [J].中国人口·资源与环境,2016,26 (1)：1-7.

[83] 外交部,联合国驻华系统.中国实施千年发展目标报告：2000—2015 年 [R].北京：外交部,2015.

[84] 外交部.中国落实 2030 年可持续发展议程国别方案 [R].纽约：联合国,2016.

[85] 外交部.中国落实 2030 年可持续发展议程进展报告：2019 [R].纽约：联合国,2019.

[86] 外交部.中国落实 2030 年可持续发展议程进展报告 [R].北京：外交部,2017.

[87] 外交部.落实 2030 年可持续发展议程中方立场文件 [R].纽约：联合国,2016.

[88] 汪涛,张家明,刘炳胜.国家可持续发展议程创新示范区评价指标体系研究 [J].中国人口·资源与环境,2020,30 (12)：17-26.

[89]　鲜祖德，巴运红，成金璟.联合国 2030 年可持续发展目标指标及其政策关联研究 [J].统计研究，2021，38 (1)：4-14.

[90]　薛澜，翁凌飞.中国实现联合国 2030 年可持续发展目标的政策机遇和挑战 [J].中国软科学，2017 (1)：1-12.

[91]　俞海，张永亮，王勇，等.全球可持续发展，我们经历了什么？[J].环境经济，2015 (24)：16-17.

[92]　俞可平.科学发展观与生态文明 [J].马克思主义与现实，2005 (4)：4-5.

[93]　元淼，韩路.新时代环境保护与可持续发展现状浅析与策略研究 [J].科技风，2021 (25)：158-160.

[94]　张晓玲.可持续发展理论：概念演变、维度与展望 [J].中国科学院院刊，2018，33 (1)：10-19.

[95]　赵慧晶.两种可持续发展范式的经济学分析 [D].天津：天津财经大学，2016.

[96]　王国成.生态价值观教育融入高校思想政治教育的路径思考 [J].成都航空职业技术学院学报，2021，37 (2)：1-3.

[97]　李亚男.当代大学生生态价值观教育研究 [D].济南：山东师范大学，2019.

[98]　时昌桂.新时代大学生践行生态价值观的路径 [J].教育理论与实践，2021，41 (3)：27-30.

[99]　战惠.大学生生态价值观问题及培养对策研究 [D].大连：辽宁师范大学，2019.

[100]　宋韵洁.大学生生态价值观培育研究 [D].西安：西安理工大学，2018.

[101]　黄碧莹.加强当代大学生生态道德教育研究 [D].重庆：重庆理工大学，2020.

[102]　张晗.民族高校思政课培育大学生中华民族认同的路径选择 [J].黑龙江高教研究，2015 (11)：139-141.

[103]　李春秋，陈春花.生态伦理学 [M].北京：科学出版社，1994：227.

[104]　赵星月.新时代背景下关于高校生态德育的思考 [J].公关世界，2020 (17)：58-60.

[105]　张力化.生态文明视域下大学生环境道德意识培养对策探究 [J].长春工程学院学报（社会科学版），2017，18 (4)：11-14.

[106]　聂惠.生态文明视域下高校生态道德教育研究 [J].教育现代化，2020，7 (12)：163-165.

[107]　杨美勤，唐鸣.生态文明视阈下高校生态教育的转型路径 [J].广西社会科学，2017 (9)：241-244.

[108]　史修媛.生态审美观与绿色简约审美观之辨析 [J].山西青年，2018 (18)：45，46.

[109]　曾繁仁.试论生态审美教育 [J].中国地质大学学报（社会科学版），2011，11 (4)：11-18.

[110]　孔德宇.大学生生态美育研究 [J].北京教育（高教），2016 (6)：60-62.

[111]　孔德宇.大学生生态美学研究 [D].北京：中国地质大学（北京），2016.

[112]　郭永园.理论创新与制度践行：习近平生态法治观论纲 [J].2019 (4)：50-62.

[113]　梁君.生态法治观背景下大学生生态素养的培育 [J].2021 (3)：143-144.

[114]　王竹立.后疫情时代，教育应如何转型？[N/OL].(2020-04-10) [2021-03-25].https://m.sohu.com/a/386967911 _ 115563/.

[115]　蔺义桥，莫莉.慕课时代大学生"生态素养"课程改革研究 [J].湖州师范学院学报，2019，41 (12)：29-34.

[116]　焦玉洁.绿色发展理念下大学生环保意识的培育和增强：以 W 大学为例 [D].温州：温州大学，2018.

[117]　崔赞梅.疫情当下提升大学生生态素养策略探析：基于"马克思主义基本原理概论"课程的思考 [J].河北科技大学学报（社会科学版），2020，20 (2)：99.

[118]　习近平在全国高校思想政治工作会议上强调：把思想政治工作贯穿教育教学全过程开创我国高等教育事业发展新局面 [N].人民日报，2016-12-09 (1).

[119]　习近平在全国教育大会上强调：坚持中国特色社会主义教育发展道路培养德智体美劳全面发展的社会主义建设者和接班人 [N].人民日报，2018-09-11 (1).

[120]　李洁，王亮."课程思政"与高校师德师风建设 [J].北京教育（德育），2019 (2)：41-44.

[121]　王泽应.遵师道以安身立命　铸师德以教书育人：对传统师道与师德的新思考 [J].探索与争鸣，

2014（4）：18-19.

[122] 伍玉鹏，胡荣桂，赵劲松，等."生态学基础"课程思政改革探索［J］.科教文汇（中旬刊），2019（3）：89-91.

[123] 陆道坤.课程思政推行中若干核心问题及解决思路：基于专业课程思政的探讨［J］.思想理论教育，2018（4）：99-103.

[124] 彭自然，李娟英，邵留，等.环境评价课程思政教学探索［J］.教育教学论坛，2018（33）：248-249.

[125] 田鸿芬，付洪.课程思政：高校专业课教学融入思想政治教育的实践路径［J］.未来与发展，2018，42（4）：99-103.

[126] 孙秀云，黄中华，田爱军，等.课程思政教育教学探索：以"环境影响评价"课程为例［J］.大学教育，2020（11）：135-137.

[127] 张勇，胡诗朦，陆文洋，等.生态环境类专业的课程思政：以"环境问题观察"MOOC建设为例［J］.中国大学教学，2018（6）：34-38.

[128] 闫海霞.课程思政对高校师德师风建设推动作用的研究［J］.内蒙古煤炭经济，2020（11）：179-180.

[129] 叶佳.试论高校思政课改革创新背景下的师德师风建设［J］.教育现代化，2019，6（103）：105-107.

[130] 郑晓东，肖军霞.新形势下高校师德师风建设的时代价值与实践路径［J］.思想理论教育导刊，2019（8）：147-151.

[131] 汤文庭，曲文娜，张刚.浅谈新时代高校青年教师师德师风建设的内涵与措施［J］.当代教育实践与教学研究，2019（11）：100-101.

[132] 黄碧君.教书育人，师德为先［C］//中国教育干部网络学院.中国教育干部网络学院："厚植弘扬师德风尚 做新时代党和人民满意的好老师"成果汇编（2019）.北京：北京国人通教育科技有限公司，2019：3.

[133] 王颖.高职院校师德、师风、师能内涵分析及建设思路研究［J］.内蒙古财经大学学报，2019（4）：79-81.

[134] 朱卉平.教书育人，师德为先［J］.才智，2015（35）：145.

[135] 黄蓉生.教师职业道德新论［M］.北京：人民教育出版社，2014.

[136] 康群."青春之问"的时代回答：长江大学开展"课程思政"教育的探索和实践［N/OL］.长江大学报，2020-05-07［2021-03-25］.http：//news.yangtzeu.edu.cn/info/1002/25338.htm.

[137] 武汉工程大学新闻中心.电气学院：展现思政魅力 提升教师育人质量［EB/OL］.（2018-12-05）［2021-03-25］.https：//news.wit.edu.cn/info/1030/35691.htm.

[138] 东北财经大学.新华网：东北财经大学在主题教育中紧扣立德树人根本任务 全面提升思想政治工作水平［EB/OL］.（2019-10-22）［2021-03-25］.http：//www.dufe.edu.cn/content_22779.html.

[139] 东北师范大学.坚守立德树人初心使命 构建"大思政"育人格局：东北师范大学扎实开展"不忘初心、牢记使命"主题教育［EB/OL］.（2019-11-27）［2021-03-25］.http：//www.nenu.edu.cn/info/1193/11317.htm.

[140] 大连理工大学创新创业学院.引导学生将个人理想与国家社会发展需要紧密结合：创新创业学院积极探索"课程思政"建设［EB/OL］.（2018-07-15）［2021-03-25］.http：//chuangxin.dlut.edu.cn/info/1017/6233.htm.

[141] 大连海洋大学.不忘初心 潜心育人：师德师风优秀典型曲敏［EB/OL］.（2019-11-13）［2021-03-25］.http：//food.dlou.edu.cn/2019/1114/c1680a103410/page.htm.

[142] 安徽理工大学外国语学院.外国语学院师德师风先进典型事迹：朱亚青［EB/OL］.（2020-03-27）［2021-03-25］.http：//sfl.aust.edu.cn/info/1973/4513.htm.

[143] 重庆交通大学新闻网.孙世政：潜心教书育人 真心引领学生 [EB/OL].（2020-03-25） [2021-03-25]. http：//news. cqjtu. edu. cn/info/1023/38437. htm.

[144] 黑龙江省教育厅.东北石油大学教授付光杰 [EB/OL].（2019-03-01）[2021-03-25]. http：//jyt. hlj. gov. cn/jyzc/msfc/201903/t20190301_131828. htm.

[145] 重庆交通大学新闻网.许茂增：知行合一，用心点亮智慧之光 [EB/OL].（2020-09-14） [2021-03-25]. http：//news. cqjtu. edu. cn/info/1032/39894. htm.

[146] 张嵩，项英辉，武靓艳，等.工程伦理学 [M].大连：大连理工大学出版社，2015：2.

[147] 闫坤如，龙翔.工程伦理学 [M].广州：华南理工大学出版社，2016：93.

[148] 查尔斯·E.哈里斯，迈克尔·S.普里查德，迈克尔·J.雷宾斯，等.工程伦理：概念和案例 [M].丛杭青，译.北京：北京理工大学出版社，2006：116.

[149] 董小燕.美国工程伦理教育兴起的背景及其发展现状 [J].上海高教研究，1996（3）：73-77.

[150] 陈昌曙.哲学视野中的可持续发展 [M].北京：中国社会科学出版社，2000：67.

[151] VESILIND A D，GUNN A S.工程、技术与环境 [M].吴晓东，翁瑞，译.北京：清华大学出版社，2003：4.

[152] 甘绍平.应用伦理学前沿问题研究 [M].南昌：江西人民出版社，2002：113.

[153] ALLENBY B R.工程、工业生态学：政策框架与实施 [M].翁瑞，译.北京：清华大学出版社，2005：32.

[154] 刘则渊，代锦.产业生态化与我国经济的可持续发展道路 [J].自然辩证法研究，1994，10（12）：38-42，57.

[155] 沈满洪，谢慧明.生态文明建设：浙江的探索与实践 [M].北京：中国社会科学出版社，2018：49.

[156] 哈尔·塔贝克，拉姆·拉姆那.环境伦理与可持续发展：给环境专业人士的案例集锦 [M].罗三保，李瑶，杨钤，译.北京：机械工业出版社，2017.

[157] 周宏春.黄河安澜呼唤生态保护和高质量发展 [J].中国发展观察，2020（19/20）：12-14.

[158] 花园口决堤 [J].源流，2011（1）：48-51.

[159] 梁兰珍.黄河流域生态环境的治理与可持续发展研究 [J].环境科学与管理，2021，46（5）：171-174.

[160] 陈建波.新中国黄河治理的成就及启示 [J].科学经济社会，2020，38（3）：12-18.

[161] 黄河安澜四十年 [J].瞭望周刊，1986（43）：18-19，1.

[162] 潘文琛，毛建斌.加强黄河流域生态环境治理途径研究 [J].化工设计通讯，2020，46（10）：171-172.

[163] 邓生菊，陈炜.新中国成立以来黄河流域治理开发及其经验启示 [J].甘肃社会科学，2021（4）：140-148.

[164] 习近平.在黄河流域生态保护和高质量发展座谈会上的讲话 [J].水资源开发与管理，2019（11）：1-4.

[165] 刘海霞，王嘉枫.新时代黄河流域高质量发展的路径探赜 [J].华北水利水电大学学报（社会科学版），2021，37（3）：16-21.

[166] 牛玉国，王煜，李永强，等.黄河流域生态保护和高质量发展水安全保障布局和措施研究 [J].人民黄河，2021，43（8）：1-6.

[167] 谷建全，周立，王承哲，等.做好黄河文化保护传承弘扬这篇大文章 [N].河南日报，2019-10-28（12）.

[168] 田丹.多措并施保护传承弘扬黄河文化 [N].中国社会科学报，2020-09-21（5）.

[169] 姜涛，杨健，轩中亚，等.长江禁渔对鄱阳湖潮河洄游型刀鲚资源恢复效果初报 [J/OL].渔业科学进展：1-8 [2021-09-24]. https：//doi. org/10. 19663/j. issn2095-9869. 20210119001.

[170] 高元武，段超.长江 中华民族的母亲河 [J].中国民族，2021（4）：61-64.

[171] 张谦.夔州精神与杜诗本色 [J].绵阳师范学院学报，2021，40（4）：108-115.

[172] 杨文才.古代三峡诗的文化解读 [D].武汉：中南民族大学，2011.

[173] 水利部长江水利委员会.2020 年长江流域及西南诸河水资源公报 [R].2020.

[174] 吕尤，雷立群，孙丽娜，等.吉林市松花江流域水文化研究 [J].河北农机，2019（11）：122-123.

[175] 宁方贵，雷德义，苗雪.2020 年松花江流域骨干水库防洪调度实践与思考 [J].水利信息化，2021（1）：10-13.

[176] 李爱琴，杨宝.黑龙江省松花江干流流域生态保护对策分析 [J].经济师，2020（3）：136-137，139.

[177] 杨光.松花江流域哈尔滨段水环境变化对水生态系统安全的影响研究 [D].哈尔滨：东北农业大学，2015.

[178] 杨猛.吉林省松花江流域水质变化趋势及对策研究 [D].长春：吉林大学，2019.

[179] 王丽娜.基于水生态功能三级分区的松花江流域水环境质量评价 [D].哈尔滨：哈尔滨工业大学，2018.

[180] 王怡，郝秀辉，马婧，等.跨区域流域水资源环境管理体制改革与运行机制研究：以松花江为例 [J].时代经贸，2020（28）：55-56.

[181] 王芳.关于松花江流域水污染防治策略探究 [J].环境与可持续发展，2017，42（2）：178-179.

[182] 章晓梦，郝洁，鞠琴，等.松花江流域极端气象水文要素分析 [J].河北工程大学学报（自然科学版），2021，38（1）：78-84.

[183] 戴乙，王立明.海河流域农村地下饮用水源污染研究 [J].海河水利，2007（4）：16-18.

[184] 李红有.21 世纪初海河流域经济社会发展与水资源可持续利用 [J].山西水利，2004（5）：41-42，55.

[185] 李树元.海河流域生态环境关键要素演变规律与脆弱性研究 [D].天津：天津大学，2014.

[186] 孙鹏程，龚家国，任政，等.海河流域河湖修复保护进展与展望 [J/OL].水利水电技术（中英文）：1-21 [2021-09-22].http：//kns. cnki. net/kcms/detail/10. 1746. TV. 20210816. 1434. 008. html.

[187] 仝磊，熊红霞，王晓丽，等.天津七里海湿地核心区生态修复工程效果评估 [J].水力发电，2021，47（5）：1-6，35.

[188] 王文生.科学谋划"十四五"水安全保障规划 奋力谱写海河流域水利高质量发展新篇章 [J].水利发展研究，2021，21（7）：83-86.

[189] 张韶季，王洪翠，崔文彦.海河流域湿地状况及生态环境保护对策 [C] //中国环境科学学会.2010 中国环境科学学会学术年会论文集（第一卷）.中国环境科学学会，2010：4.

[190] 杨会峰，孟瑞芳，李文鹏，等.海河流域地下水资源特征和开发利用潜力 [J].中国地质，2021，48（4）：1032-1051.

[191] 张雪，刘玉晶，韩鹏，等.海河流域南水北调受水区地下水水位变化分析与管理工作思考 [J].海河水利，2021（2）：14-17.

[192] QU J H，WANG H C，WANG K J，et al. Municipal wastewater treatment in China：Development history and future perspectives [J]. Front. Environ. Sci. Eng. ，2019，13（6）：88.

[193] 外交部.中国落实 2030 年可持续发展议程国别自愿陈述报告 [R].北京：外交部，2021.

[194] 中国科学院地球大数据科学工程.地球大数据支撑可持续发展目标报告 [R].2020.

[195] 外交部.中国落实 2030 年可持续发展议程进展报告 [R].北京：外交部，2019.

[196] 新华网.新时代推进生态文明建设，习近平要求这样干 [EB/OL].[2018-05-20].https：//www. mee. gov. cn/home/ztbd/gzhy/qgsthjbhdh/qgdh _ zyjh/201807/t20180713 _ 446596. shtml.

[197] 人民网.2020 年全国扶贫日生态环保扶贫论坛在京召开 [EB/OL].[2020-10-14].http：//env. people. com. cn/n1/2020/1014/c1010-31892172. html.

[198] 水利部.国新办举行全面推行河湖长制五周年新闻发布会 [EB/OL].[2022-01-04].http：//

www. mwr. gov. cn/ztpd/gzzt/hzz/gzbs/slb/202201/t20220104 _ 1558026. html.

[199] 水电基础局. 习近平到中国电建援助保护的尼洋河流域考察，强调要统筹山水林田湖草沙冰系统治理 [EB/OL]. [2021-07-31]. http：//www. chinapower. com. cn/xw/gnxw/20210731/91715. html.

[200] 陶晓玲. "山水林田湖草"的内涵解读及生态治理路径 [EB/OL]. [2019-08-09]. http：//aoc. ouc. edu. cn/2019/0808/c9824a254617/page. htm.

[201] 法制网. 坚持最严格制度最严密法治保护生态环境 [EB/OL]. [2020-01-13]. https：//www. sohu. com/a/366471452 _ 120207404.

[202] 财政部网站. 财政部：2020 年全国政府采购简要情况 [EB/OL]. [2021-09-04]. http：//www. gov. cn/xinwen/2021-09/04/content _ 5635396. htm.

[203] 中新网. 中国环境标志产品政府采购规模已达 1.3 万亿 [EB/OL]. [2021-12-01]. http：//www. ccgp. gov. cn/zcdt/202112/t20211201 _ 17290436. htm

[204] 国家核安全局. 核电：核电站曾经发生哪些重大事故？ [EB/OL]. [2015-12-08]. https：//nnsa. mee. gov. cn/ztzl/kpcl/201512/t20151208 _ 318618. html.

[205] 国务院办公厅. 国务院对吉化爆炸事故及松花江水污染事件作处理 [EB/OL]. [2006-11-24]. http：//www. gov. cn/jrzg/2006-11/24/content _ 452610. htm.

[206] 第二届"一带一路"国际合作高峰论坛官方网站. 习近平出席第二届"一带一路"国际合作高峰论坛开幕式并发表主旨演讲 [EB/OL]. [2019-04-26]. http：//www. beltandroadforum. org/n100/2019/0426/c26-1260. html.

[207] 上海合作组织环保信息共享平台. 平台简介 [EB/OL]. [2018-07-05]. http：//www. scoei. org. cn/ptjj/zxjs/487875. shtml.

[208] 2021 年度报告 全球生态环境遥感监测 [R/OL]. http：//www. chinageoss. cn/geoarc/2021.

[209] 中国气候变化信息网.《中国应对气候变化的政策与行动》白皮书发布 [EB/OL]. http：//www. ccchina. org. cn/Detail. aspx？ newsId＝73916&. TId＝60.

[210] 新浪财经. 7×24 小时全球实时财经新闻直播 [EB/OL]. [2021-01-24]. https：//finance. sina. com. cn/7x24/2022-01-24/doc-ikyakumy2239551. shtml.